Bicycle

자전거

rBook

Bicycle

자전거

이상호 지음

n.Book

Contents

숙제를 끝내며 —

제 첫 직장은 삼천리자전거였습니다.

입사하던 해의 여름, 저를 포함한 햇병아리 신입사원 4명이 무모한 도전을 감행합니다.

어디서 그런 배짱이 나왔는지 제주에서 서귀포까지 자전거로 한라산을 가로지르는 종주를 하겠다고 나선 것이죠.

핸드폰도 페트병 생수도 없던 시절, 배낭에 오이 두 개만 달랑 넣고 떠났던 여정. 무턱대고 5.16 도로에 올랐습니다. 사전 지식도 전혀 없었습니다. 이 길이 정상적인 체력으로는 도저히 불가능한 코스라는 깨달은 것은 1시간쯤 지난 후였지요. 끝도 없이 이어지는 오르막과 오르막, 커브를 돌면 다시 나타나는 오르막.

그렇게 얼마를 올랐을까 이번엔 거짓말처럼 내리막이 펼쳐지더군요. 그리고는 서귀포까지 단 한번의 페달질도 필요가 없는 내리막과 내리막, 그리고 내리막.

까마득히 오래 전 일이지만 아직도 그 날의 그 느낌은 어제 일인 듯 생생합니다.

그 때 마음 먹었습니다. 자전거에 인생을 걸어보자. 대한민국에서 가장 자전거를 좋아하는 사람이 되어보자. 자전거 박사, 자전거 이야기꾼이 되어보자.

그 때 스스로에게 부여했던 숙제를 30년이 훌쩍 넘은 이제야 끝냅니다.

보통 집필을 시작할 때 쓰는 머리말을 최종교 탈고 후 쓰는 것도 그 이유에서입니다.

수십년 미루었던 숙제를 끝낸 기분과 성판악 쉼터에서 서귀포를 향해 끝없이 이어지는 내리막을 타고 바람을 가를 때의 그 기쁨은 묘하게 닮았습니다. 어쩌면 그것이 지금껏 제 직장생활의 버팀목이 되었던 가장 중요한 동력일지도 모릅니다.

서재 한 켠에 쌓인 먼지투성이 자료 파일 뭉치를 꺼내들었습니다. 빛바랜 신문쪼가리들과 잡지 광고, 200자 원고지에 쓰여진 습작들. 요즘이라면 마우스 클릭 몇 번으로 쉽게 찾을 수 있는 이런 것들을 왜 이리도 촌스럽게 모아놓았을까 하는 마음에 피식 웃음도 났습니다. 하지만 이 오랜 친구들에게 생명을 불어넣어주고 싶었습니다.

어쩌면 필생의 사업. 20대 중반의 젊은 이상호와의 약속이었기 때문입니다.

처음에 정했던 책 제목은 '자전거 문화'였습니다.

자전거를 기계로 보는 책은 많았습니다. 원래의 목적인 교통수단으로, 또 다른 목적인 레저 스포츠 도구로 보는 책도 많았습니다. 하지만 이 멋진 두 바퀴의 탈 것이 우리의 삶과 어떻게 연결되어 있는지 이 세상을 어떻게 바꾸어 놓았는지 그건 또 어떤 의미를 갖는지 탐구하는 책은 보이지 않았습니다. 문화로서의 자전거, 생활 속 자전거 이야기를 나누려 합니다.

최종 제목을 그냥 '자전거Bicycle'로 정한 것은 어느 정도 빠져나갈 수 있는 여지를 두기 위함이기도 합니다. 때로는 논리적이지 않은 이야기가 나올 수도 있고 가끔은 주관적인 해석이 들어가기도 했을 겁니다. 아직 잘 모르는 사실들을 단정지은 부분도 있습니다. 감안해서 보아주시면 감사하겠습니다. 이 책이 자전거 문화가 될지 교본이 될지 에세이가 될지는 읽어주시는 독자분들의 판단에 따르고자 합니다.

자전거는 평등합니다.
자전거는 균형입니다.
자전거는 환경 그 자체이며 혁명이기도 합니다.

이 사랑스럽고 놀라운 탈 것에 쏟아부었던 지난 날의 애정을 이제 부끄러운 마음으로 세상에 내놓습니다. 이십대 후반의 자전거 회사 신입사원이 환갑이 넘은 '직장 졸업생'이 되어 비로소 숙제를 마쳤습니다.

그 오랜기간동안 격려에 격려를 거듭해주신 삼천리자전거의 김석환 회장님, 그리고 사랑하는 참좋은여행과 삼천리자전거 임직원들에게 마음을 담아 존경과 감사인사 올립니다. 수없이 귀찮게 자료 요청을 했음에도 언제나 웃는 얼굴로 기쁘게 협조해주신 자전거생활의 김병훈 발행인, 마지막으로 이 모든 시간을 따뜻한 시선으로 저와 함께 해 준 가족들에게 이 책을 바칩니다.

2022 봄
자전거 이야기꾼
이상호

자전거의 역사

　자전거는 다른 교통수단에 비해 구조가 간단해 보이기 때문에 긴 역사를 갖고 있으리라 생각하는 사람이 많다. 하지만 최초의 자전거는 증기기관차와 비슷한 시기에 발명되었을 만큼 비교적 짧은 역사를 갖고 있다. 아마도 대중교통 수단의 발달이 정점에 이르고서야 뒤늦게 관심 받기 시작한 '퍼스널 모빌리티(Personal mobility, 개인 이동수단)'의 늦은 데뷔와 비슷한 이유가 아닐까 싶다. 보기에는 단순해 보이지만 정밀한 기계 공업이 뒷받침되지 않으면 제대로 작동하지 않는 것이 자전거다.

　200여 년 전 처음으로 발명된 자전거는 현대의 자전거와는 전혀 다른 모습을 갖고 있었다. 기술의 발달에 따라 여러 단계의 업그레이드, 크게는 4단계의 진화를 거쳐 현대의 자전거와 비슷한 모습을 갖추게 된 것이다. 첫 단계의 자전거는 페달과 조향장치 없이 단순히 발로 땅을 차고 나가는 형태의 자전거였고, 이후 조향장치와 앞바퀴에 페달이 달렸다. 다음으로는 체인으로 동력을 전달하고, 마지막으로 안정적인 다이아몬드 형태의 프레임을 갖춘 것이 1894년이다. 자전거가 처음 발명되고 약 100여 년간에 걸친 진화로 현대의 자전거와 유사한 형태를 보이게 되었고, 이후 최첨단 소재, 공기역학, IT기술 등을 활용해 발전하며 현대에 이르고 있다.

레오나르도 다빈치의 자전거

세계 최초로 자동차를 발명한 칼 벤츠Karl Friedrich Benz, 세계 최초로 비행기를 발명한 라이트 형제Wilbur & Orville Wright. 대부분의 현대 교통수단은 최초로 발명한 사람이 누구인지 잘 알려져 있지만, 자전거의 시초를 따지는 데는 여러 가지 이견이 있다. 1965년, 스페인의 마드리드 국립 도서관에서 오랫동안 잊혀져 있던 레오나르도 다빈치의 화첩이 발견되었다. 화첩 뒷면에 자전거 그림이 하나 그려져 있었는데 이것이 연구자들 뿐 아니라 전세계 언론을 통해 알려지기 시작했다. 이는 그동안 상식으로 전해지던 자전거의 역사를 다시 써야만큼 할 큰 발견이었다.

다빈치가 그린 자전거 스케치

다빈치가 그린 자전거는 8개의 스포크(바퀴살)를 갖춘 2개의 바퀴가 달려있고 페달을 굴러 체인이 뒷바퀴에 동력을 전달하는 방식이었다. 이 스케치가 발견되기 전까지 이러한 형태의 자전거가 등장한 것은 아무리 빨라도 1870년대였다. 다빈치의 사망이 1519년이니 자그마치 350년을 앞서간 혁명적인 디자인이었던 것이다. 발견 이후 연구자와 복원 전문가들이 약 10년간에 이 스케치를 분석하면서 진위 여부가 밝혀졌는데, 1976년 출간된 프랑스의 자전거 잡지 로피셜 두 시크루L'officiel du Cycle에서는 '다빈치의 자전거 디자인은 미쇼의 자전거가 발명된 1860년대 이후 그려진 것으로 보이며, 자전거 기술의 변천 과정에서 보더라도 다빈치 혹은 그의 제자가 그린 것으로 볼 수 없다'는 결론을 내렸다. 다빈치의 명성을 노린 위작이었던 것이다. 비록 다빈치가 자전거를 그린 것이 아니라는 결론이 나왔지만 그의 자전거 스케치는 사람들의 기억에 강렬히 남았다. 스케치를 바탕으로 목제 자전거가 만들어지기도 했으며, 실제 우리나라에서 열린 다빈치 관련 전시회에도 그의(?) 자전거가 전시되기도 했다.

위조된 최초의 자전거 셀레리페르 | 1790년

자전거의 역사에서 잘못 알려진 가장 유명한 이야기가 바로 셀레리페르 전설이다. 꽤 오랜 시간동안 1790년 프랑스에서 발명된 셀레리페르Célérifère가 가장 오래된 자전거로 인정되었기 때문이다. 프랑스의 귀족 콩데 시브락Comte de Sivrac이 만든 셀레리페르는 나무 바퀴 2개를 앞뒤로 연결하고, 그 사이에 사람이 앉을 수 있는 안장을 얹은 형태를 기본으로 하고 있다. 사람의 체중을 지탱할 수 있어야 했기 때문에 단단한 나무를 이용했고, 그

빨리 달리는 기계를 뜻하는 셀레리페르

덕분에 무게가 40kg 이상이나 되었다. 귀족들이 유흥을 위한 탈거리였으므로 화려한 장식까지 더하면서 그 무게는 더 늘어났다. 페달과 조향 장치가 없어서 발로 땅을 차면서 앞뒤로 움직이는 것이 전부인 멋진 장난감같은 기계였다. 지금 생각해보면 자전거라 할 수도 없지만, 말과 마차만이 이동을 책임지던 시대에 오직 사람의 힘만으로 조금이라도 빨리 이동할 수 있던 장치는 큰 관심을 모을 수밖에 없었다. 셀레리페르라는 이름도 빨리 달리는 기계를 뜻하는 프랑스어에서 나온 것이다. 그런데 이 모든 가정이 허구였다는 주장이 이후 나왔다.

셀레리페르는 1890년대 프랑스의 저널리스트인 루이 보드리 드 소니에Louis Baudry de Saunier가 그의 저서에서 소개했을 뿐, 발명가인 시브락도 실존 인물이라는 기록이 전혀 없고 자전거의 실체 역시 단 하나도 남아 있지 않기 때문이다. 셀레리페르가 허구라는 주장이 나온 것은 1936년으로, 50여년간 자전거의 원조가 프랑스의 셀레리페르였다는 설은 독일의 드라이지네보다 프랑스의 기술이 앞섰다는 것을 주장하기 위한 일종의 프랑스 문화 애국주의적 발상이 아니었을까 한다.

독일에서 발명된 드라이지네 Draisienne | 1817년

　19세기 초 독일 서남부에 있는 바덴 대공국의 발명가 칼 폰 드라이스Karl Baronvin Drais는 나폴레옹전쟁 후 식량 부족이 심해지면서 수만 마리의 말이 굶어 죽거나 식량으로 사용되어 운송 수단이 부족해지는 것을 경험한다. 또 1812년부터 3년간 인도네시아에서 탐보라산이 분화하는 자연의 대재앙을 보면서 말과 소 등의 가축에 의존하지 않는 교통수단의 필요성을 인식했다. 몇 년의 시행착오 끝에 그는 1817년 '달리는 기계'를 뜻하는 라우프마시네Laufmaschine를 발표했다. 차체와 바퀴 모두 나무만을 이용했고, 앞바퀴에 조향장치를 연결한 형태였다. 페달은 없고 발로 땅을 차는 형식을 빌어 차륜을 구동하는 것이었기 때문에 엄밀히 말하면 자전거라 할 수 없지만, 그 모양이 지금의 자전거와 대단히 흡사해 현대 자전거의 초석으로 인정받고 있다. 당시 기록에 따르면 37km 거리를 2시간 30분 만에 주파했다고 하는데 이는 시속 15km에 이르는 상당한 속도였다.

차체와 바퀴, 모두 나무만을 이용한 초기 드라이지네

　드라이스는 1818년 자신의 이름을 넣어 라우프마시네를 '드라이지네'라는 이름으로 독일에서 특허를 취득했다. 10년간 허가 없이 모작해서는 안 된다는 내용이었다. 같은 해에 프랑스에서는 이름을 바꾸어 등록해 벨로시페드Velocipede라는 제품명으로 5년간의 특허를 인정받았다. 귀족들을

중심으로 드라이지네에 대한 관심이 높
아지면서 교습소가 생기고, 영국에도 전
파되어 하비 호스hobby horse, 댄디 호스
dandy horse라 불리며 인기를 이어갔다.
1920년대 영국의 우체국에서 드라이지
네를 이용했다는 기록이 남아있기는 하

드라이지네를 타는 모습

지만 한 대 가격이 일반 시민의 평균 연 수입에 이를 만큼 고가에
판매되었고, 낮은 실용성과 높은 위험성 때문에 수년 만에 그 인기
는 빠르게 식어갔다.

드디어 땅에서 발을 떼다, 맥밀런의 디딤판 자전거 ㅣ 1839년

현재의 어린이들이 자전거를 처음 배울 때 타는 균형 자전거
와 같이 발로 땅을 차면서 다니는 자전거에 최초로 구동장치가 생
긴 것은 1839년 영국에서였다. 스코틀랜드의 커크패트릭 맥밀런
Kirkpatric Macmillan은 자전거 앞바퀴 쪽에 디딤판을 설치하고 커
넥팅 로드를 연결해서 뒷바퀴의 크랭크로 힘을 전달시키는 방식의
탈 것을 발명했다. 이는 지렛대 원리의 구동 회전을 이용해서 비로
소 두 발을 땅에서 떼고 탈 수 있는 자전거의 첫 등장이었다. 대장
간에서 일한 경험을 살려 자전거의 바퀴에 철판을 씌우는 등 주요
부품을 철제로 교체하는 개선을 통해 그의 자전거는 시속 20km
전후의 속도를 낼 수 있었다. 속도보다 땅에서 발을 떼었다는 사실
만으로도 혁명적인 발명이었다.

발로 땅을 차면서 다니는
자전거에 최초로 구동장치를
단 맥밀런의 자전거

그는 이틀에 걸쳐 68마일(약 109km) 거리에 있는 글래스고까지 자전거를 타고 이동하기도 했다. 이틀에 걸친 그의 자전거 여행은 많은 사람의 관심을 끌기에 충분했다. 라이딩 중 길을 가로지르는 어린아이에게 경미한 부상을 입힌 혐의로 5 실링의 벌금을 지불하기도 했다. 그런데 이런 혁신적인 발명을 한 맥밀런은 욕심이 전혀 없었다. 그는 조용한 시골 마을에서의 삶에 만족하며, 자신의 발명품으로 돈을 벌려고 한 적도 없었다. 따라서 특허 신청도 하지 않았기 때문에 그의 자전거는 몇 년 후부터 다른 사업자들에 의해 복제, 판매되기 시작했다. 맥밀런은 그후 자전거 개발을 계속하기보다는 조용한 시골 마을에서 대장장이로 조용한 여생을 보냈는데 그래서인지 그가 만든 자전거는 남아 있는 것이 없다. 현재 남아있는 초기의 디딤판 형식의 자전거는 특허가 없었던 덕분에 다른 사업자들이 만든 복제품이 전부다.

뼈를 흔드는 본 셰이커, 미쇼의 자전거 ㅣ 1861년

디딤판을 이용하던 맥밀런의 자전거에서 한 단계 진화한 자전거는 1861년 프랑스의 마차 정비 기술자인 피에르 미쇼Pierre Michaux에 의해 고안되었다. 지금의 '자전거bicycle'라는 용어가 생기기 시작한 것이 미쇼의 자전거 이후이며, 그 뜻 또한 '구동장치가 달린 새로운 두 바퀴의 탈 것'이다. 이러한 관점에서 엄밀히 말하면 미쇼의 자전거 이전의 것들은 발로 찬다는 뜻을 갖고 있는 '벨로시페드'로 구분할 수 있으나 흔히 자전거의 역사의 흐름과 자전거를 두 바퀴가 있는 탈 것이라는 관점에서 보면 드라이지네 부터 자전거의 역사가 시작되었다고 하는 것이 중론이다.

미쇼의 자전거 역시 드라이지네에서 개선된 것이기 때문이다. 미쇼는 그의 마차 정비소에 우연히 들어온 드라이지네를 수리하고 아들에게 시승을 시켰는데, 내리막에서 발을 디딜 곳이 필요해 보였고, 마침 정비소에 있던 그라인더에서 영감을 받아 앞바퀴의 크랭

맥밀런의 자전거에서
한 단계 진화한 미쇼의 자전거

크에 페달을 연결한 것이었다. 발로 차는 번거로움 때문에 금방 인기가 식었던 드라이지네의 단점을 개선한 미쇼의 자전거에 많은 사람들이 열광하면서 그는 1861년 첫 모델을 공개하고 10년이 지나지 않아 종업원 300여명의 큰 회사를 세웠고, 연간 500대 이상을 판매하기도 했다. 영국에서는 여전히 맥밀런의 자전거를 최초의 자전거라 주장하고 있지만, 미쇼의 자전거를 세계 최초의 자전거로 인정하는 사람들이 내세우는 가장 강력한 근거는 이 것이 대중을 위해 양산화된 최초의 자전거이기 때문이기도 하다.

두꺼운 나무소재가 대부분이었던 초기의 자전거에 비해 미쇼의 자전거는 많은 부품들을 철로 대체하면서 보다 가볍고 튼튼해

졌다. 시속 20km의 속도를 내며, 하루 100km 의 장거리 라이딩
도 가능해 파리 젊은이들의 마음을 사로잡았다. 하지만 철판을 입
힌 바퀴와 비포장 도로 또는 돌로 포장된 도로를 달리기 때문에 소
음과 진동에서 자유롭지 못했다는 단점이 있다. 안장에 스프링으
로 만든 완충 장치가 설치되어 있었지만, 강한 진동을 상쇄하기는
역부족이었으며, 대부분의 진동을 그대로 온몸으로 받아들여야 했
다. 페달이라는 획기적인 발명이 있었음에도, 빨라진 속도 만큼이
나 커진 진동 때문에 뼛속까지 흔든다는 '본 셰이커born shaker'라
는 별명을 갖게 되었다.

자전거의 인기가 많아지면서 자전거 판매 홍보를 위해 큰 규모
의 자전거 경주가 개최되기도 했다. 1868년 5월 파리의 생클루드
경마장에서 세계 최초의 자전거 경주가 개최되었다. 거리는 1천
200m, 미쇼의 자전거만 참가할 수 있었으며 우승자는 제임스 무
어라는 영국인이었다. 본 셰이커라는 별명이 있더라도 사람의 힘
으로 빠른 속도를 낼 수 있는 새로운 탈 것에 많은 사람들은 환호
했다. 1870년 발발한 프로이센과 프랑스 사이의 보불 전쟁에서는
자전거를 징발해 전령이 사용하는 등 새로운 병기로 활용되기도
했다.

평범하지 않은 모양의 오디너리, 하이휠 자전거 ㅣ 1871년

자전거 경주가 인기를 끌면서 조금이라도 더 빠른 자전거를 원
하는 사람들이 나타났다. 체인 없이 앞바퀴에 페달을 다는 구조에

서 더 빠른 속도를 내기 위해 앞 바퀴의 크기를 점점 크게 만들기 시작한 것이다. 바퀴가 클 수록 적은 회전으로 더 많이 갈 수 있기 때문인데 누가 봐도 비정상적으로 보일만큼 앞 바퀴의 크기가 커지는 지경에 이르기도 했다. 흔히 클래식 자전거를 이야기 할 때 삽화나 디자인 요소로 이용되는 가분수 모양의 자전거가 모두 이 시기의 것들이다.

평범하다는 뜻의 Ordinary라
불리기도 했던 하이휠 자전거

평범하지 않은 모습의 이런 자전거를 평범하다는 뜻의 오디너리ordinary라 불렀는데 아이러니가 아닐 수 없지만, 당시 워낙 인기가 많다보니 이것이 새로운 표준이 되었다는 반증이기도 했다. 높아진 바퀴를 보며 하이 휠high wheel이라 부르기도 했으며, 영국의 동전인 페니penny와 파딩farthing(페니의 1/4)에 비유해 '페니파딩'이라 부르기도 했다.

우리나라에서는 패션 브랜드 빈폴의 로고로 사용되면서 빈폴 자전거라 불리기도 하는 하이휠은 1871년 영국의 제임스 스탈리James Starley가 처음으로 선 보였다. 본 셰이커 자전거의 단점을 보완하며 속도를 내는데 최적화시킨 이 자전거는 최고 시속 40km의 속도를 내며 하루 150여 km를 주행할 수 있었다. 초기의 하이휠 자전거는 모든 부품을 철제와 통고무를 사용했기 때문에 20kg 정도의 무게였다. 기술이 계속해서 발전하면서 1883년에는 철제

파이프를 이용하며 9.6kg 까지 경량화되었다는 기록이 남아있고, 1892년에는 던롭에서 개발한 최초의 튜브형 타이어를 도입하기도 했다. 하이휠 자전거의 인기와 함께 자전거 산업이 큰 인기를 얻게 되었고, 이는 기계 산업 전반의 성장을 이끌어 훗날 자동차 산업의 발달에도 큰 영향을 주었다. 하이휠의 영향력은 산업뿐 아니라 여성인권에도 미쳤다. 이 높은 자전거를 타기 위해서는 폭이 넓고 긴 드레스로는 불가능했기 때문에 자전거를 타는 여성들 사이에서 펑퍼짐한 바지인 블루머가 유행하였고 이는 여성들을 억압하던 코르셋에서 그녀들을 해방시켜주는 계기가 되었다.

하이휠 자전거에 혼자서 타기 위해서는 자전거를 앞으로 밀면서 뛰어 올라타는 방법 밖에 없었기 때문에, 젊은 사람들이 아니면 타기 어려웠으며, 차체가 높기 때문에 측면에서 부는 바람에도 크게 영향을 받을 수 밖에 없었다. 말과 비슷한 수준으로 높은 차체에서 내려다 보기 때문에 우월감을 느낄 수 있고, 멋진 외관과 빠른 속도로 자전거의 표준으로 자리잡을 뻔 했던 하이휠 자전거가 다음 세대의 자전거로 인기를 넘긴 가장 큰 이유는 안전에 대한 우려였으며, 다음 세대의 자전거는 이에 걸맞게 안전형이라는 이름을 갖게 되었다.

자전거를 사라.
살아 있다면 후회하지 않을 것이다
Get a bicycle. You will not regret it, if you live.

Mark Twain

Black Penny Farthing Bicycle

정치인과 자전거

정치인은 이미지를 먹고 산다.

자전거만큼 정치인이 원하는 이미지를 가진 소품은 흔치 않다.

뒷걸음질 없이 앞으로만 가는 진취적이고 저돌적인 박력, 두 바퀴가 하나의 체인으로 엮여져 달려야 하는 협동심, 멈추면 쓰러질 수밖에 없는 균형감각, 외부 에너지의 도움을 받지 않고 오로지 인간의 힘으로만 움직여야 하는 성실 근면함까지.

그래서 정치인이 선거에 나설 때 이미지 제고를 위한 소품으로 종종 이용하는 것이 바로 자전거이기도 하다. 카리스마에 정직함, 협동심, 일관성과 근면함까지 갖추었으니 이보다 나은 아이템을 찾기는 불가능해 보인다.

이런 '환상의 소품'을 최고위급 정치인이라 할 수 있는 대통령이 사용하지 않았을리 만무하다. 그래서인지 우리나라뿐 아니라 전세계의 지도자들까지 이 자전거를 본인의 이미지 메이킹을 위한 도구로 활용한 예가 꽤 많다.

특히 대통령이라는 자리는 권위와 근엄의 상징인지라 태생적으로 서민적 이미지를 섞는 것이 꼭 필요하기 때문이기도 하다. 탱크처럼 육중한 검은 리무진 방탄차에 타고 수행비서가 열어준 문으로 내리는 대통령의 모습과, 두 팔을 걷어부치고 열심히 다리를 움직여가며 땀흘리며 균형을 잡는 대통령의 이미지는 하늘과 땅만큼이나 차이가 난다.

우리나라 대통령의 자전거

우리 역대 대통령 중 자전거와 가장 어울리는 사람은 단연 노무현 대통령을 첫 손가락에 꼽을 수 있다. 2009년 그의 서거 후 출범한 '사람사는 세상 노무현 재단'의 메인 로고에 그가 자전거를 타고 가는 모습이 들어있을 정도다.

역대 대통령 중 가장 서민의 모습과 가까운 대통령으로 평가받는 그의 재임 중 사진을 검색해 보더라도 "정말 이분

편안하고 소탈하게 자전거를 타는
노무현 대통령

이 대통령인가?"할 정도로 너무도 편안하고 소탈하게 자전거타는 모습이 많다.

청와대 경내에서도 종종 자전거를 탔고 퇴임후 고향 봉하마을에 내려간 다음에는 동네산책을 거의 자전거로 한 것이 아닌가 싶을 만큼 자전거 탄 사진을 많이 남기기도 했다. 몇 장의 사진으로 유추해본 그의 자전거 타는 실력은 중상급 이상이다. 핸들을 잡은 팔의 각도와 시선, 페달링 할 때 무릎이 굽혀지는 정도를 정해주는

피팅까지, 거의 생활자전거를 타는 수준으로서는 완벽한 모습이다. 어린 시절부터 자전거를 타 왔으며 나이가 들고 나서도 중요한 이동수단으로 자전거를 애용했음이 틀림없다.

자전거가 잘 어울릴 것 같은 또 한명의 지도자는 박정희 대통령이다. 그의 재임이 너무도 오래전이라 인터넷에서 번번한 사진 한 장 찾기 힘들지만 내 어릴적 기억 속에는 밀짚모자에 막걸리 한 잔 걸치고 한적한 시골 농로를 자전거를 타며 지나가는 대통령의 모습이 흑백 TV의 한 장면으로 남아 있다. 실제로 그것을 본 것인지 아니면 어린 시절 고향 장면의 한 추억과 오버랩 된 것인지, 그것도 아니면 어려운 국가 경제 시절 그런 소탈한 지도자의 모습이 있었으리라 상상한 것인지 솔직히 확실치는 않다.

1970년대 산업화 시대에서 자전거는 지금의 자동차만큼이나 서민 경제에 중요한 역할을 했으니, 박정희 대통령이 자전거에 갖는 관심역시 적지 않았으리라 예상해본다. 대구사범학교를 마치고 문경초등학교 교사로 부임한 시절의 교사 박정희는 12km나 떨어진 벽촌까지 자전거를 타고 가서 가정방문을 했다는 기록도 남아있다. 게다가 군인출신이기까지 하니 박정희 대통령의 자전거 실력 역시 의심의 여지가 없을 듯 하다.

당시로서는 흔치 않았던 변속기어가 달린 박정희 대통령의 자전거

지난 2017년 공개된 박정희대통령 유품 5천670점을 보관해온 구미시청

선산출장소 '비밀의 방'에는 당시로서는 흔치 않았던 변속기어가 달린 자전거가 대단히 깨끗한 상태로 잘 보관되어 있다.

자전거와 잘 어울리지는 않지만 '자전거 전도사'로 불린 대통령도 있었다. 4대강 자전거 도로를 만든 이명박 대통령이다. 시골 출신이지만 젊은 시절부터 대기업의 임원을 거쳐 40대 사장까지 올랐던 터라 그의 몸가짐에서 소탈함을 찾기는 쉽지 않다. 그래서인지 개인적으로는 그가 자전거를 타는 모습도 어딘가 어색하고 남들에게 보이기 위한 것이 아닐까 하는 느낌마저 드는 것이 사실이다.

자전거 전도사로 불린
이명박 대통령

청와대 경내에서 전기자전거를 타고 다녔던 모습이라든지 국민적 자전거붐 조성을 위한 대규모 자전거타기 행사에 보여진 모습에서도 자연스럽게 자전거와 동화되는 모습을 찾기는 쉽지 않다.

자전거와 관련한 가장 많은 제도를 만들고 인프라를 정비했던 자전거 대통령이지만 자전거를 타는 모습 만큼은 중급 이하의 낙제점을 주고 싶은 심정이다. 청와대에서 양복을 입고 전기자전거를 타는 모습(전기자전거가 직장인들의 미래 교통수단으로 좋다는 것을 어필하고 싶었겠지만 이를 조언한 참모가 있다면 두고 두고 반성하기 바란다. 너무 생경하다)의 보도 사진 한 장만 봐도 참 어색하고 불편하다. 안장에 앉은 자세가 엉거주춤해 불안하고, 핸들에 얹은 팔도 부자연스럽다. 대통령의 몸에 맞추지 않았는지 피팅도 좀 잘못된 느낌이다. 특히 4대강 자전거길에서 MTB를 타는 모습이 보도 되었을 때 중앙선을 넘어 역주행을 하는 사진이 게재된 것은 두고두고 네티즌들의 놀림감이 되었다. 환갑이 넘는 나이까지 테니스라면 풀세트 접전까지 여유있게 뛰는 그였지만 자전거는 그에게 친숙한 레저 스포츠 도구는 아니었던 것 같다.

우리나라 역대 대통령의 자전거와 관련된 사진 중에서 개인적으로 가장 가슴에 남는 장면은 전두환 전 대통령이 백담사에 기거할 때 손녀를 뒤에 태우고 가는 캔디드 포토(연출되지 않은 것처럼 보이는 사진) 한 장이다.

전두환 전 대통령이
백담사에 기거할 때 손녀를
뒤에 태우고 가는
캔디드 포토

기자가 멀리서 망원렌즈로 우연찮게 촬영한 것처럼 나온 흑백사진이었는데 그 장면 하나가 많은 의미를 내포하고 있는 것 같아 기억에 선하다. 사진속 전두환 대통령은 더 이상 군사쿠데타의 주모자, 손에 수많은 시민들의 피를 묻히고 권력을 잡은 독재자의 모습이 아니었다. 사정이야 어떻든 저런 깊은 산속에서 별로 좋지도 않은 자전거로 어린 손녀를 뒤에 태우고 시골길을 가는 촌로의 모습뿐이었다. 이 한 장의 사진으로 국민적 동정심을 불러일으키고자 했는지는 확실하지 않지만 어쨌든 이 사진이 보도된 이후 얼마되지 않아 그는 긴 칩거를 끝내고 서울로 돌아왔다.

역사에 길이 남을 두 야당 지도자로 각각 대통령을 지낸 김영삼과 김대중 전 대통령은 자전거와 관련된 일화가 전무하다시피 하다. 김대중 대통령은 젊은 시절 고문으로 인해 다리를 다쳐 자전거를 타기 힘든 몸이어서 그랬을지 모르지만 대단한 건강체로 노익장을 과시했던 김영삼 대통령도 자전거를 즐겨타는 대통령은 아니었다는 것은 좀 의외다. 1993년 모범 수출업체 대표들과의 오찬에서 그가 의욕적으로 진행하던 개혁의 속도를 자전거 타기에 비유하면서 내놓은 말은 지금도 회자되고 있다. "너무 급히 달려도 위험하지만 달리다가 멈추면 쓰러진다"

외국 대통령의 자전거

외국의 대통령 중에도 자전거를 취미로 즐기는 사람들이 많다.

미국의 43대 대통령이자 '아들 부시'로 불리는 조지 W 부시 대통령은 MTB 매니아로 유명하다. 달리기가 무릎 관절에 나쁘다는 의사의 권고에 따라 자전거 타기를 시작했는데 산악자전거를 즐기다 넘어져 코와 턱이 깨진 모습으로 언론 앞에 등장한 적도 있을 정도다. 그의 나이 67세였던 2012년에는 텍사스에서 열린 3일간 100km를 달리는 MTB 대회에 참가한 것이 기록으로 남아있기도 하다. 대통령 재임시절에는 섭씨 40도 가까운 무더위에도 젊은 경호원이나 기자들보다 빠르게 라이딩 했다고 한다. 특히 그는 아무리 경호를 위해서라도 자신보다 다른 이의 자전거가 앞서지 못하게 했는데, 그 이유가 "최소한의 고독감이라도 즐기기 위해서"라

MTB 매니아로 유명한
조지 W 부시 대통령

고 하니 자전거만이 줄 수 있는 매력을 제대로 알고 있던 지도자임에 틀림없다. 그는 2005년 열린 아시아 태평양 경제협력체 APEC 정상회의 때 우리나라를 방문하면서 자전거를 갖고 올 정도로 자전거 타기를 즐겼다. 당시 미국 대통령으로는 이례적인 3박4일의 일정으로 회의장소인 부산을 방문한 조지 W 부시는 경호상의 이유로 숙소인 해운대 웨스틴 조선호텔 인근 군부대에서 자전거를 탔다고 한다.

소탈한 이미지로는 우리나라 노무현 대통령에 버금가는 버락 오바마 대통령도 상원의원 시절부터 스스럼없이 자전거를 즐겨탔던 바이크 매니아로 잘 알려져 있다. 대선 후보 시절이었던 2008년 6월 시카고에서 자전거를 타는 멋진 모습이 언론에 공개되며 전세계 네티즌들의 주목을 받기도 했는데 당시 그가 탔던 자전거의 제품명을 묻는 질문이 각 언론사 게시판에 쇄도하기도 했다고 한다. 제대로 갖추어 쓴 헬멧과 걸리적거리지 않는 슬림핏 바지, 단정히 묶은 운동화 끈에 활동적인 MTB까지, 건장하고 날렵한 흑인 사내의 라이딩 모습을 담은 사진 한 장은 지금 보아도 대단히 자연스럽다.

소련 정보기관 요원 출신으로 터프가이 마초 이미지로 각인된 푸틴 대통령도 자전거를 즐겨 타는 지도자다. 경호원을 대동하거나 정치적 동반자인 메드베데프 총리와 함께 자전거를 타는 모습이 언론에 보도된 바 있다. 하긴 아이스하키와 유도, 스쿠버 다이빙에 야전 수영, 낚시와 사냥, 카레이싱과 전투기 조종까지 거의 모든 '상남자의 취미'를 섭렵하고 있는 그에게 자전거가 빠지면 섭섭한 일일지 모른다. 언론에 공개된 그의 라이딩 사진에서 굳이 흠을 하나 잡자면 핸들을 잡은 손과 어깨에 힘이 너무 들어가 있어 장거리 라이딩이 힘들지 않을까 하는 정도.

자전거를 즐겨탔던 바이크 매니아 버락 오바마 대통령

자전거 매니아였는지는 확인할 수 없지만 미국의 정치 지도자들이 자전거와 관련해 남긴 에피소드도 꽤 많다. 1913년부터 8년간 재임한 미국 28대 대통령 우드로 윌슨은 그의 차가 배달 소년의 자전거와 충돌해 소년이 병원에 입원하자 직접 찾아가 병문안을 하고 자전거를 선물한 일화가 있다.

프랭클린 루스벨트 대통령은 자전거에 대한 자신의 경험을 "나는 아홉 살부터 열일곱 살까지 휴일의 대부분을 자전거를 타며 보냈다. 이는 내 인생 최고의 교육이었고 학교에서 받은 교육보다 훨씬 좋았다"고 말한 바 있다.

존 F 케네디 대통령도 "자전거를 타는 단순한 즐거움, 그것과 비교할 수 있는 것은 아무 것도 없다"며 자전거를 예찬했다.

천재 물리학자 아인슈타인은 인생을 자전거에 비유한 명언을 남겼다.

"인생은 자전거 타기와 같다. 균형을 유지하려면 계속 나아가야 한다"

명품 브랜드와 자전거

초기의 자전거는 운송수단이 아니었다. 너무 비쌌기 때문이다.

최초의 자전거라 일컬어지는 독일의 드라이지네Draisienne 시절은 말할 것도 없고 어느 정도 일반에게 대중화 되었다는 하이 휠 High wheel 시절에도 서민의 몇 달치 월급을 꼬박 모아야만 구경할 수 있는 고가의 아이템이 바로 자전거였다.

발명된 이후 백년 가까이 일부 부유층의 유흥과 오락, 또는 자기 과시를 위한 사치품이었던 자전거가 운송수단으로서 제 몫을 하게 된 것은 1900년대에 들어와서 부터다. 시대를 뒤흔든 이 혁명적인 탈 것을 더욱 많은 사람들이 원하게 되고, 자전거 제조 기술을 갖춘 메이커들이 한 대라도 더 많이 팔기 위해 대량 생산 공정을 갖추면서 본격적으로 자전거는 서민에게 보급되기 시작했다.

너도 나도 이 혁신적인 대중교통 수단을 갖다보니 기존에 이를 독점하던 부유층들은 남들과 다른 특별한 자전거를 원하게 되었고 이는 자전거의 디자인과 기능 발전에 긍정적인 영향을 미치게 되었다. 특히 상류층 여성들은 여전히 신분과시용으로써 예쁘고 화려하고 특색 있는 자전거를 갖기 원했고 이에 따라 유능한 보석 세공업자나 패션 디자이너들이 주문자 취향에 따른 커스텀 바이크

Custom Bike를 만들기 시작했다.

재미있는 사실은 이런 콜라보레이션Collaboration이 지금까지도 이어지고 있다는 것이다. 자전거 대중화 초기에는 일부 귀족을 위한 주문형 고급 자전거가 생산되었다면 지금은 기업과 기업이 서로의 필요에 따라 특징적인 자전거를 만들어내고 있다.

자전거 메이커와 다른 업종이 함께 하는 협업은 자동차를 만났을 때 특히 빛을 발하고 있다. 자전거 메이커는 고성능과 고급스러움, 안전하다는 이미지를 갖고 있는 안정적인 브랜드가 필요했고, 자동차 메이커 입장에서는 그들의 아킬레스건인 '친환경' 문제를 자전거가 희석시켜 줄 수 있을 것이라는 기대감이 있었기 때문이다.

1890년대에 럭셔리 자전거를 선보인 티파니 Tiffany & Co.

미국의 럭셔리 주얼리 브랜드인 티파니앤코Tiffany & Co는 상류층을 상징하는 이미지를 갖고 있다. 신분 상승을 꿈꾸는 여성의 이야기를 다룬 오드리 헵번 주연의 '티파니에서 아침을Breakfast At Tiffany's, 1961'이라는 영화가 있다. 영화를 보지 않은 많은 사람들은 같은 히로인이 등장하는 '로마의 휴일'과 혼동하면서, 티파니라는 근사한 휴양지에서 행복하게 사는 공주의 이야기를 상상하는 경우가 있다. 안타깝지만 이 영화의 무대는 허름한 뉴욕의 뒷골목, 티파니는 지명이 아니라 여주인공이 흠모하는 보석상점 티파니앤코를 일컫는다.

수퍼카 페라리의 '이탈리안 레드'처럼 티파니만의 고유한 컬러로 등록된 '티파니 블루' 상자와 파우치에 담긴 영롱한 보석은 나이를 불문한 모든 여성들에게 최고의 선물이다. 심지어 한 연구에 따르면 여성들은 티파니 블루의 상자를 보는 것만으로도 심장박동 수가 22% 상승한다고 한다. 이러한 티파니에서 100년 전에 자전거를 만들었다는 이야기를 듣는다면 여성뿐 아니라 자전거 마니아인 뭇 남성들의 심장 박동도 빨라지지 않을까 생각해본다.

보석으로 장식한
티파니 자전거

1890년대 중반 자전거를 통해 여성 인권이 신장되었던 시기에는 예쁜 자전거를 타는 대회가 개최되기도 했다. 자전거에 꽃을 달거나 예쁜 그림이 그려진 자전거가 등장했는데, 1837년 창업한 티파니에서는 자전거 제작사와 협업으로 당시 금액으로 3천 달러가 넘는 자전거를 출시했다. 자전거 부품 일부가 도금된 금과 사파이어와 같은 보석으로 장식되어 있는데, 미국 워싱턴의 국립 아메리칸 역사박물관에 당시에 만들어진 자전거가 전시되어 있기도 하다.

티파니는 이벤트를 위해 한 두 대만 제작 한 것이 아니라 제법 많은 종류의 자전거를 판매했다고 알려져 있는데, 2008년 뉴욕의 본 햄bonhams 경매에서 1890년대 후반 티파니에서 만든 자전거가 5만7천달러에 낙찰되기도 했다. 낙찰된 자전거는 금, 보석으로 장식되지는 않고, 상아로 마무리한 핸들과 티파니의 모노그램 정도만 있는 모습이었다.

에르메스와 구찌의 자전거

　샤넬과 루이비통 정도 브랜드로 많이 알려진 명품가방들 사이에도 등급이 있다는 사실을 알게 된 것은 얼마 전이다. 특히 그 중에서 돈이 있어도 쉽게 구입할 수 없어 한참 대기를 해야 하는 아이템이 프랑스의 명품 브랜드 에르메스Hermès의 버킨백이라고 한다. 1년 구매 대기는 기본이고 중고품이 신품보다 수백만 원 이상 비싸게 팔린다고 하니 그 화려함의 극치를 가늠할 수 있다.

　이 에르메스에서 2013년에 자사 브랜드의 자전거 '플래너 에르메스LE FLANEUR D'HERMÈS'를 발표했다. 에르메스 가방에 사용하는 가죽으로 안장, 그립을 만들고 휠을 포함한 대부분에 고급 카본 소재를 적용한 최고급 자전거였다. 친숙한 이미지의 생활자전거의 모습을 하고 있지만 가격은 무려 버킨백 하나의 가격과 비슷한 1천200만원. 자전거만 이 가격이고 에르메스 마니아라면 이 명품을 완성시키기 위해 자전거의 핸들 바와 짐받이에 탈착이 가능한 가방을 각각 약 85만 원, 350만 원을 들여 달아야 한다. 에르메스의 태생이 19세기경에 마구(말의 안장 등)를 만들던 회사였다는 점을 감안하면 어쩌면 자연스러운 콜라보레이션으로 보인다.

카본 소재를 적용한 최고급 에르메스 자전거

　비슷한 시기에 구찌GUCCI는 가장 감성적인 자전거 브랜드라 불리기도 하는 이탈리아의 비앙키Bianchi와 함께 또 하

에르메스 가방에
사용되는 가죽으로
안장을 만들었다

나의 명품 자전거를 발표했다. 비앙키의 시그니처 색상인 비앙키 컬러 대신 검은색 또는 흰색 프레임에 구찌의 녹색과 빨간색으로 포인트를 주었다. 처음에는 에르메스와 마찬가지로 생활형 자전거 모델을 발표하기도 했지만, 보다 젊고 트렌디한 브랜드로 이미지 전환을 시도한다는 명분아래 픽시와 하이브리드 자전거를 선택했다. 자전거의 가격은 에르메스와 경쟁이라도 하듯 그보다 비싼 1천800만 원으로 정했고, 함께 세트로 나온 자전거 액세서리까지 하면 3천만 원에 달했지만 구찌에 열광하고 비앙키의 날렵한 디자인에 반한 젊은 고객층에 충분히 어필할 수 있었다. 몇 년 후 구찌는 중년의 명품 브랜드의 이미지에서 벗어나 자전거의 변신이 전주곡이라도 된 듯 브랜드 아이덴티티에 큰 변화를 갖게 되었다.

세계적 패션 디자이너 앙드레 김의 자전거

우리나라 패션 디자이너의 대명사이자, 업계에서 가장 큰 족적을 남긴 앙드레 김도 자전거를 디자인한 적이 있다. 2007년 5월 삼천리자전거 본사가 논현동으로 이전했는데 그곳이 마침 앙드레 김 아뜰리에의 건너편이었던 것이 계기가 되었다. 의상실 앞을 자주 지나다니면서 앙드레 김이 자전거를 디자인하면 어떨까하는 호기심을 갖게 된 한 직원이 아이디어를 냈고 이 신선한 제안이 삼천리

자전거 경영진의 허락을 얻게 되면서 일은 일사천리로 진행되었다. 반신반의 조심스런 마음으로 무작정 찾아가 자전거 디자인을 제안한 결과 너무도 흔쾌히 앙드레 김이 이를 수락했고 2년 후인 2009년 국내 최초 패션디자이너 브랜드의 자전거가 탄생하게 된 것이다.

앙드레 김을 상징하는 하얀색 바탕에 핑크, 오렌지색 등 화려한 컬러와 그의 트레이드 마크인 꽃과 나무줄기, 용 무늬 등 눈부신 패턴을 사용한 것은 당연한 일. 삼천리자전거는 이를 대중적인 브랜드로 만들기 위해 시범제작으로 끝내지 않고 아동용과 여성용, 미니벨로 등 총 12종의 자전거를 발표하기도 했다. 시대를 앞선 파격적 컬러와 디자인으로 호평을 받으며 이듬해에도 업그레이드 된 새로운 디자인을 선보일 예정이었지만, 아쉽게도 2010년 앙드레 김이 별세하면서 단종 되고 말았

하얀색 바탕에 핑크, 오렌지 등 화려한 컬러와 패턴을 사용한 앙드레 김의 유아용 자전거

다. 어쩌면 그때 단종이 되었기 때문에 더 가치가 있는 자전거로 이렇게 역사에 남았는지도 모를 일이다. 보기 드문 국산 명품 패션 자전거의 우연찮은 탄생과 화려한 퇴장 이야기다.

자동차 메이커의 자전거

자전거와의 콜라보레이션에 가장 적극적으로 나선 주인공은 같

제임스 본드카로 유명한
에스턴 마틴과 함께 만든
팩터 자전거

은 운송수단인 자동차 메이커들이다. 그것이 사람의 힘이든 기계의 힘이든, 바람을 가르며 질주하는 짜릿한 탈 것이라는 점에서 두 아이템이 공통점이 있으니 당연한 결과라 할 수 있다.

영국의 고급 수제 스포츠카 메이커이자 007 제임스 본드의 차 본드카로 유명한 애스턴 마틴은 F1 레이스의 노하우가 접목된 기술로 주목받고 있는 신생 자전거 브랜드인 팩터FACTOR 바이크와 함께 자전거를 출시했다. 페라리, 람보르기니, 마세라티, F1 머신 등에 주요 부품을 공급하는 엔지니어링 회사에 뿌리를 두고 있는 팩터 바이크는 애스턴 마틴과 함께 자전거를 만들면서 핸들 바에 마치 자동차의 내비게이션 처럼 보이는 LED 패널을 삽입했다. 내장된 센서를 이용해 속도와 케이던스, 파워 미터 등을 확인할 수 있었는데 10년 가까이 지난 지금 봐도 가히 그 기술력은 놀라운 수준이었다.

2012년 발표 당시 풀 카본 차체에 듀라 에이스 Di2 등의 최신 부품을 사용하며 판매가는 2만5천 파운드(약 3천700만 원)이었다. 애스턴 마틴 뿐 아니라 페라리, 람보르기니, 부가티 등의 슈퍼카 메이커들도 자전거를 발표했지만 자동차 가격의 자전거라 불릴 만큼

고가에 판매되었다. 판매가 목적이 아니었기 때문에 소량, 한정판 등으로 생산했으며, 주요 구매자 역시 자전거를 타려는 실수요자라기보다는 자동차 애호가, 수집가 등이 많았다. 때문에 실제로 자전거를 타면서 이러한 자전거를 보기는 쉽지 않았다고 한다. 하긴 3천만 원이 넘는 자전거를 타고 주말마다 생활 라이딩을 즐길만한 사람은 그리 많지 않았을 것이다. 도대체 무엇으로 그 쏟아지는 관심과 도난을 막을 수 있을지 고민 되었을 테니 말이다.

수퍼카 메이커들 뿐 아니라 일반 상용차 메이커들도 자사 자동차 모델의 이미지를 올리기 위해, 또는 새로운 미래 산업의 한 축으로 자전거를 속속 출시했다. 크리켓 배트만큼이나 크고 묵직한 노란색 프레임으로 유명한 허머HUMMER의 MTB는 군용차 허머의 튼튼하고 강인한 이미지가 제대로 잘 디자인 된 수작으로 꼽힌다. 속칭 '독3사'로 불리는 벤츠와 BMW, 아우디도 자기 브랜드의 자전거를 내놓았다. 각 사의 내로라하는 디자이너들이 머리를 싸매고 심혈을 기울여 디자인한 결과물이겠지만 프레임에 자랑스레 박혀 있는 브랜드를 가리고 보면 어느 회사의 자전거인지 구분이 힘들만큼 아이덴티티 적용에는 실패한 모델들이 많다. 때문에 자동차의 명품으로 불리는 브랜드의 자전거들이 생각보다 그리 비싸지 않게 팔리는 경우도 있다.

일본의 혼다는 2008년 자사의 오토바이를 닮은 산악용 다운힐 MTB를 출시해 관심을 모았다. 바이크만큼이나 두터운 바퀴와 한껏 솟아 있는 앞바퀴 머드 가드, 페달쪽 프레임에서 뒷 드레일러까지 이어지며 차체를 감싸주는 메탈 커버에 선명히 박힌 HONDA의 로고는 '기술의 혼다'라는 이미지를 확실하게 말해주고 있다.

딱 하나 아쉬운 것은 일반 판매는 하지 않고 바이크쇼에서만 전시했던 컨셉트 바이크였다는 점.

국내 자동차회사가 만든 자전거

외국 자동차 회사만 자전거를 만든 것은 아니다. 자전거를 이용해 자동차 브랜드의 이미지 제고, 새로운 고객 만족을 위한 서비스 시도는 우리나라에서도 찾아볼 수도 있다. 2012년 현대자동차는 신형 쏘나타와 투싼을 발표하면서 같은 이름의 자전거 한 쌍을 발표했다. 쏘나타는 도심 이미지에 어울리는 미니벨로, 활동성을 강조하는 투싼은 MTB를 선택했다.

이번에도 제조는 삼천리자전거가 맡았는데 앙드레 김 자전거 때와 달리 당시에는 현대자동차에서 기획을 맡아 진행한 프로젝트가 되었다. 삼천리자전거는 이 경험을 살려 이후 기아자동차의 베스트셀러카 쏘울을 모티브로 공동 개발한 자전거 쏘울을 발표하기도 했다.

현대자동차 쏘나타의 도심 이미지에 어울리는 미니벨로

자전거 쏘울은 미니벨로로 발표되었는데, 이는 국내 자전거 시장에 미니벨로가 확산된 시발점이라 할 수 있을 만큼 수년간 좋은 반응을 얻었다. 사실 모두 알고 있는 바와 같이 삼천리자전거와 기아자동차는 학산 김철호 회장이 설립한 '경성정공'에서 출발한 형제회사라는 점에서 남다른 의미를 갖고 있기도 하다.

비치바이크의 진실

자전거 종류 중에 비치바이크beach bike 라고 있다. 이름 그대로 바닷가 모래 사장 위를 신나게 달리는 자전거라는 느낌인데, 실상은 그렇지 않다. 우리 나라 해수욕장의 모래사장처럼 조금만 발을 디뎌도 다리가 푹푹 빠지는 조 건을 달릴 수 있는 자전거는 우리 지구엔 존재하지 않는다.

그럼 비치바이크는 어디에 어떤 용도로 쓰는 자전거일까? 정답은 '자전거 가 달릴 수 있을 만큼 굳은 모래사장에서 타는 자전거'다. 우리 서해안 태안 반도의 모래사장이나 미국 영화 속 마이애미나 캘리포니아 해변을 상상해 보면 된다. 경비행기가 이착륙 할 수 있을 정도로 딱딱한 모래 위에서 즐기 는 자전거가 바로 비치바이크다.

미국의 바닷가는 환경보호 차원인지는 몰라도 유난히 나무판자로 된 인도 겸 자전거도로가 많다. 비치바이크는 이런 도로에서 타기 편하게 비교적 커다란 바퀴와 간편한 구조로 구성된 스펙의 자전거다.
타고 내리기 편하고 바구니 등과 같은 부착물이 붙어 있지 않은 심플한 구 조의 자전거 형태가 주류를 이루고 있다.

비치바이크는 푹푹 빠지는 모래사장이 아닌 바닷가 나무 판자
도로 등의 다소 험한길을 달리는 단순한 자전거를 말한다.

자전거와 배달,
그리고 '쌀집자전거 점보' 이야기

인류가 만들어 낸 가장 위대한 발명품 바퀴, 그 바퀴 한 쌍 외에는 몸을 얹을 프레임과 순수한 인간의 에너지를 전달할 구동장치밖에 없는 '원초적인 탈 것'이 바로 자전거다.

모든 발명품의 효용이 가장 겸손하게 빛날 때는 인간의 실생활에 도움이 될 때가 아니던가. 그래서 인간에게 가장 도움이 되었던 자전거의 역사를 한 번 살펴볼까 한다. 바로 '배달' 이야기다.

2016년 영국 출장 중에 있었던 일. 런던에 도착한 첫 날, 이전까지 보지 못했던 너무도 희한한 광경을 눈앞에 마주하게 된다. 커다란 주사위처럼 생긴 커다란 가방을 등에 짊어지고 있는 영국인들이 도처에 눈에 띄는 것이 아닌가. 게다가 그들은 모두 자전거를 타고 있었으니.

라이딩 좀 해 본 입장에서 도대체 이해할 수 없는, 공기역학을 정면으로 거부하는 네모난 가방은 보통의 라이더들이라면 절대로 메지 않을 그런 가방이었다. 런던에 머무르는 그 며칠 동안 쉴 새 없이 보였던 그 특이한 주사위 가방 라이더들을 우리나라에서 발견한 것은 그로부터 3년이 지난 후 서울 서소문 회사 근처에서였다. 런던 라이더들의 가방에는 '딜리버루Deliveroo'라는 로고가 커다랗게 박혀 있었고, 우리나라 라이더들의 가방 뒤엔 '배달의 민족' 마크가 예쁘게 붙어있었다. 자전거 배달원들이었다.

영국 딜리버루 배달서비스

아주 어린 시절 이후로 꽤 오랫동안 배달음식은 오토바이와 철가방 외에는 생각하지 못했는데 다시 자전거가 배달업계의 총아로 떠오르고 있는 느낌이다. 음식 포장기술과 보온 기술, 배달 어플리케이션의 발전 때문이 아닐까.

배달 자전거의 바이블, 쌀집 자전거 '점보'

오토바이가 지금처럼 대중화되기 전에는 배달 자전거가 정말 많았다. 아니 웬만한 배달은 걷거나 뛰거나, 그것도 아니면 자전거였다.

그 중에 단연 으뜸은 흔히 '쌀집 자전거'라 불렸던 검은색의 커다란 강철로 만든 자전거였다. 60kg이 넘는 쌀가마니를 두어 개씩 싣고도 프레임이 주저앉거나 펑크 하나 나는 일 없이 튼튼하게 달려주었다고 붙은 별명이다. 아니 실제로 대부분의 쌀집에서는 배달용으로 그 시커먼 자전거를 하나씩 구비하고 있기도 했다. 기어 변속이 불가능하고 타이어도 우람해서 어떤 인터넷 백과사전에서는 이 자전거를 '픽스드 기어 바이크의 육체적 전신이며 팻 바이크의 영혼적 전신'이라고 표현하고 있다.

이 자전거의 정식 모델명은 '삼천리자전거 점보'다. 언제부터 생산되었는지 정확한 자료를 찾기는 쉽지 않으나 그 연원이 일제 강점기까지 거슬러 올라간다는 설도 있다. 일본군이 2차 대전 때 썼

2차 대전 당시의 일본군 자전거

던 군용 자전거의 모습이 이 점보 자전거와 비슷하기 때문인데 두 자전거는 육중하게 생긴 검은 프레임과 와이어가 아닌 강철로 된 브레이크 시스템, 튼튼한 짐받이와 자전거를 세우는 ㅂ자 모양의 스탠드가 닮아있다.

삼천리자전거의 전신인 경성정공이 일본 패망 직전인 1944년 설립되었고, 첫 자전거를 만든 것이 1952년이니 일본군의 모델을 그대로 들여온 것은 아닐테고 당시 잘 팔리던 자전거 모델을 화물용으로 강화하여 삼천리자전거가 실용 모델을 만들어낸 것으로 추측해본다. 삼천리자전거의 창립자인 학산 김철호 선생께서 1944년 귀국할 때까지 일본 오사카에서 자전거 관련업에 종사하셨다는 것도 이 추측을 뒷받침해준다.

이 무시무시하고 무지막지한 화물용 자전거는 아쉽게도 현재 단종 되어 신품을 구할 수 없다. 중고품이라도 남은 것이 있을까 싶어 인터넷 중고장터를 뒤져보니 2019년 5월, 대구의 한 판매자가 올린 것이 마지막 매물로 나온다. '삼천리 점보 26인치 특대형 쌀집 운반 자전거 4 보조핸들'이라는 제목으로 올라온 이 매물은 35만원이라는 가격이 제시되었는데 판매완료 표시 없이 판매기간이

지난 것으로 보아 중고거래에 실패한 것으로 보인다.

당시 판매자는 이 자전거를 '구하기 힘든 중고 클래식 자전거'라 표현했으며 '스테인리스 강철 앞뒤 림과 이중 보조핸들, 짐받이 장축 장착' 등을 장점으로 설명했다. 개인적으로는 이 기념비적인 매물을 하나 사두었더라도 좋지 않았을까 아쉬움도 남는다.

이 쌀집 자전거 덕분에 생겨난 자전거 승차방식도 하나 있다. 요즘은 그렇게 자전거를 타는 사람이 없는데, 필자가 어릴 적에는 자전거를 앞으로 밀고 가면서 페달에 발을 하나 올린 자세로 옆으로 서서 달리다가 자전거가 탄력을 받아 굴러갈 때 다리를 넘겨 나머지 페달에 발을 얹는 방법으로 타는 경우가 많았다. 이른바 '가위타기'. 그게 바로 이 쌀집 자전거의 무지막지한 무게 때문에 생겨난 승차 스타일이다. 짐받이와 핸들을 보강하면 30kg이 넘는 무게의 쌀집 자전거는 세워둔 상태에서 페달을 밟는 힘만으로는 도저히 출발이 불가능했기 때문이다.

중고장터에 올라온
점보자전거3

쌀집 자전거가 국민 자전거가 되었던 이유

사실 자전거만큼이나 배달에 적합한 운송수단이 또 있을까. 좁은 골목길을 누비고 다니며 주차 걱정을 할 필요도 없고, 기름값 걱정도 없으니 말이다. 게다가 안장을 제외한 거의 모든 부분이 철로 만들어져있어 내구성도 좋았고 승차감도 나쁘지 않았다. 일단 한 번 구입하는데 비용을 지출하면 그 이후의 비용은 인건비만 들었기 때문에 쌀집 뿐 아니라 많은 업종에서 이용했다. 옷을 주렁주렁 달고 다니는 세탁소 자전거이기도 했고, 술도가(양조장)의 커다란 술통이나 보일러에 넣을 기름통도 자전거 뒤에 실려 있었다.

게다가 너무 매력적인 것은 자전거가 달리는한 전원이 무한공급되는 그 특이한 헤드램프였다. 앞바퀴의 저항을 이용해 박카스병만한 발전기를 강제로 돌려 빛을 얻는 다소 무식한(?) 방식이었지만, 어린 아이들의 눈에는 그렇게 신기해보일 수가 없었다. 발전기의 원리를 과학시간 이전에 자전거에서 먼저 깨우친 세대들이다.

웬만해서는 고장 나지 않는 튼튼함과 짐칸 가득 짐을 올려도 넉넉했던 프레임, 무한동력의 라이트는 지금 생각해보니 세계일주 정도에 적합한 투어링 바이크의 효시가 아니었을까하는 재미난 상상도 하게 된다. 크로몰리 자전거 전문메이커인 설리SURLY에서 만들어낸 장거리 라이딩용 투어링 바이크를 보고 가장 먼저 떠오른 것이 바로 삼천리자전거 점보였으니 말이다.

설탕을 뿌려 휘휘 말아주는 솜사탕 기계도 점보의 짐칸 위에 올라가 있었고 10원짜리 냉차를 파는 커다란 음료통도, 풍선을 불어주던 가스 주입기도 모두 쌀집 자전거의 몫이었다.

오토바이에 배달의 기수 바통을 넘기고

자전거가 오토바이에게 '배달의 기수' 바통을 넘겨준 것은 중국

집처럼 배달 위주 음식점이 늘어난 것과 대형마트, 택배가 활성화 되면서 부터인 듯하다. 경제가 발전하고 서민들의 호주머니 사정이 나아지면서 배달물량도 늘어났을 테고 이전과는 다르게 밀려드는 주문 수와 물량을 처리하려면 자전거로는 역부족이었을 것이다. 오토바이는 자전거에 비하면 시간과 적재 무게의 제한이 거의 없었다.

　오토바이에 밀려 구박덩어리가 될 운명이었던 쌀집 자전거는 이름도 바꾸고 디자인도 살짝 살짝 손 보아가며, 나름의 명맥을 유지한 채 오늘에 이르고 있다. 그 그로테스크grotesque한 외모 덕분인지 클래식 자전거로 인정받으면서 특이한 취향의 마니아들을 위한 인터넷 카페가 생기기도 했다.

　쌀집자전거의 원조격인 삼천리자전거는 오토바이로 인해 배달 모빌리티 시장을 잠식당하자 베스트셀러 모델 '점보'의 이름을 '표준Standard'으로 바꾸어 새 모델을 출시하기도 했다. 이전의 영광을 되찾겠다는 노력, 육중한 몸체도 다이어트 하고 디자인도 다소 세련된 모습을 도입했다. 화물용 자전거의 이미지를 벗고 도심 출퇴근이 가능한 신사용 자전거로 변신을 꾀했던 것이다. 지금도 남대문 시장 골목에 가면 찾아 볼 수 있는 쌀집 자전거는 이 표준 자전거에 짐받이를 개조한 화물용 자전거다.

　2016년에는 삼천리자전거가 쌀집자전거의 명맥을 이어 '뉴 표준New Standard'라는

삼천리자전거 뉴표준(New Standard)

이름의 새 모델을 발표하기도 했다. 예전 쌀집 자전거를 현대적으로 재해석한 디자인으로 출시했는데, 차체 무게를 20kg 미만으로 경량화하고 보다 클래식한 디자인으로 만들었다. 지금도 삼천리자전거 홈페이지에는 판매중인 자전거로 올라와 있는데, 카테고리는 '클래식'으로 분류되어 있다.

자전거 배달의 재도약, 쿠팡이츠와 배민커넥트

2020년 벽두에 몰아닥친 코로나19 바이러스는 우리나라뿐 아니라 전세계인의 생활 패턴을 바꾸어 놓았다. 그 중 가장 눈에 띄는 것이 택배, 배달 사업의 비약적 발전이다. 일찌감치 '다음날 도착 보장 로켓 배송'으로 물류센터 등에 막대한 투자를 해놓았던 쿠팡은 코로나19 와중에 뉴욕증시에 상장해 80조원 이상의 기업가치를 인정 받았다.

배달 음식 서비스도 크게 늘어났다. 국내 대표 배달앱인 요기요와 배달통을 인수한 독일업체 딜리버리 히어로는 배달시장 최강자인 배달의민족까지 인수했다. 이제는 햄버거도 샌드위치도 심지어 테이크아웃 커피 1잔까지 배달해 먹는 시대가 된 것이다.

이 상상이상으로 커져버린 배달 음식 시장에서 자전거는 꽤 중요한 역할을 하고 있다. 얼마 전 배달 어플을 이용해 음식을 주문해서 먹을 기회가 있었는데, 주문 후 얼마 되지 않아 어플에는 자전거를 탄 배달원이 오고 있는 모습이 화면에 표시되었다. 실제 거리에 나가보면 우리나라에도 점차 자전거를 이용한 배달원들이 많아지고 있는 것을 체감할 수 있을 정도다.

사실 오토바이 일변도의 국내 배달 시장에서 자전거를 도입하며 일대 변혁을 일으킨 것은 2017년 런칭했던 우버이츠UberEats로 알고 있다. 우버이츠는 근거리는 도보나 자전거, 원거리는 오토바이와 자동차로 배달 수단을 다양화하고 1인분 주문도 가능, 실시간 배달 위치를 고객이 어플을 통해 알 수 있게 하는 등의 공격적 전략으로 화려하게 데뷔했다. 이후 이와 거의 유사한(어쩌면 더 나은) 서비스로 맞수가 된 쿠팡이츠를 넘어서지 못하고 결국 2년만인 2019년 한국시장 철수를 결정하게 된다.

물론 우버이츠가 우리나라 최초의 자전거 음식 배달 서비스는 아니었음은 당연하다. 2014년 출간 된 냉면열전(백헌석, 최혜림 지음)이란 책을 보면 자전거가 도입되던 1900년대 초 자전거로 냉면을 배달로 먹는게 흔한 풍경이었고, 10명 이상의 배달원이 있는 냉면집이 있었다고 한다.

요즘 가장 눈에 많이 띄는 자전거 배달원은 배달의민족이다. 배민커넥트(배달의민족 배달원 운영 프로그램)의 경우 음식점에서 전달지까지의 거리가 2km 이내의 경우만 자전거에 배차를 해준다. 2km가 직선거리 기준이기 때문에 실제 주행거리는 조금 더 늘어날 수 있지만 평균 시속 15km 정도로만 가도 10분 정도면 갈 수 있는 거리다. 자전거는 친환경 운송수단이며 소음도 없기 때문에 배달 차량이 주택가를 돌아

배민커넥트 홍보화면

다녀도 인근 주민들에게 피해를 주지 않는다. 배달원 입장에서도 원하는 시간에 원하는 만큼만 아르바이트를 하면서 자전거를 계속 타기 때문에 운동 효과까지 볼 수 있다.

해외의 짐자전거

사실 자전거 배달이 그리 느린 것도 아니다. 서울 시내 차량 평균 통행속도가 시속 25km 남짓이고 도심은 시속 18km에 못 미친다는 자료(서울연구원, 서울인포그래픽스 제187호)를 보면 라이더의 체력이 받쳐주는 어느 구간까지는 자전거가 자동차나 오토바이에 비해 느리지 않다는 것을 알 수 있다.

안전하면서 친환경적인 배달 수단으로

자전거 배달원을 보면서 친환경 배달수단의 재도약이라는 반가운 마음이 먼저 든다. 하지만 딱 하나 안전 부분에 대해서는 조금 우려가 되기도 했다. 만에 하나 배달 중 사고가 났을 경우 안전장치가 있느냐 하는 문제다. 외부로 몸이 노출 된 것은 오토바이와 차이가 없으나, 안전장구 문제도 있고 도로에서는 느린 쪽이 아무래도 약자이기 때문이다.

2020년 12월 기준으로 자전거로 배달을 할 수 있는 2곳의 업체 중 쿠팡이츠는 별도의 보험이 없이 배달원 스스로 보험 가입 여부를 선택해야 한다. 배민커넥트의 경우는 배달 업무를 수행하면 필수적으로 산재보험에 가입되며, 운행 시간에 따라 시간제 운전자 보험까지 처리를 하고 있다. 음식을 주문한 고객에게 맛있는 음식을 빠르게 배달해주는 것도 중요하지만, 안전하게 배달하는 것이 더 중요한 것을 잊지 않았으면 하는 생각이 든다.

별도의 동력이 필요치 않고 충전기도 배터리도 필요 없으며 소음까지 없는 자전거가 미래 사회에 가장 적합하고 지속가능한 운송수단임은 확실하다.

런던에서 만났던 딜리버루 라이더들처럼 우리나라에도 좀 더 많은 자전거 배달원들이 있었으면 하는 바람이다.

자전거 패션 이야기

2021년 6월 16일자 조선일보 21면에 이런 제목의 기사가 실렸다.

"쫄쫄이는 그만!... 편한 옷 입고 자전거 탈래"

인터넷 판 톱뉴스를 뜻하는 'PICK' 마크가 붙은 이 기사에는 자그마치 1천660개의 댓글이 달렸다.

문제의 발단은 기사에 실린 사진이었는데 '편한 옷'의 예시로 가져온 사진이 자전거 라이딩에 적합해 보이지 않았기 때문이다. 서울시 공공자전거 따릉이를 배경으로 놓고 찍은 사진의 한 여성은 가슴이 깊게 패인 브이넥의 흰 배꼽티와 샌들, 금방이라도 벗겨질 것 같은 큼지막한 배낭 가방을 메고 있었다. 다른 사진의 또 다른 여성은 치렁치렁 늘어져 바닥에 끌리는 통 넓은 바지와 슬리퍼를 신은 모습이다.

찬반으로 나뉘어 격렬히 맞붙은 댓글 중에는 "일상에서는 편한 옷이 자전거에서는 불편하다"는 의견과 "중장거리 아니면 평상복도 괜찮다"는 의견이 다양하게 개진되었다. 갑론을박이 전개되던 댓글 창은 "편한 옷은 입고 타시되, 안전한 옷을 입고 타시기 바랍니다"라는 중립적인 의견으로 균형을 맞추기도 했다. 이 기사에는 자전거를 타는 남녀의 사진이 모두 8장 게재되었는데 사진 속 어느 누구도 헬멧을 쓰고 있지 않았다.

　사실 이런 주제의 기사가 중앙일간지에 실리고 그에 따른 여론이 폭발한다는 것은 '곤충머리 헬멧과 포춘쿠키 쫄바지'로 대표되는, 자전거를 전문적으로 타는 사람들의 우스꽝스러운 패션에 대한 거부감이 심리적 밑바닥에 깔려 있기 때문이 아닐까 생각해 본다.
　실제로 필자 주변에서 건강을 위해 자전거 타기를 권유했던 지인들 중 상당수가 그 부담스러운 쫄쫄이 바지 때문에 라이딩의 진짜 즐거움을 느끼는 단계까지 가지 못하고 체험과 입문 단계에서 그만 두기도 했다.

자전거 도로에서 가장 눈에 띄는 옷은?

　자전거를 본격적으로 타기 시작하면 그전에는 이상하게만 보였던 자전거 의류에 조금씩 관심이 생기게 된다. 과연 저 '쫄쫄이'를 입으면 편할까? 빨라질까? 아니 그것보다는 '과연 내가 저 옷을 입을 수 있을까?'라는 두려움과 궁금함이 꽤 복잡한 심리적 갈등을 일으킨다. 우스운 것은 그런 고민을 시작한 사람들의 99%가 얼마 지나지 않아 자연스레 그 '쫄쫄이'를 입고 밖을 나가는 자신을 보게 된다는 것.
　너무 튀는 옷차림이 눈에 띄는 것 아닐까싶었던 걱정은 오히려 한강 자전거 도로에서는 평상복이 눈에 더 잘 띈다는 것을 깨닫고

제대로 갖추어입은
자전거패션

안도하게 된다. 몸의 라인이 숨김없이 드러나는 쫄쫄이 의류와 구멍 숭숭 뚫린 헬멧은 라이딩 중 그 효용을 체감하면서 '괜히 이렇게 생긴 것이 아님'을 깨닫게 된다. 두려움이 편안함으로, 걱정이 안심으로 바뀌는 순간이다.

자전거 의류를 입고 헬멧과 선글라스 까지 쓰고 있으면 쉽사리 나이를 가늠할 수 없게 된다는 것도 숨은 장점이다. 중장년층은 젊음을 과시하기 위해, 또는 나이를 숨기기 위해 자전거 패션을 이용하기 한다. 모든 취미가 그렇듯 과시욕의 발산이라는 측면에서 보아도 좋다. 자전거 의류는 몸매를 여실히 드러내기 때문에 꾸준히 운동을 한 몸을 은근 자랑할 수도 있으며, 고가 브랜드의 자전거 의류는 일반 명품 브랜드의 패션 아이템과 마찬가지로 자기만족과 더불어 스스로의 가치를 높아 보이게 하는 역할을 한다. 물론 이런 심리적 만족감이나 과시욕 같은 이유 보다 훨씬 중요한 것은 자전거 의류의 기능성이다.

자전거 의류의 가장 큰 특징은 습한속건성吸汗速乾性이다. 땀을 빠르게 흡수하고 빨리 건조시킨다는 뜻. 자전거는 걷기와 뛰기의 중간 정도 강도로 지속 시간이 길어서 생각보다 많은 땀이 난다. 날씨가 추운 날은 맨 몸이거나 땀이 옷을 적셔주는 경우, 땀이 빠르게 식으면서 심한 추위를 느낄 수 있다. 이 체온을 빼앗아 가는 땀을 그때그때 흡수해 공기 중으로 날려버려 몸의 온도를 유지시켜 주는 것이 자전거 복장의 역할이다. 운동 중의 쾌적함을 위한 것 뿐 아니라 건강과 안전에도 직결되는 부분이다.

자전거 의류가 몸에 딱 붙는 것은 땀 흡수를 즉시 해내기 위해서이기도 하지만, 또 다른 이유로는 몸과 옷의 마찰로 피부가 쓸리는 것을 방지하기 위해서다. 같은 이유에서 승마나 경마 선수들도 타이트한 복장을 한다. 승마의 경우는 상의는 정장 자켓을 입는데 이는 승마라는 스포츠가 격식을 중시하기 때문이다. 자전거도 승마와 마찬가지로 오랫동안 깃이 달린 상의를 입고 경기를 했지만 1960년대 이후에는 대부분 지금과 비슷한 복장으로 바뀌게 되었다.

뒤에 주머니가 있는 사이클링 저지 Cycling Jersey

저지는 직조 방법을 뜻하기도 하며, 저지 방식으로 직조한 천 또는 그 천으로 만든 의류를 말한다. 저지는 얇고 신축성이 좋아 운동복에 많이 이용되고 있다. 운동복을 의미하는 저지도 여러 형태가 있는데 농구나 축구 등 구기 종목의 팀 로고, 선수 이름, 등번호가 있는 유니폼을 팀 저지라 하며, 자전거 선수들이 입는 상의를 사이클링 저지라고 한다.

사이클링 저지의 특징은 상체를 숙이고 자전거를 타기 때문에 뒷면이 앞면보다 길게 되어 있으며, 뒷면에 주머니가 있어 휴대폰이나 간단한 짐, 간식을 수납할 수 있다는 것이다. 상의 옆면에 주머니가 있으면 자전거를 타다 보면 다리로 치면서 주머니에서 물건이 빠지기도 하는데 이를 방지할 수 있다. 여담으로 1950년대 자전거 경기의 복장을 보면 가슴 앞쪽에 캥거루처럼 주머니가 있는 것을 볼 수 있는데, 이 당시에는 서포트 카가 없었기 때문에 예비 튜브 등의 정비용품까지 직접 들고 경기를 했기 때문이라고 한다. 사이클링 저지는 신축성뿐만 아니라 통기성, 투습성, 속건성이 뛰어나 옷이 땀을 바로 흡수하고 말리기 때문에 보다 쾌적한 라이딩을 즐길 수 있다.

승리의 상징 옐로 저지 Yellow Jersey

전 세계 골프 경기의 4대 메이저 대회 중 하나인 마스터즈 토너먼트의 우승자에게는 그린 재킷Green Jacket 을 입혀주는 전통이 있다. 수많은 골퍼가 이 그린재킷을 꿈꾸듯 자전거 선수들은 옐로 저지Yellow Jersey를 입는 것을 꿈꾸며 혹독한 훈련을 견뎌내고 있다.

매년 7월 3주간 21개의 스테이지를 달리는 투르 드 프랑스에서 가장 눈에 띄는 색은 노란색이다. 전체 기록에서 가장 빠른 선수는 옐로 저지를 입고 달리며, 21개의 스테이지에서 순위 변동에 따라 날마다 옐로 저지를 입고 있는 선수가 달라지기도 한다. 마지막 스테이지에서 옐로 저지를 획득하는 사람이 투르 드 프랑스의 우승자가 되는 것이다. 이 '노란 옷'을 입는 전통은 1919년부터 시작되었는데 투르 드 프랑스의 주관사인 로토(L'Auto, 스포츠 신문사)의 브랜드 컬러가 노란색이었기 때문이라고 한다. 투르 드 프랑스

2018년 투르드프랑스 우승자들 왼쪽부터 화이트저지와 옐로저지 물방울저지 그린저지가 보인다 출처_자전거생활

에는 옐로 저지 외에 그린 저지, 빨간 물방울 저지, 화이트 저지가 있다.

1959년 잔디 깎는 기계를 만드는 회사가 후원하면서 생긴 녹색 저지는 스프린트 구간에서 가장 빠른 선수가 입고, 화이트 저지는 26세 이하의 선수 중 기록이 가장 좋은 선수가 입게 된다. 가장 난해하게 보이는 빨간 물방울 저지는 1975년 초콜릿 업체인 쇼콜라 풀라Chocolat Poulain가 후원하면서 초콜릿 포장지의 패턴을 본따 만든 것이다. 달콤한 초콜릿의 이미지와는 달리 산악 구간의 업힐의 고통을 가장 빨리 이겨낸 선수가 입을 수 있는 저지다.

몸에 달라붙는 타이즈와 빕 Tights & Bib

상의는 일반 스포츠 웨어를 입더라도 하의만큼은 자전거 전용 타이즈를 입는 경우가 많다. 타이즈 팬츠를 포기할 수 없는 이유는 자전거를 타면서 느낄 수 있는 통증을 완화해주는 기능이 있기 때문이다. 자전거 전용 하의에는 패드가 들어 있어 안장통을 줄여준다. 상체를 세우고 단시간 위주로 타는 일반 생활자전거는 안장에 체중이 실리기 때문에 푹신한 안장을 이용하지만, 이외의 자전거 대부분은 상체를 숙이고 타기 때문에 안장에 가해지는 하중이 적은 편이다. 취미로 자전거를 타게 되더라도 1시간 이상 자전거를 타는 경우가 많은데 딱딱한 안장이 보다 오랜 시간 자전거를 탈 수 있게 해주고, 이에 따라 필연적으로 안장통을 경험하게 된다. 자전거 전용 타이즈에는 패드가 있기 때문에 엉덩뼈와 회음부에 주는 자극을 크게 줄일 수 있다. 자전거를 타면 전립선과 성기능에 문제가 생길 수 있다는 설이 있어 한때 전립선 안장이라는 것이 유행하기도 했는데, 자전거와 성기능 사이의 명확한 연관성이 밝혀진 것은 아직 없다. 오히려 자전거를 타면 회음부 주변 근육과 하체 근육이 튼튼해져 케켈 운동의 효과를 본다는 견해가 지배적인 상황이다.

19세기 후반, 여성들에게 바지가 허용되지 않았던 유럽에서 자전거가 등장하면서 이를 위해 드레스 대신 블루머bloomer란 치마를 닮은 펑퍼짐한 바지가 등장했고, 여성들이 이를 입기 시작하면서 여권 향상의 시초가 되었다는 것은 너무도 유명한 이야기. 당연히 치마보다는 바지를 입는 것이 자전거 타기 좋지만, 통이 큰 바지는 체인에 걸려 쉽게 더러워지거나 체인에 걸려 안전에 영향을 주기도 한다.

이처럼 안전을 위해 타이즈를 입는 이유도 크지만 또 다른 기능도 있다. 자전거용 타이즈는 컴프레션(compression, 압박) 기능을 적극 활용하고 있다. 이는 단순히 피부에 붙어 있는 것이 아니라 근육을 지지하고 잡아주기 때문에 부상의 위험이 줄어들고 피로 회복에도 큰 효과를 준다는 것. 근육에 테이핑하고 운동을 하고 운동을 하는 효과와 마찬가지로 타이즈를 입으면 페달을 돌릴 때 사

자전거 멜빵바지 빕숏
출처_자전거생활

용하는 근육을 보다 효율적으로 사용하게 된다.

패드가 있는 타이즈를 입게 되면 다음은 빕Bib 이 남아있다. 타이즈에 어깨끈이 달린, 즉 쫄쫄이 멜빵바지다. 자전거 동호인들 사이에서 '빕을 한 번도 안 입은 사람은 있어도, 한 번만 입은 사람은 없다'라는 말이 있을 만큼 매력적인 아이템이다. 빕은 외관상 타이즈와 비슷하지만 신축성 있는 어깨끈이 있기 때문에 바지 속의 패드가 더 안정적으로 고정되며, 허리 고무줄 없이 어깨끈이 위로 당겨주기 때문에 뱃살을 보정해주는 효과도 볼 수 있다. 자전거에 탔을 때도 어깨끈이 상체를 숙인 자세를 좀 더 편안하게 유지해 준다. 이러한 장점이 화장실을 가기 불편하다는 커다란 단점(사실 익숙해지면 그렇게 불편한 것도 아니다)을 상쇄시키고 한번 입으면 헤어 나올 수 없게 만드는 것이다.

저지와 타이즈를 입고 타는 것에 익숙해지면, 좀 오만한 생각이 들게 된다.

이런 제대로 된 복장을 갖추지 않고 자전거를 타는 것은 불합리하고, 평상복으로 자전거를 타는 사람들은 제대로 된 라이딩을 하는 것이 아니라는 생각이다. 초반 장비병을 극복하고 어느 정도 일습一襲을 갖춘 자의 뿌듯함을 이해 못하는 바는 아니지만, 이런 생각은 당연히 '근거 없는 허세'다.

운전한지 갓 일 년이 넘은 초보 운전자가 사고 위험이 가장 높듯, 자전거 입문 초기 온갖 장비를 갖추고 이제 나도 '전문 라이더'라는 자부심을 갖는 사람들에게서 많이 볼 수 있는 현상이다. 사실 수십 년씩 자전거를 타 온, 그래서 라이딩이 생활화 되어 있는 재야 무림의 고수들은 남들이 무슨 옷을 입고 자전거를 타는지 별로 상관하지 않는다.

지금까지 예를 든 자전거 전용 의류와 소품은 2~3시간 이상의 강도 높은 운동을 할 때 그 빛을 발한다. 집에서 지하철역까지 동네 마트까지 정도의 짧은 거리라면 평상복으로도 충분히 자전거를 즐길 수 있다. 자전거 의류를 반드시 입어야 한다는 생각은 오히려 자전거 저변 확대에 걸림돌이 될 수 있는 위험한 생각이다.

로드 레이스 금메달리스트의 비극

쫄쫄이 자전거 의류와 함께 입문자들이 가장 큰 부담을 갖는 것이 바로 이 곤충 머리를 연상시키는 헬멧이다. "저 흉물스러운 헬멧을 타고 자전거를 타느니 차라리 머리를 다치고 말겠어"라 이야기하는 사람을 실제로 본 적이 있을 정도다. 속칭 스타일에 죽고 산다는 픽시 라이더들은 헬멧을 쓰지 않는 것을 자기들만의 불문율로 정하기도 한다.

하지만 우리나라에서 자전거를 탈

다양한 종류의 헬멧

때 헬멧을 쓰지 않으면 불법으로 간주된다. 2018년 9월 개정된 도로교통법에 따라 대한민국 국민이면 누구든 자전거를 탈 때는 헬멧을 반드시 써야 한다. 물론 의무 규정만 있을 뿐, 관련된 단속 및 처벌규정이 없어 강제력이 떨어진다는 지적도 있다. 헬멧 착용 문화가 완전히 정착되지 않은 상태에서 처벌을 하게 되면 자전거를 타는 사람이 급속히 줄어들지 않을까 우려한 것이 아닌가 싶다.

헬멧착용 의무화가 실제로 자전거 저변확대를 가로막는다는 의견은 여러 군데서 쉽게 볼 수 있다. 하지만 우여곡절 끝에 제정된 법이고 자전거 도로의 확충과 성능 개량으로 고속으로 달리는 자전거가 점점 많아지는 세태를 감안하면 이 법은 확실히 지키는 것이 당연하다.

2018년 질병관리청의 '중증외상, 자전거사고 헬멧 착용률' 통계 자료에 의하면 헬멧 착용 후 중증외상을 입는 비율은 12.3%, 미착용시 57.8%이다. 또한 가장 많이 다치는 신체 부위는 머리(37.1%)라는 것을 보면 헬멧은 반드시 착용하는 것이 좋다.

자전거 레이싱 역사에 이런 일이 있었다. 바르셀로나 올림픽 자전거 개인 로드 레이스의 금메달리스트인 이탈리아의 파비오 카사르텔리Fabio Casartelli. 23세에 금메달리스트가 된 그는 프로로 전향해 2년 후 모토로라팀 소속으로 랜스 암스트롱의 팀메이트로써 투르 드 프랑스에 출전했다. 훌륭한 경기를 보여주던 그는 15스테이지 피레네 산맥의 다운힐에서 낙차하면서 젊은 나이에 세상을 등지게 되었다. 다음날 16스테이지는 그를 추모하는 라이딩으로 진행되어 선수들은 경쟁을 하지 않은 채 라이딩을 했고, 마지막 모토로라 팀의 동료들이 선두로 도착지점에 엄숙한 표정으로 들어오며 스테이지를 마쳤다. 파비오 카사르텔리의 사인死因이 정수리 부분에 큰 충격에 의한 것으로 알려지면서 헬멧 착용의 중요성이 대두되었다. 당시 그는 헬멧을 쓰지 않고 경기에 참여 했다. 불과 20여 년 전만 해도 프로들의 경주에 자전거 헬멧이 의무가 아니었다는 것은 상당한 충격으로 다가 온다.

자전거 헬멧에 대한 안전 인식이 부족했던 1970년대까지만 해도 대부분 '쪽모자'라 불리는 사이클링 캡을 썼다. 사이클링 캡은 땀을 흡수해주고, 모자 챙이 일반 모자에 비해 짧기 때문에 상체를 숙인 자세에서도 전방 시야에 방해를 주지 않는다. 이 캡을 지금도 쓰는 경우가 있는데 헬멧에 머리가 일부분만 눌리는 것을 막기 위한 기능으로 유용하기 때문이다.

1975년 오토바이 헬멧 제조사였던 미국의 벨BELL에서 자전거용 헬멧을 발표하면서 현대적인 자전거 헬멧이 등장했다. 오토바이 헬멧과 달리 자전거는 머리에서 나는 열기, 땀을 식힐 수 있어야 하기 때문에 통기성이 중시되었으며 2000년대 초반 프로 선수들의 헬멧 착용률이 높아지면서 공기역학 기술이 더해져 보다 쾌적하고, 안전한 헬멧들이 등장하기 시작했다.

유선형의 공기역학 디자인과 통기성을 위한 구멍들 덕분에 일반인이 보기에 전문가용 자전거 헬멧은 다소 부담스러운 모습이 된 것이다.

물론 자전거 헬멧은 종류에 따라 딱정벌레 등 껍질같은 것만 있는 것은 아니다. 자전거의 유형에 따라 얼굴까지 전면 보호할 수 있는 풀 페이스 타입, 도심에서 정장이나 캐주얼 의류를 입었을 때 어울리는 어반, 타임 트라이얼 경기를 위해 공기저항을 최소화하는 대신 에일리언처럼 뒤로 길쭉하게 뻗은 타임 트라이얼 헬멧 등 다양한 타입이 있다.

자전거 패션의 완성, 클릿 슈즈

자전거에 입문하고, 타이즈와 저지를 입고 유선형 헬멧까지 갖추고 나면 이제 마지막 단계라고 할 수 있는 클릿 슈즈에 눈이 간다. 간혹 자전거를 타고 음식점이나 편의점에 들어오는 라이더들을 보면 또각또각 소리를 내며 불편하게 걷는

MTB용 클릿슈즈
출처_자전거생활

것을 볼 수 있다. 이들이 신고 있는 신발이 클릿 슈즈로 바닥에 있는 쇠조각이 페달에 결착되는 방식의 신발이다. 페달과 발이 단단히 고정되기 때문에 안정적인 자세로 페달링을 할 수 있으며, 페달을 밀어내는 힘뿐만 아니라 위로 당기는 힘까지 구동력으로 전달되므로 평속 향상에 결정적인 역할을 한다. 클릿 슈즈와 클릿 페달은 로드용과 MTB용으로 구분할 수 있는데 로드용 클릿은 결착력이 강하며 공기역학까지 고려해서 디자인되어 있으며, MTB용은 보다 쉽게 페달에서 신발을 분리할 수 있으며, 산에서 걷는 경우를 대비해서 땅에서 걷기 편하게 디자인되어 있다.

클릿 슈즈는 안전을 염두에 둔 다른 장비와 다르게 오로지 속도를 위한 아이템이다. 클릿을 마지막 단계라고 표현 한 것은 이용 초기 익숙하지 않을 때의 위험성 때문에 생각보다 많은 전문 라이더들이 주저하기 때문이다. 언제든 닥칠 수 있는 돌발 상황을 만났을 때, 페달에서 클릿을 빼지 못할 경우 자전거와 몸통이 함께 넘어져 큰 사고로 이어질 수 있다. 그래서 클릿 슈즈는 자전거와 완전히 한 몸이 되지 못한 초보 단계에서는 추천하지 않는 기능성 아이템이기도 하다.

하지만 클릿 슈즈에는 속도를 올려주는 것 외에 이런 장점도 있다. 잘못된 페달링 자세로 인한 근골격계의 부상 위험을 줄일 수 있으며, 자전거가 심한 충격이나 진동을 받았을 때 페달에서 발이 미끄러지면서 일어나는 사고를 방지해 주는 역할을 하기도 한다. 클릿 슈즈를 착용하기 전에 충분한 연습을 하고, 결착 강도를 조금 느슨하게 조정하는 것을 추천한다.

그리고 나머지 도우미들

장갑은 헬멧과 함께 자전거의 기본적인 안전 장비라고 할 수 있다. 겨울 뿐 아니라 여름에도 장갑을 끼는 것이 좋은데 자전거용 장갑은 손바닥에 젤패드가 있으며 미끄럼 방지 소재로 되어 있어 장시간 자전거를 타더라도 피로가 덜하며 땀이나 충격에 의해 핸들을 놓치는 것을 방지한다. 또한 자전거에서 떨어질 경우 손을 보호해 주며, 손으로 땅을 먼저 짚기 때문에 다른 곳의 부상을 방지할 수도 있다.

멀지 않은 옛날 삼천리 점보 자전거를 이용해 쌀이나 짜장면을 배달하던 원조 라이더 분들도 지금 돌이켜보면 빨간 목장갑을 끼

고 자전거를 탔으니 자전거 장갑의 필요성은 누구나 느끼는 당위
가 아닐까 싶다.

헬멧으로 머리를 가리고 선글라스로 눈을 가리면 입과 코가 남
는다. 여긴 버프로 가린다. 버프는 마스크 형태로 되어 있어 보온
효과가 뛰어나기 때문에 겨울에 이용 빈도가 높지만, 여름에도 자
외선 차단, 벌레 방지 등의 목적으로 많이 사용된다. 버프 중에는
목도리 용도, 손목 밴드, 헤어 밴드, 머리끈, 두건 등 다양한 용도
로 사용할 수 있는 것도 있다.

자전거만 사면
끝나는 것이 아니다

건강과 멋, 여가의 친환경적인 활용이라는 부푼 꿈을 안고 자전
거 라이더로 입문하는 분들을 여럿 보았다. 대부분 일단 자전거만
구입하고 나면 바로 국토종주라도 할 수 있을 것 같은 의욕과 활력
이 넘친다.

하지만 자전거 구입 그 단계가 '개미지옥'으로 가는 입구에 들어
선 것이라는 사실을 그 분들이 알 턱이 없다. 자전거 의류와 헬멧,

라이트, 심박계, 속도계, 버프, 선글라스, 전용 배낭까지 소품들을 검색하다보면 자전거 구입가격을 훌쩍 뛰어넘는 경우도 많다. 이쯤 되면 자전거가 다른 취미에 비해 돈이 적게 든다는 말도 '입문자를 꼬시기 위한 달콤한 속삭임' 정도로 이해 된다.

하지만 그 개미지옥을 견뎌 낼 수 있는 것은 뭔가 하나씩 갖추어 가면서 안전이 확보되고, 평균속도가 올라가고, 라이딩을 하는 스타일이 아주 조금씩 예뻐진다는 만족감 때문일 것이다. 사실은 즐거운 개미지옥이다.

자기만족은 무척 중요하다. 특히 자전거처럼 장년층이 선호하는 취미에서는 그 운동에 질리지 않고 오랫동안 지속할 수 있는가를 판가름하는 중요한 포인트가 된다.

인생은 자전거 타기와 같다.
균형을 유지하려면 계속 움직여야한다.

Life is like riding a bicycle.
To keep your balance you must keep moving

Albert Einstein

자전거와 패션 브랜드

'말 타면 경마 잡히고 싶다'는 속담이 있다.

자전거 입문자들이 반드시 걷게 되는 장비병의 필연적 코스를 암시하는 적절한 명언이다. 그냥 생활 자전거 한 대 사서 주말에 한 두 시간 잠깐씩 타는 것을 생각했는데, 정신을 차리고 보니 울테그라급 로드 사이클에 가민 속도계, 헬멧과 선글라스, 빨간 전갈이 그려진 상하의 저지 풀 장착까지 완료된 자신을 발견하게 된다.

자전거는 꽤 고급스러운 취미다. 시간이 있고 경제적 여유가 되는 사람이 여기에 돈을 쓰는 것을 뭐라 할 이유가 없다. 젊고 튼튼할 때야 아무것이나 입고 타도 건강해 보이지만, 조금 나이가 들면 아무래도 차림에 신경이 쓰이는 것이 사실이다. 자 그럼 돈을 쓰더라도 헛돈은 쓰지 말아야 할테니, 자전거 마니아들이 군침을 흘리는 예술품 수준의 자전거 패션 브랜드를 하나씩 소개해본다. 글을 시작하기 전에 이야기해 두지만 이 제품들은 '비싸다'. 하지만 그런 제품들은 그만큼의 심리적 만족감도 가져다주기 마련이다. 가성비를 선택하느냐 속칭 '뽀대'를 선택하느냐 그건 온전히 본인의 몫이다.

자전거 선수를 꿈꾸던 디자이너, 폴스미스 Paul Smith

　1946년 영국 노팅엄에서 아마추어 사진작가의 아들로 태어난 폴 스미스Paul Smith. 12세에 자전거를 처음 접한 그의 어린 시절은 자전거를 중심으로 돌아갔다. 프로 사이클링 선수를 꿈꾸며 자전거에 푹 빠져 지냈지만, 17세가 되던 해에 6개월간 병원에 입원해야하는 큰 사고를 겪으면서 자전거 선수의 꿈은 접게 되었다. 병원에서 좌절의 시기를 보내기도 했지만 그 곳에서 두 명의 친구들을 만나면서 그의 인생은 크게 변하기 시작했다. 지역 예술 대학에서 패션, 그래픽 디자인, 미술을 전공한 친구들이었는데 폴스미스는 그들과 퇴원 후에도 어울리며 패션에 관심을 갖게 되었다.

　폴이 18세가 되었을 때 그 병원 친구의 아버지가 작은 옷가게를 창업하게 되고 폴과 친구는 이를 도우면서 본격 실전에 입문한다. 매장 입지를 선정하는 일부터 인테리어, 판매하는 옷의 콘셉트를 정하기까지 모든 과정을 함께 한 것이다. 창업 이후 낮에는 옷가게에서 일하고, 저녁에는 재단 수업을 비롯한 패션 관련 공부를 병행했다. 자전거에 대한 열정이 패션으로 옮겨갔고 그는 꿈을 이루기 위해 꾸준히 자전거 페달을 돌리듯 쉼 없이 노력하고 집중했고 결국 24세에 그의 고향 노팅엄의 한 골목길에 작은 부티크를 열면서 그의 패션 브랜드 대장정의 서막을 열었다.

폴스미스가 만든
사이클링저지

　각기 다른 컬러의 직선 28개가 조화를 이루는 멀티 스트라이프 패턴은 폴 스미스의 디자인 철학

을 상징한다. 이전까지 무채색 위주로만 여겨졌던 남성 패션계에
폴 스미스의 28가지 컬러는 화려한 센세이션 그 자체였다. 스트라
이프 패턴 뿐만 아니라 지갑과 가방에 화려한 색상의 일러스트가
프린트되어있는 시리즈도 인기 아이템이다. 이 지갑과 가방에는
영국의 소형차 브랜드인 미니MINI 클래식카(신형 미니는 BMW에서
생산하고 있다)와 자전거 또는 자전기 관
련 테마로 한 일러스트가 많은 편이
다. 미니 일러스트 시리즈는 1997년
런던 디자인 박물관에서 열린 영국
전시회를 위해 차량에 폴스미스의
디자인 패턴을 입히면서 부터
시작되었다. 자전거 일러스트
는 폴 스미스 개인의 자전거
에 대한 애정을 담고 있는 만
큼 다양하다. 사이클 선수들이 경

폴스미스의 접이식 자전거

주하는 모습, 10여종의 사이클링 캡 또는 저지가 패턴처럼 디자인
되어 있기도 하며, 크랭크 암, 체인 링이 클로즈업 되어 있는 이미
지 등 자전거 마니아들이라면 하나쯤 구입하고 싶어지는 디자인을
갖고 있다. 반지갑, 카드지갑, 노트북 파우치, 보스턴 백 등 선택의
폭도 넓다.

지갑과 가방 외에도 사이클링 저지, 빕과 타이즈, 사이클링 백
팩 등의 자전거 전용 의상과 소품도 내놓고 있으며, 자전거와 헬멧
등은 전문 업체와 협업으로 발표하고 있다. 물론 자전거를 디자인
요소로 하고 있는 넥타이, 넥타이핀, 커프스 버튼, 티셔츠 등도 그

의 컬렉션에서 빠지지 않는다. 정
장과 자전거용 소품이 서로 어울
리지 않는 패션 분야일 수도 있지
만, 공식 홈페이지에서도 자전거
와 폴 스미스에 대한 이야기를 전
하고 있는 것을 보면 폴 스미스는
이를 충분히 소화해내고 있다.

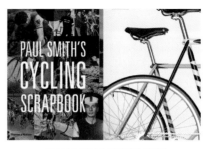

폴스미스 자전거 디자인의 집대성
사이클링 스크랩북

　불의의 사고로 사이클링 선수가 되지는 못했지만 자전거에 대한
순수한 열정은 패션 디자이너로 활동하면서도 꾸준히 간직하고 있
으며, 2016년에는 그가 소장하고 있는 자전거 용품, 오랫동안 간
직했던 스크랩북 등을 이용해서 자전거에 관한 책 'Paul Smith's
Cycling Scrapbook'을 출간하기도 했다.

전갈만큼 강렬한 이미지의 카스텔리 Castelli

　'빨간색 전갈 로고'로 상징되는 카스텔리는 스위스의 아소스
Assos, 영국의 라파Rapha와 함께 최상위급 자전거 의류 브랜드로
꼽힌다. 카스텔리 브랜드는 1974년 처음 등장했지만 그 역사는
1876년 밀라노에서 문을 연 양장점 '비토레 지아니Vittore Gianni'로
부터 시작된다.

　창업과 동시에 실력을 인정받았던 것인지 연줄이 있었던 것인
지 모르지만 비토레 지아니는 프로 축구팀인 AC밀란과, 유벤투스
의 유니폼을 만들면서 널리 알려지게 되고 사업영역을 넓혀나갔

카스텔리의 상징
붉은 전갈마크와 로고

카스텔리의 전갈마크는
자존심이다

카스텔리의 전신
비토레 지아니 로고

다. 지금 주력하고 있는 자전거 의류를 처음 만들기 시작한 것은 1910년이다. 지로 디탈리아Giro d'Italia에서 5번 우승한 알프레도 빈다Alfredo Binda, 1902~1986가 비토레 지아니의 유니폼을 입으면서 더 많은 프로팀의 의류를 제작하게 되었다. 이 잘나가는 양장점에 1935년 직원으로 입사한 사람이 아르만도 카스텔리Armando Castelli 다. 자전거 의류 외에도 여러 분야의 옷을 만들고 있던 회사를 카스텔리는 자전거 전문 브랜드로 바꾸고 싶었다. 결국 이를 위해 그는 비토레 지아니를 인수하고 과감한 변화를 주기 시작했다. 요즘 자전거 의류의 표준이 된 저지 뒷면의 주머니, 옷깃의 지퍼 등이 이때 카스텔리가 자전거 브랜드 전문화를 위해 고안해낸 것이다.

가업을 이어 받은 마우리지오 카스텔리Maurizio Castelli, 1948~는 1974년 아버지와 자신의 성을 따서 카스텔리로 브랜드 명을 바꾸고, 자전거 의류의 기능 향상을 위한 연구, 개발에 박차를 가했다. 1976년 창업한 아소스Assos와 서로 최초라고 주장하고 있는 라이크라(스판덱스)를 이용한 타이즈는 자전거 의류에 가장 큰 혁신을 준 사건이었다. 1959년 미국의 화학회사인 듀퐁에서 상업화되어 1962년부터 생산된 라이크라는 탄력성과 원상회복력이 뛰어나기 때문에 공기저항을 적게 받고 활동성에 방해를 받지 않는 인조 탄성섬유다. 상업화 이후 스키 등의 일부 스포츠 종목에서 먼저 라이크라를 이용하기 시작했으며, 카스텔리가 최초의 에어로 다이나믹 라이크라 타이즈를 발표했다. 또한 몇 년 후 검은색 타이즈만 허용되던 당시 처음으로 컬러 라이크라를 이용한 타이즈를 발표한 것 역시 큰 반향을 불러일으켰으며, 이후 합성 섬유를 이용한 겨울 의류, 인체 공학적 시트 패드, 공기역학적인 저지 등 세계 최초의 기술을 이용하며 자전거 패션의 기술적 심미적 발달을 선도하고 있는 상황이다. 오랜 기간 지로 디탈리아의 공식 후원사로 참여하면서 이탈리아뿐 아니라 세계의 수많은 사이클 프로팀이 카스텔리의 의류를 공식 채용하고 있으며, 우리나라에서는 금산인삼첼로팀에 경기복을 공급하고 있다. 금산인삼첼로팀은 그 이름에서 유추할 수 있듯 첼로 브랜드를 갖고 있는 삼천리자전거를 공식 스폰서로 하고 있는 프로 사이클링 팀이며 전국체전과 투르 드 코리아 등의 대회에서 훌륭한 성적을 거두고 있다. 삼천리자전거는 2012년부터 이 팀을 후원해오고 있다.

심플 세련, 그리고 영국 감성 라파 Rapha

우리나라에 국토종주 자전거길이 생기고 친환경 이미지로 자전거에 대한 관심이 많아지던 2000년대 후반 즈음, 지구 반대편 영국에도 갑작스런 자전거 열풍이 불기 시작했다. 2005년 런던 폭탄테러 희생자를 추모하기 위해 2007년 투르 드 프랑스가 런던에서 출발하였고, 영국 자전거 국가대표팀은 2008년 베이징 올림픽에서 금메달 8개를 포함 총 14개의 메달을 따냈다. 영국 정부도 자전거 출퇴근을 장려하기 시작하면서 자전거에 대한 관심이 크게 늘기 시작했다. 2004년 영국에서 런칭한 자전거 의류 브랜드인 라파 Rapha는 이러한 시대적 흐름에 편승해 짧은 역사에도 불구하고 세계적으로 손꼽히는 브랜드가 되었다.

영국브랜드 라파의 여성용 에어로 저지

라파의 창업자는 브랜딩 및 마케팅 컨설턴트로 경력을 쌓은 사이먼 모트람Simon Mottram이다. 자전거 관련 브랜드 창업자 대부분이 그렇듯 사이먼도 평소 자전거 타기를 즐기며 투르 드 프랑스 등의 자전거 경주를 빼먹지 않고 보았던 자전거 마니아였다.

라파라는 브랜드 이름 역시 그가 좋아했던 프랑스의 사이클링 팀 '생 라파엘Saint-Raphael'에서 따왔다. 그가 라파 브랜드를 만든 가장 큰 이유는 '자전거 의류가 지나치게 화려기만 하고 자전거를 타는 사람들을 위한 창의적인 브랜드가 부족했다'고 생각했기 때문이다. 단도직입적으로 말하면 '본인이 입고 싶은 예쁜 옷이 없기 때문'이었다는 것이다. 눈에 잘 띄는 원색과 화려한 패턴은 시인성이 좋다는 이유로 일반인들에게는 조금 더 안전할 것이라는 인식이 있다. 어느 정도 사실이다. 하지만 라파는 기존의 틀을 깨고 차분한 색상과 심플하면서도 세련된 영국 스타일의 디자인으로 큰 인기를 얻어 나갔다. 자전거 마니아들 사이에서는 흔히 "기능의 카스텔리, 디자인의 라파"라는 이야기가 있을 정도이며, 라파가 인기를 끄기 이후 다른 브랜드들도 단순한 패턴과 감성적인 색상을 적극적으로 사용하게 되었다. 새로운 자전거 의류의 트렌드를 만들어낸 주인공이 바로 라파다.

디자인으로 유명하기는 하지만 기능성 면에서도 결코 떨어지는 것은 아니다. 세계 최고의 사이클링 팀 '팀 스카이Team-Sky'의 공식 후원업체로 선정될 만큼 높은 수준의 기술력을 갖고 있다.

고가의 자전거 의류임에도 라파에 대한 충성 고객이 늘어나는 이유 중 하나는 고객과의 커뮤니케이션을 중요하게 여긴다는 점이다. 라파는 자체 멤버십인 라파 사이클링 클럽RCC, Rapha Cycling Club을 운영하고 있는데, 이들만 구입할 수 있는 한정 의류와 액세서리가 있으며, 멤버는 전세계 22개 도시의 오프라인 매장, RCC 클럽하우스를 이용할 수 있는 혜택도 갖게 된다. 클럽하우스에서 고급 캐니언 로드 자전거를 1일 2만~3만원 정도에 렌탈을 할 수 있으며, 무료 커피 등의 서비스가 제공된다. 이밖에도 다양한 혜택으로 고객과의 지속적인 커뮤니티를 유지하며 브랜드를 성장시키고 있다.

투르 드 프랑스 후원자 르꼬끄 스포르티브 le coq sportif

축구에 대한 애정이 남다른 유럽에서는 축구경기장에 종종 수탉이 등장하는 경우가 있다. 프랑스 국가대표팀의 경기가 있는 날

프랑스를 상징하는
르꼬끄 스포르티브의 로고

종종 보이는 풍경인데 가끔은 살아 있는 닭이 등장하기도 하고 인형 수탉이 보이기도 한다. 상대팀에서 조롱의 의미로 수탉을 괴롭히거나 인형을 집어던지며 학대하는 것. 프랑스의 국조이자 프랑스 대표팀의 상징이 수탉이기 때문에 일어나는 일이다.

국조를 넘어서 프랑스의 상징처럼 되어버린 이 수탉을 로고로 하고 있는 브랜드가 바로 르꼬끄 스포르티브le coq sportif 다. 우리나라에서는 중고생 패딩이나 운동복 등을 만드는 일반 패션브랜드로 알려져 있지만 자전거 의류를 이야기할 때 빼 놓을 수 없는 브랜드가 르꼬끄다.

1882년 프랑스의 샹파뉴Champagne 지방에서 시작된 르꼬끄는 프랑스에서 가장 오래된 스포츠 브랜드이며, 캐주얼 의류도 만들어 팔고는 있지만 오랜 기간 동안 스포츠 의류에 브랜드의 정체성을 두고 있는 회사다. 축구, 테니스, 골프 의류와 신발로 프랑스 국내외 다수 프로팀을 지원하고 있다.

자전거 의류는 르꼬끄의 주력 라인업 중 하나이며 투르 드 프랑스에 오피셜 파트너로 의류를 후원하고 있다. 1951년부터 1988년까지 약 40년간이나 메인 스폰서를 맡아왔으며 그리고 잠시 중단했다가 2012년부터 현재까지 공식 후원사를 맡고다. 투르 드 프랑스의 상징인 옐로 저지를 포함해 그린, 화이트, 물방울 저지까지 4개의 명예로운 상징을 모두 르꼬끄에서 제작하고 있다. 선수들이 입는 디자인과 거의 유사한 레플리카 버전을 해마다 발표하고 있고, 저지 외에도 대회와 관련된 의류도 선보이고 있다. 우리나라에도 수입이 되어 판매중이기는 하지만 모든 라인업이 수입되지는 않고 있다.

세계 1등 헬멧을 만드는 홍진 HJC

자전거를 탈 때 안전을 위해 반드시 착용해야 하지만, 자전거 패션을 가장 어렵게 만드는 소품으로 헬멧을 꼽을 수 있다. 타이트한 전용 의상을 입고 커다란 헬멧을 쓰는 것이 어색해 보이기도 하고, 브랜드에 따라 사이즈도 천차만별이고, 라이더의 두상에 따라 어울리는 헬멧을 찾기는 쉬운 일이 아니다. 자전거 헬멧이 이렇게 예쁘지 않은 것은 가벼우면서도 바람이 통해야 한다는 편의성과 머리를 완벽히 보호해야 하기 때문에 슬림한 디자인이 어렵다는 이유 때문이다.

게다가 유럽의 라이더들에 비해 상대적으로(?) 머리가 큰 편인 한국인들을 위한 헬멧을 찾기는 정말 어렵다. 자전거 헬멧을 만드는 세계적인 브랜드 지로GIRO, 카스크KASK, 루디 프로젝트RUDY project 등에서 아시아 사람들의 두상에 맞는 아시안핏 헬멧을 출시하기도 했지만 이 마저도 작다고 불평을 하는 사람들을 여럿 보았다.

중상급 자전거 헬멧은 해외 수입의 의존도가 높았지만 최근 국내 헬멧 브랜드도 상당한 인지도를 갖게 되었다. 특히 오토바이 헬멧 세계 점유율 1위인 홍진HJC에서 자전거 헬멧으로 전용 홈페이지를 만들만큼 적극적으로 다루기 시작하면서 자전거 헬멧의 국산화가 빠르게 진행되고 있다. 1971년 창업한 HJC는 1982년 오토바이 헬멧 국내 1위를 달성한 후 미국으로 진출해 일본과 미국 브랜드를 누르고 압도적인 차이로 세계 1위에 올라 지금까지 그 자리를 지키고 있는 자랑스런 대한민국 기업이다. 오토바이 헬멧을 만드는 기업 중에두 드물게 전용 연구소를 두고 있는 이 곳에서 그간 쌓아온 기술을 바탕으로 자전거 헬멧을 만들면서 2018년부터는 벨기에의 최고 사이클링팀 로또 수달Lotto Soudal UCI 프로 투어 팀의 공식 헬멧을 후원하는 등 기술력과 노하우로 빠르게 시장 점유율을 높여가고 있다. HJC의 프리미엄 헬멧 외에도 삼성전자 사내 벤처인 C랩에서 나온 스타트업 아날로그 플러스에서 만드는 크랭크CRNK 헬멧도 최근 주목받고 있는 국산 헬멧 제조업체다.

HJC의 자전거헬멧
스타일이 좋다

몇십년 전만 해도 대한민국 제품이 세계 1등 자리에 오른다는 것은 상상하기 힘든 일이었다. 하지만 반도체가 그래왔고 휴대폰과 생활가전이 그랬듯 우리가 목표를 정하고 마음만 먹는다면 세계 1위를 할 수 있다는 것이 여러차례 증명되었다.

자랑스런 우리 브랜드 삼천리자전거의 첼로가 투르 드 프랑스의 우승 자전거가 되고, 코오롱 스포츠가 만든 옐로 저지를 입은 그 우승자의 머리 위에 HJC의 헬멧이 씌워져 있는 그런 날을 기대해본다.

내가 가장 좋아하는 두가지는 도서관과 자전거다.
이것들은 어떠한 낭비없이 사람을 전진시킨다.
가장 완벽한 하루는 자전거를 타고 도서관을 가는 것이다.

My two favorite things in life are libraries and bicycles.
They both move people forward without wasting anything.
The perfect day : riding a bike to the library.

Peter Golkin

자전거 경찰 이야기

언제인지 기억도 가물가물한 까마득히 오래전 이야기다.

삼천리자전거에 다니고 있던 필자에게 갑자기 정부 고위 관료가 주재하는 회의에 참석하라는 연락이 왔다.

당시 제조업 회사들 대부분이 그랬듯, 뭐 딱히 어디 눈치 볼 것 없이 그냥 '좋은 제품 잘 만들면 된다'는 생각으로 일을 해 왔으니 회사에 대관對官업무를 하는 담당자도 두지 않았을 때였다. 일단 '높은 사람'이 오라고 하니 이런 저런 자료를 챙겨 회의에 참석했다.

회의 안건이 놀라웠는데 '자전거 경찰을 만들어야겠는데, 이 경찰들이 타고 다닐만한 전용 자전거가 필요하다'는 것. 그냥 당시 잘 팔리던 내구성 좋은 MTB를 개조하면 되는 것 아닐까 싶었지만 담당자의 생각은 좀 달랐던 것 같다.

역사적인 자전거 경찰의 첫 출범이니 이를 기념할만한 작품(?)이 하나 필요했던 것이다. 나중에 들은 이야기지만, 이 자전거 경찰 전용 순찰용 자전거 개발 프로젝트는 정부 고위관료가 해외 출장을 다녀와서 갑자기 지시한 사항이란다. 오해가 있을까봐 미리 밝혀두면, 이 이야기는 2008년 이명박 정부 출범 이후 저탄소 녹색 성장을 기치로 야심차게 출범시켰던 전국적 규모의 자전거 순찰대보다 훨씬 이전의 에피소드다.

국내 최초의 경찰용 자전거 개발 비화

당시만 해도 삼천리자전거는 연 100만대 규모의 생산능력을 갖춘 경남 양산공장을 밤낮없이 돌려가며 생산량의 약 80% 정도를 해외에 수출할 만큼 바쁜 일정을 보내고 있을 때였다. 신제품 개발도 중요하지만 쏟아지는 물량을 감당 못할 지경이라 일단 납기부터 맞추는 것이 지상과제였던 시절이다. 당연히 이처럼 갑작스런 개발 제안이 반가울 리 없었다. 하지만 어쩌겠는가, 정부에서 모처럼 마음먹고 미션을 던져주었는데 이를 소홀히 할 수는 없는 일. 당시의 솔직한 심정은 이 숙제를 완벽히 수행해냈을 때 얻어지는 포상보다는 이를 제대로 처리하지 못했을 경우 받게 될 엄청난 눈총이 두려웠던 것이 사실이다.

갑작스레 떨어진 순찰 전용 자전거 모델 개발 미션을 위해 설계 개발부서에는 비상이 걸렸다. 야근도 하고 밤도 새고 자료도 모으고, 심지어 해외출장까지 다녀와서 정해진 기한까지 나름 멋들어지게 시제품을 만들어냈다.

하지만, 나름 최선의 노력을 다한 그 야심작은 보기 좋게 퇴짜를 맞았다.

이유를 들었는데 기가 막혔다. 자전거 안장 뒤쪽에 구급함을 설치하라거나 뒷부분에 깃대봉을 달아서 경광등을 달라는 요구까지.

자전거의 기본인 기동성을 해칠 정도로 뭘 자꾸 주렁주렁 달라는 요청이 많았던 것이다. 그래도 어쩌겠는가. 그 책상머리에서 상상의 나래를 펼친 고위 관료의 요구를 대부분 타협하고 수용해서 다시 무게가 확 늘어난 육중한 모습의 프로토 모델을 만들어갔다.

심사 결과 일단 모델은 오케이, 하지만 정말 기가 막혔던 것은 이 다음부터 벌어진 일이다.

납품업체 선정을 하는데 특혜를 배제한답시고 공개경쟁입찰을 한단다. 아니 지금껏 그 고생을 해가며 설계를 바꾸고 말도 안 되는 요청사항을 어떻게든 가능하게 하기 위해 밤을 샜던 노력은 뭔지 싶었다. 그 때 처음으로 공개경쟁입찰이 언제나 합리적인 방법은 아니라는 것을 체득하게 되었던 것 같다.

결국 가격만을 가지고 평가하는 공개입찰 결과, 삼천리자전거는 떨어지고 엉뚱한 저가 업체가 선정되어 순찰 전용 자전거를 납품하게 되었다.

결과는 속된 말로 '안 봐도 비디오', '명약관화'였던 것은 당연하다. 납품 초기 자전거가 쓰러져서 경광등이 파손되기 일쑤에, 이런

경찰서 구석에서
애물단지가 되어버린
순찰용 자전거

저런 것들을 프레임에 때려 넣다보니 자전거 무게중심 잡기가 힘들어 기동성이 떨어지는 문제들이 속출했다. 삼천리자전거에서 설계 당시 예상했던 문제들이고 이를 해결하기 위해 몇 가지 방안들을 적용했는데, 전문성을 갖추지 못한 업체가 납품하면서 예산을 맞추다보니 몇몇 부분을 생략했거나 개조했던 모양이다.

이후 순찰전용 자전거의 말로末路는 몇몇 언

론의 보도를 통해서나 접하게 되었는데, 예상했던 그대로 경찰서 한 구석 자리만 차지하는 애물단지가 되어 버렸던 것 같다.

고속도로에서 과속 차량을 단속하는 순찰차를 도입하는데 부족한 예산을 핑계로 공개경쟁입찰을 해서 경차 엔진을 얹은 1톤 화물 트럭을 배치한다면? 정확한 비유였을지는 모르지만 당시 느꼈던 허무함과 자괴감은 이런 억지 비교를 넘는 정도의 수준이었다고 기억한다.

라스베이거스의 자전거 경찰은 늘 웃는다

국내 최초의 경찰 전용 자전거 개발 비화는 어느 고위 관료가 해외출장 후 내린 즉흥 지시에서 시작되었다고 앞서 말했다. 당시에는 그 얼토당토않은 지시가 참 못마땅했던 것이 사실이다. 그런데 여행사 사장이 되고나서 수십년 만에 그 관료의 마음을 아주 조금이나마 이해할 수 있는 계기가 있었다.

스타일이 멋진
워싱턴의 자전거 경찰

미스터리 쇼퍼 역할을 자청하면서 해마다 몇 차례씩 일반 고객을 가장해 패키지여행에 합류했는데 어느 날 미국 워싱턴에서 보았던 자전거 경찰의 모습이 그렇게 멋져 보일 수 없었기 때문이다. 방탄조끼로 보이는 짙은 남색 컬러 상의에 은색으로 빛나는 경찰 뱃지와 체형에 딱 맞춘 튼튼해 보이는 MTB, 허리춤의 권총과 선글라스, 날렵한 헬멧까지.

속칭 '스타일'이 확 살아 있는 모습이었다. 그 옛날 해외 출장을 떠난 관료가 느꼈을 부러움이 필자에게도 전달되었던 것이다.

　자전거 경찰대가 언제부터 어떤 이유로 생겨났는지에 대한 정확한 기록은 없다. 다만 근대 산업화 초기에 빠르게 도심을 달리던 자전거 메신저의 활동 모습이 그 계기가 되지 않았을까 추측하는 정도의 의견이 있을 뿐이다. 교통정체로 꽉 막힌 도심의 차들 사이를 요리조리 빠져나가며 씽씽 달려가는 자전거 메신저의 모습은 기동성을 생명으로 하는 경찰업무와 꽤 들어맞는다.

　그래서 우리나라를 비롯한 세계 여러 나라는 자전거를 경찰 업무에 종종 활용하고 있다. 미국이나 유럽처럼 아예 별도의 부서로 편제해서 관리하는 나라도 있고, 순찰차가 들어가지 못하는 지역 순찰의 보조 교통수단으로써 자전거를 활용하는 나라도 있다.

　정식 경찰조직으로써의 자전거 경찰은 대부분 선진국을 중심으로 체계적으로 운영되고 있다. 특히 전용도로 등의 여건이 비교적 잘 갖추어져야만 자전거를 활용한 대민봉사가 쉽게 이루어지기 때문에 소도시보다는 그 나라의 수도라든가 대표적인 관광지에서 쉽게 만날 수가 있다.

　재미있는 것은 같은 나라의 자전거 경찰이라 할지라도 친절도 및 분위기가 도시 특성에 따라 엄청난 온도차를 보인다는 것이다. 필자가 세계여행을 하면서 몸소 느꼈던 바에 따르면 라스베이거스나 괌 등의 유명한 관광지와 도시 전체가 관광자원인 유럽의 자전거 경찰은 매우 친절하고 항상 밝은 미소를 띤 모습이었다. 미소

라스베가스와 같은 관광지의 자전거경찰은 친절하다

뿐 아니라 복장도 마찬가지, 위압적인 검은색 계열의 제복보다는 형광색이나 노란색처럼 밝은 복장을 착용하여 눈에 잘 띄도록 했고 관광객이 다가가면 친근하게 대화에 응해주기도 한다. 사진이라도 찍자고 하면 적극적으로 포즈를 취해주는 것은 물론이다.

　우리나라에도 자전거 순찰대를 창설했을 때 명분을 '대민 접촉성 제고'라고 이야기 한 바 있다. 자전거를 타고 관내를 돌아다니

괌의 자전거경찰은 동네아저씨처럼 푸근한 인상이다

며 주민들의 애로사항을 듣고 민원을 해결해 준다는 것이다. 확실히 순찰차를 타고 온 경찰과 자전거를 타고 온 경찰은 그 친근함에서 차이가 느껴진다. 괌과 라스베이거스의 친절한 자전거 경찰을 보면서 어린 시절 동네방네 대소사에 다 참견하면서 해결하기 힘든 일들을 도와주던 경찰 아저씨가 생각났다. 그 아저씨는 항상 자전거를 타고 다녔다.

자전거 경찰이 언제나 밝은 미소만 짓는 것은 아니다. 미국 시카고와 워싱턴에서 만난 경찰은 분위기가 사뭇 달랐다. 방탄조끼와 검은 제복을 입고 무표정하게 주변 순찰을 돌 뿐이다. 어느 밤 시카고에서 만난 자전거 경찰들은 실제로 사건이 벌어진 현장에 출동해 경광등을 번쩍이며 탐문을 하고 있었다. 그때의 경찰 자전거는 범죄자에게 위압감을 주고 시민들에게는 비상상황임을 알리는 순찰차의 역할을 했다.

사건 현장에 출동한
시카고 자전거 경찰_다소 위압적이다

자전거로 바리케이트를 치고 시위대와 대치중인
시카고 자전거 경찰

백악관 근처를 수시로 돌던 워싱턴의 자전거 경찰은 더했다. 이들이 자전거를 타고 다니는 것은 언제 돌발적으로 튀어나와 총기를 난사할지 모르는 테러분자를 색출해내기 위한 것처럼 보였다. 그 모습이 멋지고 신기해 사진을 찍으려 했는데, 카메라를 들이댄 관광객에게 워싱턴의 자전거 경찰은 험악한 표정으로 'No!'를 외쳐댔다. 자전거는 시동을 걸 필요가 없는 무동력 이동수단이다. 그렇기 때문에 친근하지만 또, 그렇기 때문에 범죄자에게는 의외로 위협적일 수 있겠다는 생각이 들었다. 대낮처럼 밝은 전조등을 켜고 방탄조끼와 권총으로 무장한 자전거 경찰이 경광등과 사이렌을

울리며 따라오면 골목으로 도망가던 범죄자는 도주를 이내 포기하게 되지 않을까.

우리나라 자전거 경찰 이야기

1960년대 용산경찰서 앞의 자전거

우리나라 최초의 자전거 경찰은 1960년대 초반에 생겨난 것으로 알려져 있다. 사실 그 이전에도 경찰들은 자전거를 타고 다녔지만 경찰 내에 이렇게 자전거 이름이 들어간 조직이 생긴 것은 1962년 마산 경찰서가 처음인 듯 하다. 당시 언론은 이를 이렇게 보도하고 있다.

'마산 경찰서에서는 새해부터 교통질서의 확립을 위하여 '교통순경 자전거 기동반'을 편성했다. 동 기동반은 시내요소에 배치되어 순찰을 강화하고 위반차량은 물론 보행자 및 길거리에 나와 노는 유아들을 단속할 계획이다. 그뿐더러 동 단속반은 지리 안내 및 안전보행 선도 등 시민들의 봉사에 전력을 경주할 계획이라고 밝혔다.' 〈마산일보 1962.1.1.〉

그로부터 58년이 지난 2019년 제주의 어느 일간지에는 이런 기사가 실렸다.

'제주동부경찰서(서장 장원석)는 자전거순찰대 'DREAM TEAM'을 창단했다고 29일 밝혔다. 자전거순찰대 'DREAM

마산 경찰서의 교통순경 자전거 기동반 편성 이후 반세기가 넘도록 우리나라 경찰의 자전거 관련 조직은 수시로 생겼다가 사라지기를 반복하면서 꾸준히 발전하고 있다. 현재 대부분의 우리나라 자전거 경찰은 자전거 순찰대라는 이름으로 주요 대도시를 중심으로 활동하고 있다.

우리나라 자전거 순찰대의 활동은 자전거의 운송 능력이나 속도에 초점을 두고 있지 않다. 자동차와 오토바이에 기동성이 뒤지는 것이 사실이기 때문에 좁은 골목길이나 교통 체증이 심한 상황 등의 특수한 경우에 제한적으로 활용하고 있다. 자전거 순찰대의 존재 가치는 범인 검거 등의 형사적 목적 보다는 국민과의 접촉성에 초점을 두고 유지되고 있는데, 가장 활발한 활동을 보이는 분야가 불법 주정차 단속 쪽이다. 차량 2대가 양방향으로 교행하기 힘든 이면도로나 골목길의 주정차 단속은 도보나 자전거가 아니면 실제로 불가능하다. 또 자동차의 출입이 금지된 시민공원이나 한강 자전거도로의 불법 행위 적발 및 단속 역시 자전거 순찰대에게는 안성맞춤이다.

한강자전거 순찰대의
초기형 자전거

실제로 2019년 전주 경찰서의 자전거

교통순찰대는 단 10여명의 전 담인력으로 한 해 8천여 건이 넘는 불법주정차를 단속한 바 있다. 이들은 주말과 평일 퇴 근시간 등 교통단속 취약시간 대인 오후 5시부터 오후 10시

한강 자전거 순찰대의 모습

까지만 단속활동을 벌였고 주로 인도와 횡단보도, 자전거도로, 버 스 승강장, 소방시설 주변, 어린이보호구역 등에서 꼼꼼하고 물샐 틈없는 주정차 단속을 진행했다.

자전거 순찰대의 효과가 학술적으로 검증되기도 했다.

정기룡 둔산경찰서장은 한남대 행정학과 박사학위 논문으로 '자 전거 순찰의 도입효과에 관한 실증연구'를 냈는데, 2006년 3월부 터 약 8개월간의 데이터를 모아 발표한 것이다. 이 논문에 따르면 같은 기간의 범죄발생 추이를 조사한 결과 3~8월에는 전반적으로 범죄 증가세가 계속됐으나 9월 들어서면서 감소세로 돌아섰다. 9 월은 6.6%, 10월은 21.1%, 11월은 16.3% 범죄발생률이 줄어든 것 으로 나타났다. 또 자전거 순찰대가 오토바이 검문검색을 실시한 월 이후 오토바이를 이용한 날치기 범죄도 절반 안팎으로 줄어든 것으로 밝혀졌다. 논문은 자전거 순찰 사실이 알려진 뒤 수개월이 지나면서 범죄 예방효과가 나타난 것으로 분석했다.

하지만 자전거 순찰대가 각광만 받는 것은 아니다.

정기룡 서장의 논문에는 주민 398명을 대상으로 실시한 설문조 사 결과가 실렸는데 '자전거 순찰방법이 효과적이라고 본다'는 응

현재 서울시 자전거교통순찰대의
불법 주정차 단속용 자전거

답자는 13.5%에 그치고 52.8%는 기동
성이나 신속성 등 여러 가지 측면에서
자동차 순찰이 더 효과적이라고 평가
했다고 한다.

인력부족이나 관리부실 등의 이유로
자전거 순찰대를 슬그머니 폐지하는
일도 종종 생겨난다. 충남지방경찰청
은 2007년 도입했던 자전거 순찰대의
일부를 폐지했다. 둔산경찰서 소속 순찰대를 2009년 3월에 폐지한
데 이어 천안경찰서 순찰대는 경찰관기동대로 흡수하여 주간 순찰
에만 제한적으로 활용하기도 했다. 당시 관계자는 "시민들에게 경
찰의 친근한 이미지를 줄 수 있어 인기가 무척 높았다"며 "하지만
순찰대를 별도의 정원 확보 없이 기존의 인력으로 운영하다 보니
시급성이 높은 다른 업무에 밀려 지탱하기 어려웠다"고 말하며 자
전거 순찰대가 안정적으로 운영되기 힘든 현실을 토로한 바 있다.

세계 최초 자전거 구급대는 출범했지만

자전거 경찰은 아니지만 의욕적으로 출범했다가 결국 슬며시 해
산이라는 비극적인 운명을 맞이한 관급 자전거 조직이 하나 더 있
다. 바로 '119 자전거 구급대'다.

2012년 8월 16일, 이명박 정부의 주력 과제였던 4대강 사업과
더불어 조성이 진행된 국토종주 자전거 길이 거의 완성단계에 들

어서며 전국적으로 자전거 붐이 일었던 여름 날, 능내역 광장에서 '국토종주 자전거길 안전지킴이 119 자전거 구급대 발대식'이 열렸다.

행정안전부 장관과 소방방재청 청장 등 내외빈 80명이 참석했던 이날 발대식에는 모두 30대의 119 자전거 구급대 자전거와 의용소방대 자전거 20대가 나와 희망찬 출범을 알렸다. 당시까지 완공된 국토종주 자전거길 1천757km의 안전관리를 위한 별도의 조직을 만든 것이다. 출범식 당시 발표된 계획은 전국에 총 70개소(인천 아라~남한강 26개소, 새재길 2개소, 낙동강 24개소, 금강 7개소, 영산강 11개소)의 자전거 구급대를 배치한다는 것이었다. 당시 영국과 미국의 해외사례까지 들먹이며 '자전거길의 안전을 전담하는 자전거 구급대는 우리나라가 최초'라고 홍보하기도 했다.

하지만 이 의욕적인 도전은 그 힘찬 시작과는 달리 '슬며시 해체'라는 명예롭지 못한 마무리로 끝나고 말았다. 2021년 현재 전국에 남아있는 119 구급대 자전거는 단 1대도 없다.

야심차게 출범했지만 어느새 해체되어 버리고 만 119 자전거구급대

2012년부터 조금씩 늘려 한때 전국에 110대를 웃돌던 자전거 구급대 수는 대통령이 두 번 바뀌는 사이에 0대가 되었다. 예산 지원이 중단된 이후 2015년부터 2017년까지 그나마 96대를 유지했으나 2018년에는 83대로 감소했다. 이후 2019년에는 45대로 줄어들더니 2020년에 들어서는 공

식적으로 단 한 대의 자전거 구급대도 남아있지 않게 된 것이다.

자전거 구급대의 몰락은 정부의 정책이 바뀐 탓도 있으나, 그 '태생적 한계' 때문이라는 지적이 많다. 2015년 집계된 전국의 자전거 구급대의 출동 건수는 149건, 순찰 및 주변 행사 지원 등 기타 지원은 177건이었는데 1대당 연간 3건 미만의 출동이 이루어진 셈이다. 그마저도 이듬해인 2016년에는 출동 건수가 26건, 기타 지원이 0건으로 크게 줄었고 2017년에는 구급 출동이 9건, 기타 지원이 12건으로 나타났다.

자전거 구급대의 태생적 한계는 '자전거로는 응급환자를 이송할 수 없다'는것이었다. 그리고 교통관련 법률이 이후 개정되면서 자전거 도로에도 앰뷸런스 등의 긴급자동차가 진입할 수 있게 되어 자전거의 역할이 유명무실해진 것도 그 원인으로 들 수 있다.

곰곰 생각해보면, 자전거 전용도로에서 일어나는 사고 중 구급대 출동이 필요한 경우는 라이더가 스스로의 의지로 움직이지 못할 때뿐이다. 그런데 이를 자전거로 해결하려 했다는 발상이 지금 생각해보면 다소 어처구니없게 느껴지기도 한다. 어쩌면 4대강 사업과 국토종주 자전거 길을 더욱 빛내줄 그 무언가의 이벤트가 필요했던 것은 아닐까.

몇 해 전 프랑스 파리 출장 중 인라인 스케이트를 탄 경찰을 보고 자전거 경찰과 비슷하겠구나 생각이 들었다. 파리의 인라인 스케이트 경찰은 한 때 인라인 스케이트가 유행하면서 시내 도처에 위험하게 이를 타는 행렬이 생겼는데 이들을 통제하기 위해 창설되었다고 한다. 이후 지금까지 인라인 경찰대는 현재까지도 운영하고 있는데 순찰과 교통 단속 등의 임무를 담당하고 있으며, 소매치기 등의 경범죄 소탕 업무까지 수행하고 있다고 한다.

자전거 경찰의 역할도 이와 크게 다르지 않을 것이다. 친환경이라는 태생적 장점과 시민들에게 언제든 친숙하게 접근할 수 있다는 매력을 우리나라 자전거 경찰은 얼마나 잘 활용하고 있을까.

수십년 전 이런 저런 요구에 맞춘 설계변경으로 결국 무게중심을 잃고 쓰러져버렸던 그 순찰용 자전거의 전철을 되밟고 있는 것은 혹시 아닐까. 국민의 세금은 단 한 푼도 허투루 쓰여서는 안 된다.

잠깐의 보여주기를 위한 단기적인 운영 정책 보다는 지속적인 관심과 관리가 필요하다. 자전거 경찰이 우리 시민들에게도 포돌이 포순이 만큼이나 긍정적인 이미지를 심어주게 될 날을 기대해 본다.

해외여행 갈때마다 자전거경찰과 사진을 찍는다
_런던에서 만난 자전거경찰

자전거를 타면
나라에서 주는 금메달

자전거를 열심히 타면 나라에서 금메달(?)을 준다. 전국체전 우승을 하지 않아도 된다. 그렇다. 전국민의 자전거 타기를 장려하기 위한 여러 가지 아이디어 중에 이 메달을 수여하는 제도가 있는 것. 아주 열성적인 자전거 마니아를 위한 포상인데 한반도 곳곳에 깔려 있는 자전거 인증코스를 완주한 사람들만이 받을 수 있다.

이 영예로운 메달을 받는 방법은 세 가지가 있다.

첫째로 인천 아라뱃길 정서진 출발점에서 부산 낙동강 하굿둑까지 640km의 국토 대종주 구간을 완주하면 인증서와 스티커, 인증 메달을 받을 수 있다. 이를 증명하는 방법은 해당 구간의 모든 인증센터(부스)에서 인증 스탬프를 받아 제출하면 된다. 요즘은 스마트폰 어플리케이션으로도 가능하다고 한다.

두 번째는 4대강 코스를 모두 종주하는 것이다. 한강과 금강, 영산강, 낙동강 등 4대강 자전거 길을 마스터하면 역시 인증서와 스티커, 메달을 받을 수 있다.

마지막으로 가장 영광스러운 그랜드 슬램 메달. 이건 국토종주에 4대강 종주를 마치고나서 동해안 강원 종주, 동해안 경북 종주, 제주 환상자전거길, 오천길 종주, 섬진강 종주까지 국내의 모든 자전거 코스를 완주해야 받을 수 있는 최고의 영예다.

모든 메달의 뒷면에는 주관 정부부처인 국토교통부와 행정안전부의 이름이 적혀져 있다. 필자가 이 3개의 메달을 모두 획득하기 까지는 자그마치 8년이 걸렸다.

왼쪽부터 국토 종주, 4대강 종주, 그랜드슬램 인증메달.
어쩌면 자전거 마니아들에게는 전국체전 금메달보다 더 값진 메달이 아닐까.

자전거를 타는 여성들

요즘 같으면 '성인지 감수성' 부족이라고 돌 맞을 이야기겠지만 몇 년 전 떠돌던 인터넷 유머 중에 이런 것이 하나 있었다.

> "노처녀를 시집보내는 방법은 무척 간단하다. 일단 3개월 정도 자전거를 연습시키고, 적응이 되면 클릿을 착용하게 하라. 어느 정도 익숙해지면 중급기 이상의 로드 자전거와 라파, 파노말, 펠라급의 저지를 구입시켜라. 그리고 동호회와 다른 라이딩 모임에 자주 나가게 하면 모든 준비는 끝. 청첩장을 기다리면 된다."

여성 라이더와 함께 자전거를 좀 타 본 사람들은 이 장난스러운 글에 무릎을 탁 칠지도 모르겠다. 자전거를 타는 여성이 그만큼 매력적이라는 유머다.

자전거를 타는 여성의 이미지는 '활동적이며 건강하고 검소하면서도 세련되기까지'하다. 게다가 컬러풀하고 타이트한 패션 저지와 클릿 슈즈를 신고 중급기 로드를 타는 여성이라니 더 이상의 설명이 필요할까.

셜록 홈즈 소설의 여주인공과 첼로 걸스

자전거를 타는 여성의 매력에 푹 빠진 사람은 100년 전에도 있었다. 명탐정 셜록 홈즈를 창조해 낸 아서 코난 도일은 소문난 자전거 마니아였는데, 그는 작품에서 자전거를 타는 여성을 등장시키고 극찬했다.

코난 도일은 1903년에 셜록 홈즈 시리즈 중 하나로 '자전거를 타는 외로운 사람The Adventure of Solitary Cyclist'이라는 소설을 발표했다. 이 작품에 등장하는 여주인공 바이올렛 스미스는 자전거로 일터와 기차역을 오가는 '신여성'이다. 작품의 배경이 된 1895년만 해도 여성의 몸으로 자전거를 탄다는 것은 매우 드문 일이었기 때문이다. 1880년대까지만 해도 여성들이 거리에서 자전거를 타면 여성답지 못하다며 욕을 먹거나 물리적 폭력까지 당하는 경우도 있었던 것을 감안하면 상당히 혁신적인 인물 설정이다.

코난 도일은 이 작품에서 스미스를 '눈부시게 아름다운 여왕 같은 젊은 여성'이라고 묘사했다.

코난 도일의 자전거 사랑은 유별났다. 자전거에 대한 애정과 풍부한 지식으로 소설 속 탐정 홈즈 역시 영국 최고의 자전거 전문가로 만들었는데, 그의 작품에서 홈즈는 영국에서 나온 42종의 자전거 바퀴 자국을 모두 구분해 낼 수 있었을 뿐 아니라, 땅바닥에 패인 바퀴 자국의 깊이를 분석해 범인이 어떤 자세로 자전거를 탔는지 추측해 낼 수 있을 정도였다.

자전거를 타는 여성은 너무나도 매력적이기 때문에 자전거 회사

2015년 8월 창단한 여성레이싱클럽 첼로 606 라이더스 W

들은 이를 마케팅과 홍보 수단으로 적극 활용하기도 했다.

삼천리자전거(당시는 가족회사 참좋은레져의 자전거부문 첼로스포츠)는 2015년 8월, '첼로 우먼스 라이딩 프로젝트'라는 이름아래 6명의 여성으로 된 라이딩 클럽 '첼로 606 라이더스 W'를 창단했다. 라이딩 경력 9년의 현역 여성 경찰관인 이미선 씨가 리더를 맡았고 로드 라이딩 경력 중상급 이상의 여성들로 멤버를 구성했다. 팀이름 606의 뜻은 멤버들에게 지급된 2016년형 엘리엇 로드 자전거의 프레임 'T60'과 6명을 의미한다.

이들은 전문 레이싱팀인 금산인삼첼로팀과 합동 라이딩을 하거나 자전거 마니아로 소문난 연예인 DJ DOC의 이하늘 씨와도 함께 자전거를 타는 등 다양한 활동을 갖고 SNS와 블로그 등을 통해 이를 홍보하며 당시 한창 브랜드 가치를 올리고 있던 첼로 자전거의 홍보대사 역할을 톡톡히 해냈다.

이들의 활동은 기업의 후원을 받는 아마추어 여성 라이딩 팀이 전무했던 국내에서는 꽤 화제가 되었는데 '첼로 걸스'라는 별칭까지 붙여졌을 정도였다.

한겨울처럼 실외 라이딩이 불가능할 때는 당시만 해도 생소했던 메타버스 시뮬레이션 즈위프트를 타며 이를 알리기도 했고, 백혈병 소아암 협회에 방문해 희망 나누미 역할도 예쁘게 해냈다. 이를 계기로 '선량한 기부자 라이딩'이라는 공정 라이딩의 첫 삽을 뜨고 이를 마지막까지 팀의 주요 활동 목적으로 삼았다. 창단 8개월 만인 2016년 4월에는 스폰서 첼로CELLO의 로고가 선명히 찍힌 핑크 화이트 블랙의 팀복을 지급받았는데, 첼로 걸스는 이 팀복을 입고 그해 5월 무주에서 열린 삼천리자전거 산악자전거 대회에 참가하고 6월에는 뚜르드코리아 2016 첫 스테이지 부산 구간에 모습을 비추기도 했다. 여러 동호회와의 합동 라이딩과 자전거 전문 매체 인터뷰, 스튜디오 촬영 등으로 바쁘게 일정을 보낸 첼로 606 라이더스 W팀은 창단 1년만인 2016년 7월 31일 대단원의 막을 내리고 활동을 종료했다.

당시 자전거 전문지들은 이들을 '즐겁고 건강한 여성 라이딩 그룹'이라 소개하며 대단히 긍정적인 보도를 이어갔다.

여성은 자전거를 탈 수 없는 이슬람 국가

지금이야 자전거를 타는 여성이 매력적이라느니 자전거야 말로 최고의 다이어트 운동이라 여성들에게 가장 적합하다느니 자연스레 이야기 할 수 있지만 우리나라에서도 자전거를 타는 여성이 금기시 되었던 시절이 분명 있었다. 여자는 자전거를 타면 안 된다는 논리의 대표적인 것이 '여성 신체 일부 손상' 설이었다. 언제 사라졌는지 모를 이 괴담은 자전거를 타는 여성은 대부분 안장의 압박으로 신체 일부가 손상된다는 내용으로 꽤 널리 퍼졌던 적이 있다. 자전거를 배우고 싶다는 딸에게 "넌 여자니까 자전거를 타면 안돼"라고 말했던 것이 불과 몇십년 전의 우리 부모님들이었다.

대표적인 유교국가로 '암탉이 울면 집이 망한다'는 속담이 있을 정도로 여성의 사회활동을 탐탁찮게 여기던 대한민국의 현실이 그랬다. 놀라운 것은 이 부끄러운 과거를 아직도 현재진행형으로 갖고 있는 나라들이 꽤 있다는 것이다.

사우디아라비아는 지구상에서 여성의 인권이 가장 낮은 국가 중 하나다. 대부분의 이슬람 국가와 마찬가지로 본인이 원하는 대로 결혼할 수 없는 것은 물론이며, 직장을 갖거나 은행 계좌를 개설하고 여권과 신분증을 발급하는데도 남성 후견인의 허락이 필요하다. 그뿐만 아니라 자전거를 타는 것도 금지하고 있는데, 여성들이 자전거

사우디아라비아 최초의 상업 영화
〈와즈다〉 포스터

를 타면 임신을 할 수 없다는 생각 때문이라고 한다. 자전거가 불임의 원인이라니, 이 정도면 여성 신체 일부 손상설은 그냥 애교에 속할지도 모르겠다.

이 가혹한 나라의 자전거와 관련한 여성인권 문제에 대해 정면으로 맞선 영화가 있다. 사우디아라비아에서 최초로 제작된 상업 영화로서 더 유명한 '와즈다WADJDA'가 그것이다. 2012년 개봉된 이 영화는 사우디아라비아 최초의 여성감독 하이파 알 만수르가

메가폰을 잡아 제69회 베니스국제영화제 3관왕을 수상한 화제작이다. 우리나라에서는 2015년 KBS가 한국어 더빙판을 방영해주기도 했다. 당시 영화를 만들 때조차도 남자와 여자가 공공장소에서 함께 일하는 것이 금지되어 있는 사우디의 법 때문에 남녀 스태프와 감독이 멀리 떨어져서 작업했다는 일화가 있다.

자전거를 타고 싶어 하는 10세 소녀 와즈다의 이야기를 그린 이 영화가 개봉 된 후 사우디아라비아 여성들이 공공장소에서 자전거를 탈 수 있게 법이 개정되었다. 단, '얌전한 복장과 남성 후견인이 동반하는 경우에만'이라는 조건이 달리기는 했다. 여성이 자전거를 타도 되는지 안 되는지의 논쟁은 현재는 지구상에서 이슬람 몇몇 국가들에서만 일어나고 있는 일일 뿐, 이를 제외한 대부분의 국가에서는 상상조차도 힘든 일이다. 하지만 실제 자전거의 역사를 보면 여성이 자전거를 탈 수 있게 된 것은 그리 오래된 이야기가 아니라는 것을 알 수 있다.

여성 인권 향상의 기폭제가 된 자전거

자전거가 처음 발명되던 1800년대 초반, 유럽의 여성들은 코르셋을 받쳐 입고 긴 드레스에 모자와 장갑을 착용하고 다녀야만 했다. 여성이 바지를 입는 것은 상상할 수도 없었으며, 제한된 복장으로 집과 일터에서만 한정적인 활동을 할 뿐

1890년의 자전거 타는 여성을 그린 삽화

이었다. 갇혀 있고 눌려 있던 여성 인권에 대한 인식이 조금씩 생겨나던 시기와 맞물려 자전거가 발명되었는데, 자전거를 타고자 하는 여성들의 의지는 여성 인권의 상징과도 같은 것이 되어 사회 전체에 큰 변화를 불러일으키기 시작했다.

자전거가 처음 발명된 후 참정권을 요구하는 여성 인권 운동가들은 금단의 벽을 깨고 자전거를 타기 시작했다. 자전거를 비롯한 사회 선반에서 기득권을 유지하고 있는 남성 중심 사회 지도층을 향한 정면 도전이었다. 당연히 기득권을 갖고 있던 남성 권력은 크게 반발을 했다. 역시 남성 일색이었던 의료계는 여성의 신체 특성상 자전거를 타는 것은 좋지 않으며 불임을 유발할 수 있다고 주장했다. 여성인권 운동가들은 이에 굴하지 않고 남성들과 함께 일하는 여성이 신체적으로 동등한 활동을 보장받아야 한다고 맞섰다. 미국의 여성 운동가 아멜리아 블루머Amelia Bloomer, 1818~1894는 다양한 방면에서 여성 활동을 펼쳤는데, 복장의 자유화에 가장 큰 영향을 주었다. 비슷한 시기에 활동한 여성 운동가인 엘리자베스 스미스 밀러Elizabeth Smith Miller, 1822~1911는 불편한 드레스 대신 입을 옷으로 무릎까지 내려오는 바지와 짧은 드레스가 합쳐진, 드레스처럼 보이지만 실제로는 바지인 의류를 고안했다. 이를 아멜리아 블루머가 발행하는 여성지인 더 릴리The Lilly에서 소개하면서 큰 화제를 불러일으켰다. 이 바지에 대해 더 자세히 알고 싶은 여성들이 잡지를 구독하면서 1849년 3백 명밖에 되지 않던 구독자가, 1853년에는 4천 명에 이르게 되었으며, 전대미문의 복장은 그녀의 이름을 따라 블루머Bloomer라 불리게 되었다. 자전거 체인에 치맛자락이 걸리지 않기 위해 고안된 복장이었을 뿐이지만 여성 운동이 여기에 상징적 의미를 부여하면서 역사적인 발명품이 되었다.

블루머를 입고 자전거를 타는 여성이 많아지면서 '여성 스스로, 언제든, 원하는 곳' 까지 갈 수 있게 되었다. 사실, 여성들의 자전거 타기를 반대하는 남성들의 속마음은 '여성들에게 이동의 편의성이 생기면 자신들을 떠날 수 있으리라'는 불안감 때문이었다는 해석도 있다.

불안한 남성 권력자들은 자전거를 타는 여성들을 빗자루를 탄 노파에 비유하기도 했으며, 남성과의 부적절한 관계를 부추기는 음탕한 행위라 매도하기도 했다. 하지만 집 밖을 나서 자전거를 타며 해방감을 느끼는 여성이 점차 증가하며, 여성의 인권은 계속 높아져만 갔으며 이는 결코 멈출 수 없는 시대의 흐름이기도 했다. 여성으로서는 최초로 미국 대통령 선거 투표를 하고 이로 인해 100달러의 벌금을 내기도 했던 여성 운동가 수전. B. 앤서니Susan B. Anthony는 1896년 '자전거는 세상에서 어떤 것보다 여성을 해방시키는데 많은 일을 해왔으며 여성이 자전거를 타는 것을 볼 때마다 기쁘다'고 말했다.

지로 디탈리아에 출전한 유일한 여성

19세기부터 시작된 여성 인권 운동으로 1920년 미국에서는 처음으로 여성들에게 참정권이 주어졌다. 이와 함께 자전거를 타는 여성의 인구는 계속 늘어났고 이는 자전거 대중화에도 큰 역할을 해냈다. 이전까지는 자전거를 타지 않던 50%의 인구가 자전거를 타게 되었으니 시장이 기하급수적으로 커진 것은 당연한 일이다. 하지만 이 같은 급격한 '자전거 여권女權' 신장의 와중에도 여성들이 쉽게 넘볼 수 없는 것이 하나 있었으니, 바로 자전거 대회였다. 1900년대 초반부터 투르 드 프랑스, 지로 디탈리아 등 지금까지 이어지고 있는 대표적인 자전거 대회들이 속속 개최되기 시작했다. 하지만 이 신생 명문대회에 참가하는 라이더들은 모두 남성들 뿐이었다. 여권 신장의 상징으로 자전거를 타는 것과 전문 라이더들과 함께 레이싱을 펼치는 것은 그 차원이 다르기 때문이었다.

이탈리아의 알폰시나 스트라다Alfonsina Strada, 1891~1959는 세계 3대 대회 중 하나인 지로 디탈리아에 출전한 유일한 여성으로 기록된 역사적인 인물이다. 지로 디탈리아는 지금도 여성의 출전을 불허하고 있으며, 여성을 위한 대회는 지로 디탈리아 돈나Giro d' Italia Donne라고 따로 개최하고 있다.

1891년 이탈리아 북부 모데나 인근의 작은 시골 마을에서 태어난 스트라다는 어려서부터 남자아이들과 어울리며 자전거 타는 것을 즐겼고, 13세가 되던 때에는 자전거 대회에 출전해 살아있는 돼지를 상품으로 받기도 했다. 이후 지역에서 개최되는 여성부, 남성부 대회에 가리지 않고 참가하며 훌륭한 기량을 뽐냈다. 여성이 자전거 타는 것을 부정적으로 보던 시선과 남성의 기록을 깨는 것에 대한 거부감으로 그녀의 기록 일부

지로 디탈리아 유일한 여성
참가자 알폰시나 스트라다

는 유실되기도 했는데, 그럼에도 불구하고 그녀는 남자 선수와의 경주에서 36번 우승했고, 남자선수들과도 좋은 친분을 유지하며 그들의 응원을 받았다.

24세에 자전거 선수이자 금속세공기술자인 루이지 스트라다와 결혼한 후에는 밀란으로 이사하고 트랙 경주에 주로 출전을 했다. 1924년 지로 디탈리아는 경기 침체로 후원자가 줄어 선수들과의 불화가 남아있는 상태에서 개최되었다. 선수들에게 숙소와 식사는 제공되었지만 대회 관리자도 부족했고, 미캐닉, 서포트카 지원도 없었기 때문에 출전 선수도 90명밖에 되지 않은 상황이었다. 이러한 악조건에도 지로 디탈리아에 출전하고 싶었던 스트라다는 그녀의 이름에서 끝에 있는 'a'를 빼고 남성적인 이름인 알폰신Alfonsin 스트라다로 대회 참가 신청을 했다. 주최 측에서는 이름만 확인하고 그녀를 72번 선수로 등록을 했다.

대회 전날 그녀가 여성이라는 것이 밝혀지면서 여성의 대회 참가를 반대하는 의견이 많았지만, 취소하기는 늦은 시점이었고 대회 주최 신문사에서도 '누구든지' 원한다면 대회에 참석할 수 있다고 했기 때문에 이를 막을 명분도 없었다. 그녀는 첫날 경기에서는 74등을 기록했는데 선두 그룹과의 시간 차이가 크지 않았고, 다음 구간에서는 50위의 기록을 하며 주목받기 시작했다. 여성이 참가한 것에 회의적었던 사람들도 악천후에 포기하는 선수가 많은 상황에서도 끝까지 완주하는 그녀를 응원하기 시작했다. 대회 일정 막바지로 갈수록 강풍과 폭우, 도로 노면은 진흙과 자갈은 물론 빙

판까지 남아있던 산길 코스 등의 악조건으로 많은 선수들을 낙오하고 30여 명의 선수만 남게 되었다.

304km를 주행하는 7단계 코스에서 그녀는 낙차로 큰 부상을 입고 만다. 부상을 무릅쓰고 완주했지만 결국 제한 시간에서 25분을 넘긴 기록을 얻게 되었다. 공식 대회에서는 실격 처리되었지만 그녀는 공식 기록과는 별개로 대회 마지막까지 주행하며 남자 선수 두 명보다 빠른 비공식 기록으로 대회를 마감할 수 있었다.

지로 디탈리아의 인기가 시들어갈 즈음에 등장한 여성 라이더. 그녀의 포기 하지 않는 열정은 큰 주목을 받게 되었고 지로 디탈리아는 다시금 세간의 관심을 모으게 되어 주최 측에서는 그녀에게 특별 상금을 주기도 했다. 하지만 여성의 출전이 부담스러웠던 것인지 그 다음 대회부터는 참가 자격에 '남성'이라는 조건을 추가하여 이후 여성의 대회참가를 원천봉쇄했다. 알폰시나 스트라다가 공식적으로 지로 디탈리아에 출전한 유일한 여성 선수로 남게 된 일화다.

물론 대회 출전으로 팬까지 생겼던 그녀는 자전거에 대한 열정으로 그 이후 지로 디탈리아 대회에서 비공식 참가선수로 남성 선수들과 함께 달렸다.

여성 인권의 상징으로써의 자전거

자전거로 여성의 인권을 높이려는 노력은 지금 이 시간에도 계속되고 있다. 코로나19 팬데믹으로 인해 2021년 7월이 되어서야 열린 '2020 도쿄올림픽' 도로 사이클 경주에 난민팀 국적으로 출전한 아프가니스탄 여성 알리 자다의 이야기다.

중앙일보는 2021년 7월 28일자로 그녀의 사연을 "돌 맞으며 훈련했다, 금녀의 영역 깬 아프간 여선수의 질주"라는 제목으로 다음과 같이 소개하고 있다.

___"자유를 위해 싸우는 아프가니스탄 여성들에게 용기를 주기 위해 출전했다" ___알리 자다가 올림픽 선수로 뛰기까지는 우여곡절이 많았다. ___여성의 인권 유린 문제가 심각한 아프간에서 자전거 타는 여성은 공격의 대상이었다. ___도로 훈련 중인 그에게 감자와 사과는 물론이고, 돌이 날아들었다. 차에 치일 뻔한 적도 있다. 그때 마다 알리 자다의 가족들은 "경기를 그만두라"고 재촉했지만, 그는 굽히지 않았다. ___알리 자다의 출전 소식은 아프간 동료들에게 희망이 됐다. 그와 함께 선수 생활을 해온 아프간 사이클링 연맹 개발이사 사르마트는 "알리 자다가 겪은 온갖 고초를 지켜봤다"면서 "비록 난민팀 선수로 출전하지만, 그녀는 아프간 여성의 영감을 깨우고 있다"고 치켜세웠다. ___현재 아프간에서 여성 사이클 선수들은 보수주의자들의 주요 표적이 되고 있다. 언어·신체적 괴롭힘은 물론이고, 생명의 위협도 커졌다. 사르마트는 "한 번은 저녁 시간 거리 훈련에 나섰다가 두 명의 남성이 나를 덮친 뒤 자전거에서 끌어내렸다"며 아찔했던 순간을 털어놨다. 여성 대표팀 주장인 하비브자인도 "사람들은 여성 선

수들에게 던질 수 있는 모든 것을 던진다"며 "모욕적인 말을 들을 때면 여자라는 사실이 수치스러울 정도"라고 토로했다.

아프간 여성과 난민들의 희망이 된 알리 자다

사이클 여자 개인 도로독주에 참가한 알리 자다의 최종 기록은 44분4초31. 참가자 25명 중 25위, 꼴찌였다. 하지만 언론들은 '아름다운 꼴찌', '아프간 여성들에게 희망을 안겨주었다'며 그녀의 대회 참가에 찬사를 보냈다.

그녀는 경기를 마치고 "저는 아프가니스탄은 물론 상황이 비슷한 나라에 살고 있는 여성들의 권리를 대변하기 위해 이 자리에 섰고, 그 일을 하는 것이 제 의무"라며 "각기 다른 이유로 조국을 떠나야만 했던 8천200만 명의 난민들에게도 희망과 평화의 메시지를 전할 것"이라고 당당하게 말했다.

자전거 타는 이 단순한 즐거움에 비할 수 있는건 아무것도 없다.

Nothing compares to the simple pleasure of a bike ride.

J.F.Kennedy

자전거 회사들의 상징

'한 입 베어 문 사과'

무엇이 떠오르시는가? 그렇다 세계 최대의 스마트기업 애플이다.

애플은 자사의 휴대폰과 노트북, 태블릿 등의 기기에 A.P.P.L.E. 이 다섯 글자 대신 이 사과 로고를 넣었다. 소비자들은 애써 알파벳을 읽는 수고(?)를 하지 않아도 그저 사과 그림 하나로 애플을 구분한다. 심지어 그 그림 안에는 애플의 철학과 심미적 가치까지 담겨있는 듯하다. 사람들은 이 사과 그림에 열광한다. 이것이 로고의 힘이다.

우리말 표준국어대사전에서는 로고를 이렇게 정의하고 있다.

'둘 이상의 문자를 짜 맞추어 특별하게 디자인하거나 레터링을 한 것. 회사의 이름이나 상품의 이름에서 흔히 볼 수 있다. 같은 말로 로고타이프가 있다'

애플의 사과로고는 글자가 들어가 있지 않기 때문에 엄밀히 따지면 심벌마크인데, 스타벅스나 펩시콜라의 예처럼 로고가 심벌마크에 들어가기도 하고 다시 나오기도 하면서 그 구분이 희미해졌다. 요즘은 편의상 모두 로고라 칭하고 있다.

이처럼 로고는 기업의 이미지를 대표하는 역할을 하는데 여기에도 트렌드가 있다. 중세 유럽 귀족 가문의 문장처럼 화려한 로고가 유행을 하던 시기도 있었지만 최근 트렌드는 미니멀리즘 쪽이다. 스타벅스는 오랫동안 로고의 정체성이라 할 수 있었던 원형 테두리와 그 안의 STARBUCKS COFFEE라는 워드마크를 없애고 사이렌(인어)만 남겼고, 마이크로소프트는 팔랑거리며 날아가는 모습의 입체적 창문모양 로고를 네모반듯한 2차원 창문으로 바꾸었다. 불필요한 꾸밈을 배제하고 기업의 이미지를 집중해서 인상적으로 전할 수 있는 미니멀리즘은 쉬워 보이지만 실제로는 가장 어려운 방법이기도 하다. 기업 또는 브랜드의 인지도가 없이는 쉽게 접근할 수 없는 방법이기 때문이다.

우리나라 사람들에게 가장 익숙한 자전거 회사의 로고는 삼천리자전거의 로고일 것이다. 전국 1천300여 개의 대리점이 있기 때문에 우리나라 어느 도시를 가더라도 삼천리자전거의 간판은 눈에 띈다. 국내 아동용 자전거 시장의 압도적 점유율(90%, 2021년 기준)은 어린 시절 맞이하는 첫 자전거가 삼천리자전거라는 뜻이기도 하다. 어릴 때 두근거리는 마음으로 경험한 신기한 이미지는 평생 기억된다.

삼천리자전거의 사명과 로고는 동사同社의 전신인 경성정공에

1952년~1996년, 그리고 현재의 CI까지 그대로 유지해온 '3000'은 자체가 브랜드이며 기업의 상징이 되었다

서 1952년 출시한 자전거 '3000리호'에서 유래했다. 1950년 발발한 한국전쟁 기간 중 서울에 있던 공장 시설을 부산으로 힘겹게 옮긴 후 국내 최초의 완성 자전거를 출시한 경성정공은 자전거 이름을 고민했다. 전쟁으로 인한 국토 분단의 아픔 속에서 해남 땅끝마을에서 함경북도 온성까지의 거리 3000리 전역을 누비는 꿈을 담아 탄생한 것이 '3000리호'였다. 우리나라 최초의 자전거 3000리호가 대한민국 자전거의 상징이 되는 것은 당연한 일이었으며, 브랜드의 인지도로 인해 경성정공의 자전거 부분이 분사하면서 사명을 삼천리자전거로 정하기에 이르렀다.

60년대부터 시작한 미니멀리즘, 삼천리자전거

1944년 설립된 자전거 제조사 경성정공은 삼천리자전거와 기아자동차의 모태가 된 기업이다. 첫 로고는 경성정공이 기아산업으로 사명을 바꾼 1년 뒤인 1953년부터 사용했다. 설계용 삼각자 단면을 바탕으로 기계 공업을 상징하는 톱니바퀴와 화학 공업을 상징하는 벤젠 고리를 맞물린 뒤 육각형 고리 안에 사명 'KIA'를 넣은 것이 특징으로 국내 최초 자전거 3000리호에 처음 부착되었다.

1964년 기아산업 창립 20주년을 기념해 사내 공모를 거쳐 제작된 로고는 이륜차와 삼륜차 앞바퀴, 그리고 포크로 표현되었다. '기아'의 'ㄱ'과 'ㅇ'을 결합한 형태로 앞으로 나아가겠다는 포부를 품고 있다.

자전거에는 이 로고와 함께 '3000리호!' 브랜드 로고가 표시되었으며, 1979년 삼천리자전거 분사 후에도 기아 로고와 3000리호 로고가 함께 사용되기도 했다.

국내 최초의 완성 자전거 3000리호의 높은 인지도는 별도의 기업 로고가 필요 없을 정도였다. 자전거에 표시된 '3000' 그 자체가 브랜드이며 기업의 상징이 되었으며, 1996년 변경된 현재의 삼천리 자전거 CI 역시 3000은 그대로 유지하면서 여러 대의 자전거가 질주하는 모습을 현대적인 감각으로 표현하고 있다. 미니멀리즘이 유행하기 한참 전인 1960년대 자전거 바퀴를 이미지로 한 기아산업의 로고와 3000을 강조하고 있는 삼천리자전거의 로고는 높은 인지도가 아니면 쉽게 선택할 수 없는 파격적인 로고라고 할 수 있다.

딱 봐도 접이식 자전거, 브롬톤 BROMPTON

매년 봄이면 브롬톤 월드챔피언십 대회가 개최된다. 보통의 자전거 대회는 누가 빨리 결승선을 통과하는지에 관심이 몰리지만, 이 대회에 참가하는 사람들에게는 그보다 중요한 것이 있다. 누가 더 예쁘게 브롬톤 자전거를 튜닝했는지, 어떤 액세서리를 달았는지, 어떤 옷을 입고 대회에 참가했는지가 중요한 독특한 대회다.

1981년 영국의 런던에서 그 역사를 시작한 브롬톤은 16인치 바퀴를 사용하는 접이식 자전거 중에서 접었을 때 가장 작은 부피를 자랑하는 도심형 생활형 자전거이기 때문에 빠르기보다는 멋지게 타는 것이 중요 포인트가 된 것이다.

브롬톤의 로고는 자전거가 접히는 모습을 픽토그램으로 보여주고 있다. 브롬톤 브랜드를 처음 보는 사람도 접이식 자전거라는 것을 알 수 있을 만큼 명료하다. 브롬톤은 다른 부품과 호환되지 않을 정도로 오래된 20~30년 전 부품을 지금까지 사용하면서도 비싼 가격 정책을 유지하고 있다. 2018년 이후 브롬톤의 폴딩 방식의 특허가 만료되면서 동일한 접는 방식을 사용하고, 최신 부품으로 더욱 우수한 성능을 갖추었으면서도 브롬톤보다 저렴한 제품들이 다수 등장했다. 그럼에도 불구하고 브롬톤의 인기는 변함이 없다. '비싸기 때문에 더 사고 싶어진다'는 명품의 반열에 들어선 느낌이다. 40년 넘는 기간 동안 디자인에 큰 변화가 없던 브롬톤은 이를 바탕으로 특별한 로고를 만들고, 브랜드 충성도 이상의 문화를 만들어가고 있다.

티타늄 프레임의 강자, 무츠 MOOTS

티타늄은 가장 완벽한 프레임 소재로 꼽는다. 매력적인 은색, 단단하면서도 편안한 승차감, 반영구적인 수명을 갖고 있지만 까다로운 가공 기술 때문에 가격이 높다는 단점이 있다. 1981년 미국 콜로라도 주에서 탄생한 무츠는 티타늄 소재만을 이용한 고급 수작업 프레임으로 명성을 떨치고 있는 자전거 메이커다. 특히 개당 천만원 정도 하는 초고가 MTB용 프레임으로 인지도가 높다. 무츠의 로고에는 악어가 한 마리 그려져 있다. 그런데 자세히 보면 강인한 이미지의 티타늄 소재를 주로 하는 기업 이미지와는 어울리

지 않게 나비 넥타이를 맨 귀여운 악어가 웃음을 짓고 있는 것을 발견할 수 있다.

에릭슨의
미스터 무츠

무츠의 창립자 켄트 에릭슨이 어릴 때부터 좋아했던 연필, 그 위에 달린 악어 모양 지우개에서 이야기는 시작된다. 어느 날 스쿨버스에서 다른 친구들이 이 악어 지우개를 빼앗아서 구멍을 내고 돌려주었다. 구멍 때문에 지우개를 누를 때마다 소리가 났는데 이 소리가 '무츠'처럼 들렸고, 에릭슨은 이 불쌍한 악어 지우개에 애착을 느꼈고 '미스터 무츠 Mr. Moots'라는 이름까지 지어주었다고 한다. 중학교와 고등학교에 들어갈 때까지도 악어 지우개를 버리지 않고 가지고 다니던 그는 학생 신문에 '미스터 무츠의 모험'이라는 만화를 연재하기도 했다. 나중에 창업하게 된 자전거 회사의 이름을 그에게 가장 소중한 무츠로 정한 것은 어찌 보면 아주 당연한 일. 지금도 무츠의 공식 홈페이지의 직원CREW 소개 코너에는 미스터 무츠가 당당히 일원으로 표시되어 있다. 그의 담당 업무는 전 세계 사이클링 모험을 떠나는 무츠 자전거 소유자와 함께 여행하는 것이라고 한다. 무츠에서 만드는 프레임 헤드 튜브 엠블럼에는 모두 미스터 무츠가 새겨져 있으니 직원 무츠는 자기 역할을 아주 충실히 수행하고 있는 셈이다.

꽃의 에이스, 콜나고 COLNAGO

콜나고의 창업주 에르네스토 콜나고Ernesto Colnago, 1932~는 90
세가 눈앞에 있는 현재까지도 자전거 업계의 현역에서 신제품 개
발은 물론 출시 발표까지 직접하고 있다. 어려운 가정에서 태어난
그는 13세부터 자전거 공방에서 일하기 시작했고, 직접 선수로 활
동하기도 했다. 부상으로 선수 생활을 중단하게 된 콜나고의 열정
은 오로지 자전거를 만드는 것으로 향하게 되었고 결국 1952년 캄
비아고에서 콜나고의 역사가 만들기에 이르렀다. 직접 선수 생활
을 한 경험을 바탕으로 만든 콜나고의 자전거는 선수들에게 좋은
반응을 얻을 수 있었으며 1960년 로마 올림픽 금메달리스트가 그
의 자전거를 타면서 본격적으로 브랜드의 명성이 높아지기 시작했
다. 국제 사이클 연맹의 '원 데이 레이스One-day race' 중 5대 모뉴
먼트로 꼽히는 밀라노-산레모 레이스는 1907년부터 개최되어 온
'클래식 중의 클래식'이라 불린다. 이탈리아에서 열리지만 1953년
부터 17년간 이탈리아 선수가 우승하지 못했던 상황에서, 1970년
콜나고 자전거를 탄 미켈레 단첼리 선수가 극적인 우승을 차지했

다. 이 경기를 본 에르네토 콜나고는 '꽃의
도시'라 불리는 산레모에서 클로버 로고를
떠올렸고 그 로고는 지금까지 콜나고의 상
징으로 이용되고 있다. 이탈리아어로 클로
버는 꽃 중의 꽃(Asso di Fiori, 꽃의 에이스)
이라 불린다.

콜나고는 이후 수천 번 이상 국제 대회

우승을 차지하고, 1988년 페라리와 공동 연구를 통해 콜나고-페라리 콘셉트 자전거를 발표하면 최고의 기술력을 자랑하기도 했다. 하지만 60년이 넘는 기간 동안 단 한 번도 투르 드 프랑스 우승을 하지 못했던 징크스가 있었는데, 2020년과 2021년 22세의 신예 타데이 포가차(슬로베니아)가 우승하면서 새로운 역사를 쓰기 시작했다. 89세의 에르네스토 콜나고는 승리 투르 드 프랑스에서 우승하지 못했던 저주(?)가 풀리던 날 다음과 같이 말했다.

"콜나고 이름이 붙은 자전거로 승리하기 위해 평생을 기다려야 했습니다"

몬드리안 디자인의 룩 LOOK

빨강, 파랑, 노랑 등의 원색을 가진 직사각형 면과 그와 섞인 흰색과 검은색 면. 이 그림을 보여주면 예술을 잘 모르는 일반인도 '몬드리안'의 이름을 떠올린다. 네덜란드의 근대 미술 화가인 피트 몬드리안Piet Mondrian, 1872~1944의 대표작인 '빨강, 파랑, 노랑의 구성'은 미술 교과서에도 실릴만큼 유명하기 때문이다. 이 이미지를 프랑스의 자전거 스포츠용품 업체인 룩LOOK의 로고에서 찾아볼 수 있다. 1951년 설립된 룩은 스키 장비 업체로 시작했다. 1980년 스키의 바인딩 장비를 기반으로 페달에 신발을 고정할 수 있는 클립리스 페달을 개발했다. 탈착 시에는 발목을 돌려 빼내는 당시로써는 획기적인 제품으로 자전거 부품 산업

에 혁신을 일으켰다. 이후 1986년에는 룩에서 발표한 카본 프레임의 자전거를 탄 그렉 르몽드가 투르 드 프랑스에서 우승을 하면서 독보적인 기술력을 과시하기도 했다. 투르 드 프랑스에 수차례 우승한 기술력 뿐 아니라 로고 컬러를 이용한 과감한 색채의 디자인으로 최고의 브랜드 중 하나로 꼽혔던 영광을 갖고 있는 회사다. 현재는 로드 레이스 월드 투어를 후원하고 있지 않다. 다른 브랜드 대비 높은 가격 때문인지 '관상용 자전거'로 불리기도 하지만 트랙용 자전거에서는 여전히 높은 위상을 차지하고 있다. 프랑스 국가대표 팀뿐 아니라 수많은 나라의 국가대표 사이클링 팀이 룩의 트랙용 자전거를 이용하고 있으며 동사의 자전거에 적용된 혁신들은 지금까지도 다른 기업에서 참고하고 있다.

자전거 바퀴에 날개를 달아준 캄파뇰로 CAMPAGNOLO

이탈리아의 한 마을 철물점 아들이자 사이클 선수로 활동하던 툴리오 캄파뇰로Tullio Campagnolo, 1901~1983는 1927년 쓰라린 패배를 경험했다. 당시는 변속기가 없던 시절이었기 때문에 높은 언덕을 오르기 전, 자전거 바퀴를 분해해서 기어를 갈아 끼워야 했다. 하지만 바퀴를 단단히 고정한 너트가 풀리지 않아 그를 앞질러 지나가는 선수의 뒷모습을 허망하게 볼 수밖에 없었던 것이다. 이 패배 후 바퀴를 쉽게 분리할 수 있는 장치를 만들겠다고 결심하고 1930년 원터치 탈착이 가능한 '퀵 릴리스Quick Release'를 개발하고, 1933년 캄파뇰로를 창업했다. 정식 명칭보다는 두문자를 따서 큐알QR이라 불리기도 하는 이 장치의 발명은 현대 자전거 역사에서 가장 중요한 순간 중 하나로 기억되며, 그 주인공 캄파놀로는 현대 자전거 구동계 분야에서 압도적 기술력을 선보이고 있다. 투르 드 프랑스 우승 통산 43회로 차순위인 시마노(10회), 심플렉스(10회)와 비교할 수 없는 수준이며, 2010년대 잠시 시마노에 밀리는 분위기였지만 2020년과 2021년 연속으로 우승을 하며 건재함을 과시했다.

날개 달린 휠셋(바퀴)에 초기 퀵릴리즈가 그려져 있는 캄파놀로의 로고는 기업의 정체성과 지향점을 보여준다. 자전거 바퀴에 날개를 달아 준 퀵 릴리즈, 그것이 바로 캄파놀로의 시작이었으며 꿈꾸는 바였던 것이다. 여담으로 캄파놀로의 휠셋은 타사 휠셋에 비해 경쾌한 래칫(페달을 반대 방향으로 돌릴 때 힘이 전달되지 않게 하는 장치) 소리가 특징으로 자전거 마니아의 가슴을 설레게 하는 소리라고 하기도 한다. 휠셋은 등급별로 캄신(Khamsin, 이집트의 모래바람), 존다(Zonda, 안데스산맥의 서풍), 유러스(Eurus, 그리스 신화이 동풍), 샤말(Shamal, 페르시아만의 모래바람), 보라(Bora, 아드리아해, 그리스의 북풍) 등으로 구분한다. 이 이름들이 모두 강풍의 이름에서 유래되었는데, 로고의 날개를 단 바람의 요정이 뒤에서 밀어준다는 우스개 같은 이야기 때문이라는 설이 있다.

세계 최초의 MTB, 게리 피셔 GARY FISHER

1962년 12세에 처음으로 사이클 대회에 출전한 게리 피셔Gary

Fisher, 1950~는 도로 경주뿐 아니라 트랙 경기에서도 두각을 보이는 유망주로 등장했다. 하지만 17세가 된 게리 피셔는 '머리를 깎고 대회에 참가하라'는 협회에 권고를 무시했다는 이유로 출전 정지 처분을 받게 된다. 본의(?) 아니게 선수 활동을 잠시 멈춰야만 했던 게리 피셔는 협회의 터치가 없는 산으로 들어갔다. 강압적인 사회 분위기에 타협하지 않은 그는 뜻이 맞는 지인들과 함께 몇 년간 산악 지역에서 자전거를 타며 시간을 보냈고, 이때 처음으로 산악자전거에 대한 구상을 하게 된다. 결국 1974년 그는 최초의 산악자전거인 MTB를 개발했으며, 1976년부터 장발 선수에 대한 금지 규정이 폐지되면서 도로 경주에 참가해 우승을 하기도 했다. 1979년 마운틴바이크스Mountainbikes라는 산악자전거 제조회사를 설립하면서 본격적인 MTB의 시대를 열었다. 이후 그의 이름과 같은 게리 피셔로 회사 이름을 바꾸었으며 이제까지 없었던 새로운 산악자전거용 부품들을 쉴 새 없이 만들어냈다.

로드 자전거와 다른 핸들바, 페달과 신발의 접지력을 높이기 위해 톱니 모양으로 가공한 베어 트랩 페달, 서스펜션 포크 등 기존 자전거의 전통을 중시하면서도 혁신적인 제품이 발표되면서 세계 자전거계는 술렁였으며 산악자전거에 대한 관심이 높아지게 되었다. 게리 피셔의 로고는 미국 서부 지역의 노란 사막과 붉게 달아오른 산을 이미지로 하고 있다. 1993년 게리 피셔는 트렉TREK에 인수되었는데, 인수된 후에도 게리 피셔는 신제품 개발팀을 지휘하며 29인치 휠을 발표하는 등 MTB의 혁신을 이어갔다. 하지만 2010년

트렉 본사에서 게리 피셔 브랜드의 단종을 발표하면서 더 이상 게리 피셔의 신제품 로고를 산과 도로에서 만날 수는 없게 되었다.

브랜드가 단종 되었다해도 MTB의 창시자로서의 게리 피셔의 인지도는 변함없으며, 산악자전거 보급 및 개발을 위해 왕성한 활동을 하고 있다는 후문이다.

밀라노 감성, 비앙키와 데로사 BIANCHI & DE ROSA

세계적인 패션 도시 밀라노는 프라다, 알마니, 베르사체라는 독보적인 명품 브랜드들이 태어난 곳이며, 세계의 내로라하는 패션 브랜드들이 저마다의 개성을 뽐내며 자리하고 있는 곳이다.

패션 브랜드의 명품 감성은 자전거에도 여실히 통했다. 이탈리아의 5대 자전거 브랜드를 꼽자면 콜나고, 피나렐로, 윌리어, 비앙키, 데로사를 들 수 있는데 여기서 예쁜 디자인으로 여성들에게 특히 인기 있는 비앙키와 데로사가 바로 밀라노에서 시작되었다.

사랑스러운 하트 로고로 매력을 어 필하는 데로사는 1953년 우고 데로사 가 설립한 이후 이탈리아 기업 특유
의 가족 중심 경영으로 역사를 만들고 있는 명품 자전거 메이커다. 로고뿐 아니라 심미적이고 미려한 프레임이 자랑이며, 최근에는 페라리, 마세라티 등 세계적인 자동차 디자인 그룹 피닌파리나 Pininfarina와 공동으로 자전거를 디자인해 세간의 관심을 모으기도 했다. 하트 로고는 어쩌면 다소 가볍게 느껴질 수도 있지만 창업자 데로사는 이를 '자전거에 대한 이탈리아의 열정을 담은 것'이라 설명한다. 데로사 자전거는 예쁘기만 한 것은 아니다. 전세계 자전거 대회에서 좋은 성적을 거두며 기술력을 자랑하고 있기도 한데, 1960년대부터 70년대 까지 세계 자전거 경주에서 압도적인 승리를 하며 '식인종', '반은 사람, 반은 자전거'라 불리던 에디 메르크스Eddy Merckx, 1945~가 애용하던 자전거가 바로 데로사였다. 투르 드 프랑스와 지로 니탈리아에서 각각 5회 우승하며, 심지어 투르 드 프랑스에서 옐로저지, 그린저지, 물방울 저지를 동시에 차지하는 전무후무한 기록을 세우기도 한 그가 은퇴 후 자신의 이름을 딴 자전거 회사를 만들 때도 데로사의 프레임을 기술을 전수 받았다는 말이 있을 정도다.

1885년 문을 연 비앙키는 현존 전세계 자전거 제조업체 중에서 가장 오래된 곳이다. 오랜 역사만큼 고풍스러운 로고는 독수리가 왕관을 쓰고 있어 중세 귀족 가문의 문장을 떠올리게 한다. 하지만 창립자인 에도아도 비앙키Edoardo Bianchi, 1865~1946는 고아원 출신으로 8세 부터 철물점에서 일해야 했던, 귀족과는 전혀 상관없는 신분이었다. 기계 공학과 자전거에 관심 있던 그는 21세가 되던 1885년 자전거 공방을 열었다. 고무 타이어가 장착된 자전거를 이탈리아 처음으로 소개하는 등 빠르게 신기술을 도입하며 사업을 키워가던 1890년대 초반 왕실에서 마르게리타 여왕이 탈 자전거

를 만들고 자전거 타는 법을 가르쳐달라는 요청을 받으면서 엄청난 유명세를 얻게 되었다. 왕실의 자전거를 만들면서 왕관을 쓴 독수리를 로고로 사용할 수 있게 되었으며, 마르게리타 여왕의 푸른 눈동자 색에서 영감을 받아 현재 비앙키의 시그니처 컬러라고 할 수 있는 비앙키 그린 컬러를 도입했다는 이야기는 유명하다. 하지만 이후 밝혀진 진실은 조금 다르다. 여왕의 눈동자는 푸른색이 아니었으며, 가장 유력한 설은 군용으로 대량 생산된 녹색 페인트가 제1차 세계대전 이후 오랫동안 재고로 남아 있다가 변색되어가는 과정에서 이를 저렴하게 구입했기 때문이라는 것이다. 참고로 설립자의 퍼스트네임이기도 한 비앙키bianchi는 이탈리아어로 흰색을 뜻한다. 하지만 비앙키 자전거 하면 누구나 흰색이 아닌 비앙키 컬러, 즉 체레스트 그린이라 부르는 영롱한 청록색을 떠올리는 것이 아이러니하다. 비앙키의 예쁜 색상 때문에 데로사와 함께 훌륭한 관상용 자전거로 꼽히지만, 세계적인 선수들이 애용하는 자전거이기도 하며 투르 드 프랑스에서 우승 경험도 3회나 있을 만큼 훌륭한 기술력을 갖춘 자전거 브랜드이기도 하다. 밀라노 감성의 두 브랜드의 자전거는 그냥 아름답기만 한 것이 아니다.

루이비통 그룹의 자전거, 피나렐로 PINARELLO

같은 이탈리아 자전거 업체인 콜나고의 클로버, 데로사의 하트에 대항하기 위해 피나렐로는 스페이드, 뾰족한 창 모양을 로고로 하고 있다. 물론 이야기를 만들어내기 좋아하는 호사가들이 만들어낸 말일지도 모른다.

　피나렐로의 로고는 창업주의 이름 피나렐로의 P를 형상화하고 있다. 선수 생활을 하던 지오바니 피나렐로Giovanni Pinarello, 1922~2014가 자신의 이름을 그대로 따서 1953년 자전거 메이커를 설립한다. 이 회사가 지금과 같은 고급 자전거로 명성을 높이기 시작한 것은 창립 후 35년이 지난 1988년 투르 드 프랑스에서 우승하면서 부터다. 피나렐로는 투르 드 프랑스에서 5연승을 달성한 미겔 인두라인Miguel Indurain을 비롯해 2019년 까지 통산 15회 우승이라는 대기록을 세웠다. 피나렐로 다음으로 우승을 많이 한 메이커는 푸조(Peugeot, 10회), 르오토(L'Auto, 10회) 등 현재는 볼 수 없는 곳들이며, 현재까지 자전거를 생산하는 업체로는 메르크스(Merckx, 5회), 비앙키(Bianchi, 3회) 정도를 손에 꼽을 수 있다.

　　　　　　　　　　　　피나렐로 하면 가장 먼저 떠오르는 것은 다른 자전거에서 찾아보기 어려운 독특한 곡선과 굴곡을 갖고 있는 프레임이다. 피나렐로 자전거 기술의 정점은 기함급 모델인 도그마에 있다. 2002년 세계 최초로 양산 마그네슘 합금을 이용했으며, 2009년 세계 첫 비대칭 자전거 '도그마 60.1'을 발표했다. 체인과 기어가 한쪽에 달려있기 때문에 자전거는 비대칭 구조라는 한계를 갖는데 이러한 문제점을 완화하기 위해 비대칭 프레임 구조를 강조한 혁신적인 기술이었다. 피나렐로가 유일한 비대칭 프레임은 아니지만 세계 최초이자 가장 앞선 기술력을 보유하고 있다는 데서 의미를 찾을 수 있다.

2016년 루이비통, 디올, 태그호이어 등 세계적인 명품 브랜드를 소유하고 있는 루이비통 모에 헤네시LVMH 그룹이 피나렐로를 인수했다. 현재까지는 기존 생산방식을 유지하며 기존과 크게 달라지지 않은 스타일을 유지하고 있지만, 패션 분야에서 전세계를 석권했던 고급화와 대중화 사이의 균형적인 전략으로 자전거 산업 전체에 큰 영향을 미치지 않을까 예상해 본다.

맞춤양복 맞춤신발 맞춤자전거

사회 초년병 시절이었다. 취직 기념으로 나름 비싼 양복을 사 입었는데 어딘가 어색하다. 어리바리 그 자체인 날 보고 누군가 한마디 한다.

"남대문 가면 양복 싸게 맞추는 집 있다. 가서 맞춰봐"

반신반의 하는 마음으로 기성복 절반 값에 양복을 맞추고 2주쯤 지났나, 완성된 옷을 입어본 순간, "아 이래서 맞춤 맞춤 하는구나" 탄성이 절로 나왔다. 옷태가 확 사는 건 물론이고 행동도 자연스러워 너무 편했다.

사람마다 팔 다리 허리의 길이가 다르고 어깨 넓이도 다른데 기성복이 딱 들어맞을 리 없다. 요즘은 발 모양에 따른 맞춤신발도 나오는 모양이다.

자전거도 마찬가지다. 맞춤양복의 필수 코스 '가봉假縫'은 자전거의 피팅 fitting과 같다(실제로 가봉의 영문 표기는 피팅이다). 입문 단계에서야 자기 키에 대충 맞는 사이즈의 기성 자전거를 안장 높이만 조절해 타도 문제가 없지만 국토종주를 며칠 만에 해내는 마니아 수준이 되면 좀 다르다. 프레임부터 휠의 종류와 사이즈를 몸에 맞는 것으로 고르고 안장과 핸들바의 높이까지 미세조정하게 된다. 오래 달려도 피곤하지 않고 최적의 힘을 낼 수 있는 자세를 만드는 것이다. 개인이 해도 되지만 측정기와 촬영장비를 갖추고 본격적으로 피팅을 해주는 전문 샵이 정확하다.

맞춤양복과 피팅자전거는 딱 하나 차이가 있다. 양복은 옷을 입은 후 바른 걸음걸이를 가르쳐주지는 않지만, 자전거 전문 피팅 샵에서는 피팅 후에 올바른 라이딩 자세를 손보아 준다는 것. 사실 피팅보다 더 중요한 것이 라이딩 자세이기 때문이다.

자전거 피팅의 기본은 안장 높이를 조절하는 것이다.
안장만 몸에 맞게 잘 조정해 타도 피로도가 확실히 줄어든다.

대중음악 노랫말 속 자전거

사람은 노래하는 동물이다.

노래는 인간이 사고思考 할 수 있게 된 그 순간부터 인류와 함께 해왔다. 고대 그리스 사람들은 주신主神 디오니소스를 찬양하려 한 자리에 모여 술을 마시고 춤을 추고 노래를 불렀다.

노래는 사람의 감정을 다른 이에게 전달하는 훌륭한 매개체다.

매력적인 곡조와 아름다운 노랫말, 가슴 두근거리는 가창으로 이루어진 완벽한 노래는 듣는 이의 마음을 움직여 행동에까지 이르게 하기도 한다.

나이가 들어가면서 노래를 접하다보면, 곡조보다 그 가사의 아름다움에 무릎을 탁 치게 되는 경우가 많다. 젊었을 때는 별로 눈에 띄지도 않던 노랫말이, 노래와 내가 함께 겪어온 세월 덕분에 다르게 받아들여지는 것이리라.

똑같은 음률이라도 가사가 다르면 그 떨림이 다르다. 젊은 시절 좋아했던 스페인 혼성 팝 그룹 모세다데스Mocedades의 에레스 투 Eres Tu라는 노래도 그랬다. 원어로만 흥얼거리던 노래에 '바람아 이 마음을 전해다오, 불어라 내님 계신 곳까지'라는 한국어 가사가 입혀진 것을 처음 들었던 그 때, 눈물이 왈칵 났었다.

노래는 사람이 만든다. 노랫말도 사람이 쓴다.

노랫말에 등장하는 것들은 친근한 것들이다. 하지만 모든 친근한 것들이 노랫말이 되는 것은 아니다. 선풍기나 물티슈가 노랫말로 나온 것을 나는 아직 본 적이 없다.

노랫말에 등장하기 위해서는, 아니 노랫말의 주인공이 되기 위해서는 사람의 마음을 움직일 수 있는 그 '무엇'이 있어야 한다. 노래를 만든 이와 듣는 이의 감정이 이입된 그 무엇은 이미 그것이 원래 가지고 있던 효용과 존재 가치를 넘어 새로운 심상이 되는 것이다. 노랫말에 대한 이야기를 이렇게 길게 하는 이유는 우리가 그렇게 아끼고 사랑하는 자전거 역시 노랫말에 등장하는 단골손님이기 때문이다. 노랫말 속에 등장하는 자전거는 단순한 '탈 것'이 아니다. 평범한 운송수단, 교통수단에 지나지 않던 자전거가 노랫말에 들어와서 때로는 자랑스러움이 되고 어떤 노래에서는 자유의 상징이 된다. 그리고 또 다른 노래에서는 아스라한 옛사랑과 추억의 매개체 역할을 하기도 한다. 자전거가 주인공이 된 노래 몇 곡을 골라 보았다. 자전거와 함께 음악여행을 잠시 떠나보시라.

가장 유명하고 가장 오래된 자전거 노래

대부분의 사람들이 자전거 노래하면 가장 먼저 떠올리는 것은 아마도 '따르릉 따르릉 비켜 나셔요'라는 가사로 시작하는 동요

'자전거'가 아닐까?

따르릉 따르릉 비켜 나셔요
자전거가 나갑니다 따르르르릉
저기 가는 저 사람 조심하세요
어물어물 하다가는 큰일납니다

따르릉 따르릉 이 자전거는
울 아버지 장에 갔다 돌아오실 때
꼬부랑 꼬부랑 고개를 넘어
비탈길로 스르르르 타고 온대요

자그마치 1933년에 나온 노래다. 작곡을 한 김대현이 중학생 때 습작으로 만든 곡조에 보통학교(지금의 초등학교) 5학년생 목일신이 노랫말을 붙였다. 중학생 작곡 초등학생 작사 노래라는 것이 놀랍다. 장애인 가수 조덕배가 그의 대표곡 '꿈에'를 중학생 때 작사 작곡했다고 하니 노래를 만드는 감성은 나이를 먹는다고 더 좋아지는 것은 아닌 것 같다. 목일신은 이후 훌륭한 아동문학가가 되어 '누가 누가 잠자나'와 같은 동요의 가사를 만들기도 했다. 지금도 그의 고향 고흥에서는 해마다 목일신 동요제가 열리고 있다.

원래 가사는 '따르릉'이 아니고 '찌르릉'이었고, '저기 가는 저 사람'도 '저기 가는 저 영감'이었는데 국정 음악교과서에 수록되면서 노랫말의 일부를 수정했다고 한다. 그래서 가사가 좀 더 예뻐졌다.

이 노래에 나오는 자전거는 부의 상징이면서 편리한 생활 동반자의 모습이다. 지금으로 따지면 전기차 테슬라의 최고급 모델쯤 되는 것 아닐까.

재미있는 것은 보통의 상식으로는 자전거가 사람을 피해서 다녀야 하건만 이 노래에서는 멀쩡히 가는 사람더러 조심하라고 호통을 치고 있다는 사실이다. 심지어 '어물어물하다가는 큰일 난다'고 협박까지 한다. 요즘 같아서는 '한문철의 블랙박스'에 나올만한 도발적인 가사지만, 1933년 당시의 자전거가 얼마나 위세가 대단했던 물건인지를 잘 알려주고 있다.

2절에서는 아버지가 장에 갔다가 돌아오시는 평범한 일상이 노랫말이 된다. 왜냐면 자전거를 타고 돌아오시기 때문이다. 자전거 이전의 아버지는 장에 다녀오시는 길이 무척 고역이었을 것이다. 그런 피곤에 지친 아버지를 노랫말에 넣을 수는 없다. 하지만 노랫말 속의 아버지는 무척이나 유쾌해 보인다. 꼬부랑 고개를 자전거로 힘들이지 않게 넘고 비탈길로 스르르르 오신단다. 돌아오는 아버지의 자전거 바구니에는 아이들이 좋아할 엿이나 센베 과자가 담겨있을지도 모르는 일이다.

후일 목일신은 노랫말에 나온 아버지는 장에 다녀온 모습을 그린 것이 아니라 순회 목회에 나선 목사 아버지의 모습을 그린 것이라 밝힌 바 있다. 하긴, 요즘으로 치면 자동차 한 대 값이었던 자전거를 장보러 가기에 이용하는 집은 많지 않았을 것이다.

생활에 혁신을 가져다 준, 집안의 가장이 가장 중요한 경제활동을 하러 다녀올 때 그 시간을 놀랍도록 단축해줌으로써 가정의 평화까지 가져다 줄 것만 같은 노랫말이 원조 자전거 동요의 가사다.

88년 만에 나타난 가장 강력한 도전자

1933년 자전거 노래가 나온 이후, 2021년 지금까지 수십곡이 넘는 자전거와 관련된 노래가 나왔지만 이 '따르릉 따르릉'을 넘어설 만한 노래는 감히 없었다. 그 어느 노래가 초등학교 1학년 입학 후 음악시간에 바로 배우게 될 이 국민동요를 뛰어넘을 수 있었겠는가. 그런데 지난 여름, 이 난공불락의 요새를 넘어설 수 있을지 모를 자전거 노래가 하나 나왔다.

> 두 발을 구르며 볼 수 없는 그댈 마주해
> 언제나처럼 날 맞아주는 몇 센치의 떨림
> (중략)
> 지평선을 걸어가 또 굴러가
> 우리가 정한 저 소실점으로
> 슬프면 자전거를 타자
> 바람을 두 발 아래 두자

오 자전거를 타자

두 팔을 자유로이 벌리며

(중략)

가끔은 굴러가게 돼 자전거 바퀴처럼

찾을 게 있어 오후의 간식처럼

이 작은 순간을 위해 살아온 것 같아

두 바퀴 위에선 다 사사로운 한낮의 꿈

답답한 일상에서 벗어날 수 있는 탈출구, 또는 자유의 상징으로써 자전거를 노래하고 있다. 노래 제목은 바이시클BYCYCLE, 부른이는 RM.이다. RM이 누구인가. 빌보드 역사상 처음으로 한국어 노래로 1등을 차지하며 K-POP의 역사를 새로 쓰고 있는 그룹 방탄소년단BTS의 리더 김남

BTS 멤버 RM이 만들고 부른
〈바이시클〉의 동영상 자켓

준의 예명이 RM이다. 그가 그룹 활동과는 별개로 2021년 6월 발표한 솔로곡이다. 이 노래의 프로듀싱, 작사, 편곡에 직접 참여했다고 하며, 신곡을 발표하는 사연까지 덧붙였다.

"늘 자전거에 대해 노래를 만들어보고 싶었습니다. 우여곡절 끝에 2-3월에 정신없이 자전거를 타고 여기저기를 쏘다니며 기타연주 위에 멜로디와 가사를 얹어 완성하게 되었습니다. 정말로 자전거를 타면서 노랫말을 만들었습니다. 저는 자

전거를 타는 것이 늘 설레지만, 페달에 두 발을 얹으면 언제나 조금 슬픈 기분이 돼요. 무언가 그리운 것들이 많아서인지. 이유는 저도 잘 모르겠어요. 아마 면허가 없어 아직 차를 운전해 보지 못해 그런지도 모르겠네요. 여튼 제겐 드물게 물리적으로 가장 자유롭다고 느껴지는 시간입니다.

그런, 연습생 때부터 늘 자전거를 타오며 생각했던 잡히지 않는 흐릿한 풍경들을 노래로 옮겨보고 싶었어요. 작은 선물처럼 들어주시고 받아주신다면 저는 더없이 기쁠 것 같습니다. 나날이 좋은 날입니다. 슬프면 자전거를 타자구요. 저도 늘 그럴게요."
                                                          - 남준

이 곡을 발표하기 몇 년 전부터 그의 자전거 사랑은 꽤 알려져 있었다. RM은 BTS가 빌보드 1위에 오른 후에도 자전거로 출근하거나 자전거를 타며 이곳 저곳을 여행하는 소탈한 모습을 인스타그램과 같은 SNS에 올렸다. 팬들은 그가 자전거를 타고 다녔던 코스를 따라 다녔다. 이를 '남준투어'라고 부르기도 했는데 자전거가 갈 수 있는 곳이 대부분 그렇듯 큰 노력을 기울이지 않고도 쉽게 찾아갈 수 있는 평범함 때문에 큰 인기를 끌기도 했다. 발표 1개월도 지나지 않은 시점에서 그의 노래는 유튜브 조회수 1천만회를 넘겼다. BTS의 팬덤으로 봐서 그 숫자는 계속 늘어날 것이다. 이 정도면 국민 동요 자전거와 한 번 겨루어볼 수 있지 않을까.

1933년과 2021년, 88년의 시차를 두고 2대의 자전거가 만나 사람들 입에서 입으로 불리며 행복한 상상을 만들어주고 있는 것이다.

어쩌면 세계에서 가장 유명한 자전거 노래

우리나라는 그렇다 치고 그럼 세계에서 가장 유명한 자전거 노래는 무엇일까. 2018년 영화 보헤미안 랩소디의 흥행으로 그룹 퀸 Queen을 회상하는 사람들이 부쩍 늘었다. 이 전설적인 록그룹 퀸의 대표곡 중에 바이시클 레이스Bicycle Race라는 노래가 있다. 제목 그 자체로 자전거 경주이니 두말 할 것이 없다. 퀸의 유튜브 구독자수만 해도 1천500만명이고 이 노래를 아는 사람만 해도 수억은 족히 될 터이니 세계에서 가장 유명한 자전거 노래라고 하기에 부족함이 없다.

바이시클 레이스는 1978년 11월에 발표된 앨범 JAZZ에 수록된 곡인데 사실 여기에는 자전거를 타는 여성의 뒷모습에서 영감을 받았다는 노래도 한 곡 실려 있다. 기타리스트 브라이언 메이가 작곡한 팻 바텀 걸스Fat Bottomed Girls가 그것인데 아쉽지만 가사에는 자전거가 등장하지 않는다.

몽트뢰에 있는 프레디 머큐리 동상

퀸의 자전거 노래 이야기를 하기 위해서는 스위스의 아름다운 휴양지 몽트뢰Montreux 설명을 빼놓을 수 없다. 퀸의 리더 프레디 머큐리가 인생을 바쳐 가장 사랑했던 도시가 바로 이 몽트뢰다. 마을의 가장 아름다운 곳, 로만호수를 바라보는 그 자리에 프레디 머큐리의 동상이 그의 시그니처라 할 수 있는 자세를 취하고 있다.

그는 "마음의 평화를 얻으려면 몽트뢰로 가라"는 말을 남겼을 정도로 그 곳을 제2의 고향으로 생각하고 아꼈다. 머큐리의 뜻에 따라 퀸은 스튜디오를 이곳으로 옮겼고, 여기서 많은 음악적 영감을 얻으며 앨범 작업을 한 것으로 알려진다.

바이시클 레이스는 이 시기에 만들어졌다. 1978년 투르 드 프랑스 대회의 18 스테이지(모흐진느Morzine ~ 로잔Lausanne)가 몽트뢰를 지나면서 퀸의 멤버들이 투르 드 프랑스를 관람하는 기회가 있었는데 이 해 가을에 발표된 앨범 JAZZ에 앞의 두 노래가 실린 것이다. 프레디 머큐리가 작곡한 Bicycle Race의 가사 중에 브라이언 메이가 작곡한 Fat Bottomed Girls라는 표현이 그대로 있어서, 누가 먼저 자전거를 소재로 곡을 만들었는지에 대해서는 의견이 분분하지만 뭐 어떻겠는가.

퀸의 명곡 〈바이시클 레이스〉
싱글 앨범 표지
선정적이라는 이유로 다소
수정이 된 버전이다

세계에서 가장 아름다운 자전거 경주를 보며, 세계에서 가장 뛰어난 천재 아티스트 2명이, 이토록 멋진 노래를 2곡이나 만들어냈으니 그것으로 감사할 뿐이다.

Bicycle, bicycle, bicycle
I want to ride my bicycle
I want to ride my bike
I want to ride my bicycle

난 자전거를 타고 싶어

I want to ride it where I like

내가 좋아하는 곳으로 타고 가고 싶어

(중략)

Bicycle races are coming your way

자전거 경주가 이제 막 시작해

So forget all your duties, oh yeah

의무 따윈 모두 잊어버려

Fat bottomed girls, they'll be riding today

풍만한 여자들이 오늘 달릴 테니

So look out for those beauties, oh yeah

그 아름다움을 느껴보자고

On your marks! Get set! Go!

제자리! 준비! 땅!

Bicycle race, bicycle race, bicycle race

Bicycle, bicycle, bicycle

(후략)

이 노래 가사에는 Bicycle 단어가 무려 36번이나 등장할 만큼 노랫말 전체가 자전거로 채워져 있다. 무슨 일이 있어도 자전거를 타고야 말겠다는 의지가 역력히 보이지 않는가. 사실 가사만 따로 떼어놓고 보니 다소 우스운 감이 있는데, 퀸의 화려한 연주와 현란한 음률, 머큐리의 소름 돋는 가창력을 얹어서 노래를 듣는다면 당장 자전거를 타러 나가고 싶어질 정도다.

전라의 여성 수십명이 등장해 문제가 되었던 퀸의 뮤직비디오 '팻 바텀 걸스 레이스' 중 한 장면

노랫말에는 슈퍼맨과 스타워즈가 등장하기도 하고, 서부극의 대표 배우인 존 웨인이 나오기도 한다. 존 웨인 바로 뒤에 미국 대통령을 언급해 존 F 케네디를 연상하도록 유도하면서 거침없고 모순적인 표현들로 당대의 이슈를 전하고 있다. 베트남 전쟁이나 워터게이트 사건과 같이 복잡한 일들에서 벗어나 자유롭게 자전거를 타며 어디론가 떠나고 싶다는 이야기다. 자전거를 타며 일상의 스트레스를 해소하는 사람들이라면 이 빠른 템포의 노래를 듣는 내내 흐뭇한 미소가 절로 지어진다. 헌데 이 노래는 생각보다 우리나라에서는 많이 알려지지 않았다. 여기에는 재미있는 이유가 있다.

JAZZ 앨범에 수록되었지만 팻 바텀 걸스와 바이시클 레이스 두 곡이 하나의 싱글 앨범으로 발매되기도 했는데 이 앨범의 재킷 사진이 누드로 자전거를 타는 여성의 모습이었기 때문이다. 우리나라뿐 아니라 어떤 나라에서도 그 재킷 그대로 판매할 수 없었던 것은 당연한 일. 영국에서도 UK 싱글 차트 11위에 오르며 큰 인기를 얻었지만, 앨범 재킷 논란으로 일부 도매상들이 판매를 거부해 올누드에서 핑크색 그래픽으로 여성의 하반신을 가리면서 겨우 판매를 시작하기도 했다. 재킷뿐만 아니라 뮤직비디오도 전라의 여성

수십 명이 웸블리 스타디움에서 자전거를 타는 모습을 촬영했는데, 이 역시 논란이 되면서 뮤직비디오 전체가 공개되지 않고 라이브 공연 현황과 함께 편집되면서 노출을 최소화하는 수준으로 변경되었다. 현재 퀸의 공식 유튜브 채널(Queen Official, 구독자 1천 470만 명)의 영상은 휴대전화로 성인인증을 해야 볼 수 있다.

그리고 빼놓을 수 없는 자전거 노래 이야기

자전거를 그룹의 이름으로 한 뮤지션들도 꽤 있다.

대표적인 팀이 '너에게 난, 나에게 넌'으로 유명한 '자전거 탄 풍경'이다. 요즘 50~60대가 딱 좋아할만한 어쿠스틱 포크 그룹으로 작은별 가족 출신 강인봉과 여행스케치 출신 김형섭, 솔로 가수 송봉주 세 사람이 2001년 결성했다. 원래 '세발자전거'로 활동을 하고 있던 강인봉, 김형섭과 '풍경'의 송봉주가 합쳐져 만들어졌기 때문에 자전거 탄 풍경이 되었다고 한다.

그림처럼 아름다운 그룹의 이름과는 달리 아쉽지만 이들의 노래에는 자전거가 등장하는 곡은 없다.

송창식 조영남과 함께 대한민국 포크계를 이끌었던 트윈폴리오의 윤형주는 1973년 12월 그의 앨범 '새노래 모음'에서 A면 세 번째 곡으로 '즐거운 자전거 하이킹'을 발표했다. 세시봉으로 상징되는 대한민국 가요 황금시기에 나온 첫 자전거 노래인 듯 하다. 순수 창작곡은 아니고 하와이 민요에서 곡조를 따온 번안곡으로 '저기 산이 온다 산이 간다 들이 온다 들이 간다. 우리 모두 힘껏 달리

자. 길을 따라 달리는 자전거엔 모두 즐거운 마음들. 동그라미 두 개가 달려가는 멋진 자전거 하이킹'라는 다소 건전가요 느낌의 가사를 붙여놓았다. 지금에야 기겁을 할 가사지만 1970년대 초반이라는 당시 상황에서는 꽤나 흥겹게 불렸을 법 한 노래다.

1986년에 김진영이라는 가수는 '여의도 광장에 자전거를 타러 가자'는 노래를 만들었다. 지금은 공원이 되어버려 사라진 여의도 광장(당시 오일육광장이라고 불리기도 했다)에서 주말만 되면 자전거를 타러 나온 수만의 인파를 보는 것은 80년대를 기억하는 이들에게 아련한 추억이기도 하다.

자전거가 코끝 찡한 추억이 되는 노래는 또 있다. 1993년 2인조 록밴드 봄여름가을겨울은 4집 앨범 A면 세 번째 곡으로 '잃어버린 자전거에 얽힌 지난 이야기'를 발표했다. 그들의 명성에 비해 노래가 많이 알려지지는 않았지만 가사를 음미해보면 시골집 한 구석 버려진 듯 놓인 자전거의 서정적 풍경이 떠오른다.

집 앞에 놓여진 낡은 자전거 이미 오래 전이지만
문을 나서다 문득 깨달은 주인 잃은 기억과 아쉬움
(중략)
하늘만 쳐다 보아도 행복을 느끼던 시절
이제는 저멀리 자전거에 얽힌
지난 이야기 속으로 사라져가고
지금은 잊었지만 가슴 속 깊은 곳에
추억의 짙은 향기 남겼지

1997년 장필순은 5집 '나의 외로움이 널 부를 때'에 '빨간 자전거 타는 우체부'라는 제목의 노래를 A면 여섯 번째 곡으로 실었다. 이 앨범은 2007년 발표한 한국 대중음악 100대 명반에서 15위를 차지하기도 했다.

노랫말 속에서 자전거를 찾아내는 일은 즐거운 작업이었다. 1933년의 초등학생 목일신부터 2021년 가장 핫한 팝그룹 BTS의 리더 남준, 전설이 된 록그룹 퀸과 대한민국 포크음악의 전성기를 만들었던 윤형주까지.

자전거라는 이 단순한 탈 것으로부터 영감을 받아 자전거가 주는 기쁨과 자유로움, 애틋함을 전달하고자 했던 이들의 이야기를 정리하며 그들이 느꼈던 감정을 어렴풋하게나마 함께 할 수 있었던 것에 행복했다.

명화 속 자전거

일진에 학교 강의를 하다가 자전거를 대충 그려야 하는 상황을 만난 적이 있었다. 평생 자전거를 보아 왔으니 간단할거라 생각했는데, 이게 참 어려웠다.

그냥 단순하게 원을 두 개 그리고 그 사이에 삼각형을 넣고, 핸들과 안장을 붙이면 될 것 같아서 그리 해 보았지만 막상 화이트보드 위에 그려진 자전거는 어딘가 어색한 모습.

강의를 마치고 뭐가 문제일까 싶어 간단하게 잘 그린 자전거 픽토그램을 찾아보니, 아 가운데 들어가야 할 삼각형이 하나가 아니라 두 개였구나. 삼각형 두 개를 마름모꼴로 붙인 다음 뒤쪽 삼각형 꼭지는 뒷바퀴 중앙에, 앞쪽 삼각형은 앞바퀴 위 공간으로. 그리고 두 개로 붙은 도형의 아랫변을 따라 위로 선을 쭉 뽑아 올려 안장을 그리고 앞바퀴 중앙에서 선을 하나 뽑아 앞쪽 꼭지에 붙이니, 어! 그럴 듯하다.

자전거 그림을 그리기가 생각만큼 쉽지 않은 것은 작자의 머릿속에 자전거에 대한 구조가 잘 정립되지 않았기 때문이리라. 그만큼 자전거는 간단해 보이지만 복잡하다.

사람들은 자전거를 언제부터 그리기 시작했을까. 자전거가 미술 작품의 소재로 등장한 것은 언제부터일까. 세계 최초의 자전거가 1817년 독일에서 발명된 드라이지네Draisienne였으니 그 이후의 그림을 찾아봐야 하는 것은 당연한 일일 것이다.

사실 고대로부터 원래 그림을 비롯한 예술은 신들의 영역이었다. 노래도 그렇고 건축도 그랬다. 넘볼 수 없는 힘을 가진 절대자를 찬양하기 위해 인류의 조상들은 노래하고 그림을 그리고 땀을 흘렸다. 거기에 인간이 만든 자전거가 들어갈 틈이 없었다.

그림에서 신들이 창조한 경이로운 아름다움을 찬양하는 사조는 꽤 오래 갔다. 여기에 작은 균열을 일으킨 것이 19세기 말 프랑스 회화계에 등장한, 속칭 '인상파'라고 불리는 인상주의 화파 Impressionism art다. 신을 바라보던 근엄한 예술은 인상주의에 들어서야 대중의 것이 되었다.

19세기 말은 자전거 역사에서 오디너리 하이 휠Ordinary high wheel을 거쳐 지금 모습의 자전거가 개발되어 막 대중화 되기 시작했을 무렵과 정확히 일치한다. 자전거 산업이 비약적으로 발전하기 시작함에 따라, 일부 귀족의 소유물이었던 이 두 바퀴의 탈 것이 사람들의 생활 속으로 파고들기 시작한 것이다.

인상파 화가들은 '보이는 그대로의 그림'을 존중했다.

바닷물은 원래 파란색에 가깝지만 햇살에 비친 바닷물은 금색일 수도 붉은색 일 수도 검은색일 수도 있다는 것이 인상파 화가들의 생각이었다.

인상파 화가들은 이와 더불어 당시 유행하기 시작하던 실증주의와 사실주의의 흐름에 맞춰 일상의 소품들도 그림의 소재로 삼기 시작했다. 그림을 신의 영역에서 인간의 영역까지 끌어내린 현실적인 이 화가들이 19세기 말 유럽사회를 뒤흔들었던 인기 아이템인 자전거를 놓칠 리 만무했다.

자전거, 인상파 화가들의 소품이 되다

아래는 자전거가 그림의 주인공으로 등장한 작품 중 가장 오래된 것으로 추정되는 그림이다. 1849년에 러시아 상트페테르부크에서 태어나 1935년에 파리 몽파르나스에서 생을 마감한 프랑스인상파 화가 장 베로Jean Béraud의 작품.

장 베로 〈불로뉴 숲의 자전거 별장〉

제목은 '불로뉴 숲의 자전거 별장Le Chalet du cycle au bois de Boulogne'이다. 19세기 말 자전거 동호인들의 사교모임으로 보이는 풍경을 담고 있는 그림인데 마치 사진을 보는 것처럼 사실적으로 상황이 묘사되어 있다. 그림이 완성된 정확한 연도는 기록으로 남아 있지 않지만 그가 파리에서 왕성한 작품활동을 하던 시기가 1880년대였던 것으로 미루어 대략 그 즈음으로 추정하고 있다.

장 베로는 다른 인상파 화가들이 눈에 보이는 그대로의 풍경을 찾아 산과 들을 떠돌 때 파리 도심에서 사람들의 삶을 관찰하며 집중했다. 그가 일상을 포착하는 방식은 대단히 독특했는데, 파리사람들의 리얼한 모습을 담기 위해 마차 안에 숨어서 그림을 그렸다고 한다. 아틀리에로 개조한 마차에 천막을 걸고 작은 창을 낸 후 밖에서 안을 볼 수 없도록 했다니, 요즘으로 치면 캔디드 포토 작가인 셈이다.

그가 이 자전거 동호인들의 한 장면을 캔버스에 담은 데는 숨겨진 일화가 하나 있다. 그의 어머니가 돌아가시기 전 그토록 꿈꾸던 것이 '자전거를 타는 것'과 '바지를 입는 것'이었다는 이야기. 자전거를 타기 위해 치마형 바지 블루머가 고안되고 그로 인해 여성인권이 신장되었던 시절이니 지금은 무척이나 간단한 그 행위가 한 여성의 소원이 될 수 있었으리라. 작품 속 한 가운데 검은 삭스에 블루머를 입고 자전거를 타기 위해 페달에 발을 올리는 귀부인의 모습에서 장 베로는 어머니를 추억한 것은 아닐까.

그림의 무대가 된 불로뉴 숲은 파리 시내 중심부에서 서쪽으로 약 3km정도 떨어진 거리에 있으며, 여의도 면적의 3배에 달하는 널찍한 삼림공원이다. 오래전부터 귀족들의 사냥터로 이용되던 숲을 19세기 중순 나폴레옹 3세가 공원으로 정비하면서 경마장과 승마코스, 자전거 도로를 설치했다고 한다. 자전거라는 희대의 발명품이 유럽을 강타하면서 이와 관련한 새로운 사교 문화가 생기기 시작했고 귀족들의 자전거 동호회가 만들어져 불로뉴 숲에서 모임을 갖게 되면서 이 숲은 파리의 명소로 자리 잡게 되었다.

몇 개의 점으로 또 파스텔로 표현한 자전거

장 베로와 거의 같은 시기를 살았던 프랑스 파리 태생의 폴 시냐크Paul Signac 1863~1935 라는 화가가 있다. 인상파 대표주자 모네의 영향을 받아 그림을 시작했고 젊은 날에는 조르주 쇠라, 빈센트 반고흐 등과 교류하며 작품세계를 발전시켜 종국에는 신인상파의 대표적인 화가로 자리잡은 거장이다.

폴시냐크 〈벨로드롬〉

주로 무수한 점으로 사물과 풍경을 표현하는 점묘화를 그렸는데 화풍이 대단히 독특해 초반에는 대중들의 큰 관심을 끌지 못했다고 한다.

그가 사이클 경기를 본 경험을 바탕으로 1899년에 그린 그림이 바로 '경륜장, The Velodrome' 이다. 캔버스의 크기가 작았던 것인지 작가가 의도한 것인지는 모르겠지만 벨로드롬 작품에서 점으로 표현되고 있는 자전거는 꽤 거칠다. 그의 초기작 '양산을 든 여인'이나 '우물가의 연인들'에서 보여지는 빛의 방향과 이에 따른 명함까지 표현한 점묘화와는 다소 거리가 있는 표현방식이다.

꼼꼼하고 치밀하고 반복적인 붓 터치를 통해 현실을 표현하는 것이 아니라 팔레트 위에 짜놓은 물감 그대로의 컬러로 툭툭 찍어내듯 그림을 그렸다. 그래서 이 그림은 거칠지만 생동감이 느껴지고 미술 문외한의 눈으로 보아도 조금 더 예술적이다. 자전거가 그림의 주인공으로 등장한 것에 한 발 더 들어가 자전거 경주와 그 경주장을 그린 그림이다.

파스텔 기법을 활용한 이탈리아의 인상주의 작가 페데리코 잔도메네기Federico Zandomeneghi 1841~1917도 비슷한 시기의 화가다. 그는 자전거를 소재로 몇 편의 그림을 남겼는데, 주로 블루머를 입은 여성들이 자전거를 타는 모습을 그려, 당시 여성 인권이 비상하게 향상되던 시기의 사회상을 잘 표현해냈다. 베네치아에서 태어났지만 34살이 되던 1874년 이후 파리에 머물렀다. 여기서 인상파의 드가와 교류하며 인상주의 화파에 합류한다.

잔도메네기가 그린 자전거의 특징은 '여성과 자전거'다. 앞서 설명한 장 베로와 폴 시냐크가 남녀를 구분하지 않고 파리의 생활 속으로 들어온 자전거를 그렸다면 잔도메네기는 '자전거를 타는 여성의 일상'에 집중했다.

그의 그림 '자전거 만남'에서는 2명의 여성과 2대의 자전거가 등장한다. 신이 만들어놓은 아름다움을 찬미했던 그 이전의 고전주의 작가들의 그림에서는 볼 수 없는 주인공으로써의 여성, 신문물

페데리코 잔도메네기
〈자전거 만남 (위)〉 과 〈바이클링 (아래)〉

을 받아들인 활동적인 여성상을 그려낸 것이다. 파스텔로 쓱쓱 그려내 몽환적인 분위기까지 풍기는 그의 그림에 등장한 자전거를 탄 여성들은 당시 "여자가 무슨 자전거냐, 자전거는 순결을 해치는 도구"라며 세간의 따가운 눈초리를 이겨낸 여권 신장의 주인공들이었다.

이 밖에도 많은 예술가들의 작품 속에서 자전거를 찾아볼 수 있는데, 앙리 드 툴루즈 로트레크 Henri de Toulouse-Lautrec 1864-1901 의 작품 '심슨 체인'은 자전거와 관련한 가장 유명한 회화 작품 중 하나다.

몽마르트의 작은 거인, 자전거를 화폭에 담다

프랑스 귀족 가문의 장남으로 태어난 로트레크는 비극적인 일생을 살다 요절한 천재화가다. 파리 몽마르트에서 술집이나 사창가를 소재로 과감한 표현 방식을 써가며 작품을 그려내 얻은 별명이 '몽마르트의 작은 거인'이다. 로트레크는 근친혼으로 인한 유전병으로 건강하지 않은 어린 시절을 보냈지만 그림에 재능이 있어 8세부터 어머니와 함께 파리로 이주해 유명 화가들에게 레슨을 받으며 생활했다. 하지만 14세에 사고를 당하면서 상체는 성장하지만 다리의 성장이 멈춰 성인이 되어서도 152cm에 지나지 않는 작은 키에 다리만 비정상적으로 짧은 모습을 갖게 되었다. 사고 이후 짧은 다리 때문에 당시 귀족들과 활동적인 취미를 공유하지 못하고 교류마저 끊어져 버린 로트레크는 오로지 그림에 집중하게 된다.

18세가 되던 1882년에는 파리의 아카데미 화가 레옹 보나의 화실에 들어가게 되었는데 여기서 빈센트 반 고흐와 같은 친구들을 사귀었다. 작업실을 몽마르트로 옮긴 후에는 본격적으로 인상파 화가들과 교류하며 당시 유행하던 카바레 물랭루즈에서 사회적 편견을 받던 창녀, 무희들에게서 아름다움을 발견하고 작품으로 옮기기 시작했다.

명문 귀족이지만 볼품없는 외모 때문에 그에게 무례한 행동을 하는 사람도 많았지만, 카바레, 사창가에서는 그를 대놓고 무시하지는 않았기 때문일지도 모른다. 사람들이 경원시 하던 주제를 표현하며 주목 받은 로트레크는 작은 거인이라 불리며 세간의 인정을 받았다. 하지만, 그의 마음 한 편에는 귀족의 품위를 지

로트레크 〈물랑루즈 라굴뤼〉

키며 그들과 어울리고 싶은 마음이 남아 있지 않았을까 추측해본다. 당시의 귀족들의 사교 모임에서 빼놓을 수 없는 것은 승마와 사냥과 같이 활동적인 것이 많았는데, 후천적 장애를 가진 그로서는 도저히 다가갈 수 없는 것이 현실이었다. 그의 작품 중에는 경마를 주제로 한 작품들도 찾아볼 수 있는데 역동적으로 움직이는 말을 그릴 때 그의 심정이 어느 정도 짐작되기도 한다. 말과 함께 그의 심정을 담은 주제가 바로 자전거다.

그의 작품, 아니 사실 작품이라기보다는 기업의 의뢰를 받아 만든 광고 포스터 '심슨 체인'에서는 로트레크의 갈망을 어느 정도 엿볼 수 있다.

앞서가는 선수를 따라잡으려고 하는 그림의 주인공은 당시 프랑스 사이클링 챔피언인 콩스탕 유혜Constant Huret다. 빠른 속도를 표현하기 위해 과감히 생략된 자전거와는 대조적으로 선수들의 다리 근육 표현은 섬세하다. 자신은 도저히 할 수 없는 것에 대한 동경이다. 지인 중에 자전거 잡지의 편집자이면서 자전거 경주장의 관리자가 있었던 로트레크는 그 덕분에 자전거 경주장에 자주 방문했다고 한다. 그러면서 자전거 관련 업계 사람들과도 친분을 쌓을 수 있게 되고, 그 중 한 명인 영국의 심슨 레버 체인Simpson Lever Chain 회사의 사장이 로트레크에게 광고 포스터를 의뢰를 한다.

상업 광고 의뢰를 받은 로트레크는 그것을 기회로 심슨 레버 체인의 사이클링 팀이 있는 영국까지 초청을 받아 방문했으며, 선수들과도 직접 교류하며 보다 가까이에서 자전거 경주를 접할 수 있었다. 영국에 가지 않고도 충분히 그림을 그릴 수 있었을 터이지만, 굳이 바다를 건너 영국까지 간 것은 로트레크가 갖고 있는 자

로트레크 〈심슨 체인〉 포스터

전거에 대한 관심과 열정을 잘 설명해준다.

물랭 루즈의 화려한 포스터, 피곤에 지친 창녀들의 모습, 음침한 조명 아래 춤을 추는 무희들까지 로트레크의 작품들은 남들이 원하는 그림이 아니라 자기가 그리고 싶었던 것들이 대부분이다.

하지만 이같은 자유분방한 그의 성향은 심슨체인 포스터에서 다소 억제된 모습으로 나타나고 있다. 그림에서 가장 정성들여 표현한 것은 자전거를 탄 사람도 자전거도 아닌 의뢰받은 아이템인 '체인'이다. 요즘에야 당연한 것 아닌가 싶지만, 19세기 당시 상업 광고라는 것은 생각도 할 수 없었던 파리 예술가들의 입장에서는 꽤나 신선한 충격이었으리라.

심지어 로트레크는 광고주의 기분까지 배려했다. 그림 한 가운데 경기장 중앙에서 검은 모자를 쓰고 경기를 지켜보고 있는 사람은 의뢰자인 심슨 체인의 사장 윌리엄 심슨이다.

이 것이 다분히 상업적이면서 자본주의의 가치를 따른 것인지, 아니면 그의 천재성을 알아보고 거금을 들여 상업 광고를 맡긴 사람에 대한 호감의 표현인지는 로트레크만이 알 일이다.

귀족가문의 금수저로 태어나 불의의 사고를 당하고 갖게 된 신체적 장애. 이를 딛고 당대의 거장과 어깨를 나란히 했던 로트레크는 그림을 통해 현실에서는 느낄 수 없는 기쁨까지 경험할 수 있었을 것이다. 그가 그린 자전거는 그가 갖지 못했던 것에 대한 열정과 소망이었다.

경주가 아닌 여정이니까
그 순간을 즐기자.

It's not a race, it's a journey.
Enjoy the moment.

Pres. Dieter F. Uchtdort

자전거와 현대 예술

아시다시피 필사는 여행업을 꽤 오래했다. 그것도 가이드가 있는 패키지여행을 주로 판매하는 '종합여행사'의 대표로 말이다. 자전거회사에서 이십여 년, 여행사에서 십여 년을 일하다보니 자전거와 세계여행이 많이 닮아있음을 느끼는 경우가 종종 있다.

자전거와 세계여행(보통 해외여행이라는 표현을 쓰지만, 개인적으로는 세계여행 쪽이 좀 더 진취적이고 적극적인 느낌이라 선호한다)의 닮은 점이라니.

구체적인 하나의 사물과, 수많은 인간의 행동이 결합된 하나의 개념이 과연 어떻게 비슷할까.

첫째, 일단 신체적 건강과 정신적 여유가 없으면 도전하기 힘들다는 점이 같다. 둘째, 쉴 새 없이 움직이며 나아가야 한다는 것 그러면서도 때로는 쉬어주지 않으면 안 된다는 것이 닮았다. 셋째, 젊을 때보다 나이 들어서 할 때 더 멋지다는 점이 공통된 특징이다. 무엇보다 자전거와 세계여행 모두 이를 즐기지 못하는 사람들에게는 선망의 대상이 된다는 것이 신기하리만치 닮았다. 자전거 말고 잠깐 세계여행이란 주제로 이야기를 시작해볼까 한다.

프랑스 파리에서 만날 수 있는 아름다움

최근 몇 년 들어 가장 인기 있는 세계여행의 행선지는 단연코 유럽이다. 말이 '유럽' 한 단어이지, 작은 나라들까지 포함하면 46개의 나라가 있고 그 중에서 한국인이 꼭 가보고 싶어 하는 나라만 해도 20여개가 넘는다. 말 그대로 여행사 입장에서는 '마르지 않는 샘'과도 같은 지역이다.

유럽을 한 번 여행한 사람은 반드시 다시 유럽을 찾는다. 입문단계로 서유럽을 여행했다면 그 다음엔 동유럽, 북유럽, 지중해 순으로 해마다 여행을 떠난다. 웬만큼 나라를 섭렵했다 싶으면 그간 다녀온 나라들 중에서 가장 좋았던 나라 하나만 또 일주일 이상 여행을 한다.

그런 유럽 여행자들이 가장 먼저 보고 싶어 하는 도시가 바로 프랑스의 수도 파리다. 유럽여행 입문 필수코스라 할 수 있는데 그 이유는 바로 '아름다움' 때문이다. 세계에서 가장 유명한 랜드마크인 에펠탑과, 소설과 영화 속에 빠지지 않고 나오는 몽마르트 언덕, 샹젤리제 거리와 개선문, 노트르담 대성당의 위엄, 세느강을 따라 흐르는 유람선까지. 파리에서는 그 어느 것 하나 간단히 보고 넘길 것이 없다.

예술과 낭만, 패션이 넘실대는 그런 파리에서 가장 아름다운 곳을 뽑자면 단연코 미술관과 박물관을 떠올리게 된다. 랜드마크야 한 번 보고 인증사진 한 장 찍고 나면 끝일지 모르지만 미술관과 박물관에서 만나는 중세와 근대, 현대의 예술가들은 아무리 자주, 오래 보아도 부족함이 없다.

파리에는 3대 미술관이 있다.

영화 다빈치 코드의 무대 루브르 박물관Louvre Museum과 기차역을 개조해 예술품 전시공간으로 만든 오르세 미술관Orsay Museum, 현대미술의 최고봉 퐁피두센터Pompidou Center 국립근대미술관이다.

이 3대 미술관의 역할은 무척 간단히 나누어져 있는데 루브르 박물관이 르네상스 시대, 오르세 미술관이 19세기 작품, 퐁피두센터 국립근대미술관은 현대예술을 전시하고 있다.

고대부터 1848년 2월에 일어난 '2월 혁명' 이전의 작품을 전시하고 있는 루브르 박물관에는 모나리자, 비너스와 같이 미술에 대한 관심이 없는 사람들에게도 친숙한 명화와 예술품들이 많이 있다.

1848년부터 1차 세계대전 이전의 예술 작품이 모여 있는 오르세 미술관에서는 누구나 한 번쯤은 이름을 들어봤을 고흐, 고갱, 세잔, 로댕 등의 19세기 미술 절정기의 작품들을 만날 수 있다. 퐁피두센터 국립근대미술관에는 1차 대전 이후의 현대 미술이 전시되어 있다. 파리의 3대 미술관의 전시 기준으로만 본다면 다소 난해하게 느껴지는 현대 미술의 시작점은 1918년에 끝난 제1차 세계대전의 종료지점이 된다.

자, 이제 다시 자전거 얘기로 돌아가 볼까 한다.

바로 이 시기, 제1차 세계대전이 끝난 즈음은 자전거가 현대예술의 소재로 등장한 때이기도 하다. 지금의 자전거와 모양이 거의 같은 세이프티형 자전거가 대량 생산되어 일상생활 속에서 쉽게 자전거를 볼 수 있게 되었기 때문이다.

신들을 찬양하던 중세와 르네상스, 보이는 그대로의 풍경과 인간 내면을 탐구하기 시작했던 19세기를 거쳐 일상생활 속의 소재로 예술을 표현하는 현대예술의 단계에 들어와 자전거 역시 예술작품의 주인공이 되었다. 현대예술 속의 자전거는 그 전의 인상파 화가들 그림 속에서 표현되었던 것과는 사뭇 다른 느낌으로 등장한다.

현대 미술의 새로운 개척, 마르셀 뒤샹의 자전거 바퀴

1887년 프랑스 노르망디의 작은 마을에서 태어난 마르셀 뒤샹 Marcel Duchamp 1887~1968. 먼저 예술가가 된 두 형(자크 비용, 뒤샹 비용)을 따라 예술가가 되기로 결심한 그는 당시 유행하기 시작한 피카소의 입체주의에 영향을 받았다.

1912년 '계단을 내려오는 누드'를 발표했지만 정숙하지 못한 그림이라며 입체파의 주류 화가들에게 비난을 받았다. 이에 마르셀 뒤샹은 프랑스 미술계를 떠나 미국에 정착하고, 1913년 뉴욕에

서 같은 그림을 전시했다. 미국에서 그의 그림은 프랑스의 차가운 반응과는 정반대로 큰 인기를 얻으며 단 하나의 그림으로 인기 화가의 반열에 오르는 역사를 쓰게 되었다. 대중의 인기를 기반으로 그는 당시 예술계의 집단주의를 비판하기도 했으며, 미술의 창조와 해석에 대한 생각을 근본적으로 바꾸어놓는 작품 '자전거 바퀴

마르셀 뒤샹 〈자전거 바퀴〉

163

bicycle wheel, 1913'를 발표했다. 자전거 바퀴와 의자, 두 개의 평범한 기성품을 연결하여 새로운 형태와 의미를 부여하며 '이미 만들어져있다'는 뜻의 '레디메이드readymade'라는 예술 창작 형태의 새로운 개념을 선보였다.

마르셀 뒤샹이 자전거 바퀴를 소재로 했다는 것은 20세기 초 이미 자전거가 일상 속에서 쉽게 볼 수 있는 기성품이 되었다는 것을 의미한다. '자전거 바퀴'는 몇 개의 다른 버전이 존재하는데 파리 국립근대미술관의 것은 직선형 포크를 이용하고 있고, 뉴욕 현대 미술관의 것은 곡선의 포크에 바퀴가 매달려 있는 형태다. 자전거의 앞바퀴와 핸들을 연결하는 포크는 보통은 곡선으로 되어 있지만, 산악용자전거와 같이 완충 장치(쇼크업소버 shock absorber)가 있는 경우는 직선의 포크를 이용한다. 하지만 마르셀 뒤샹이 직선의 포크로 레디메이드 예술품을 만들었을 당시 쇼크업소버가 있을 리 만무했을 터, 어째서 국립근대미술관의 전시품이 직선형 포크를 이용했는지는 뒤샹만이 알고 있을지 모른다. 모든 현대예술이 그렇듯 작가의 의도가 제대로 전달되지 않더라도, 관객이 어떠한 관점에서 보느냐에 따라 그 가치가 달라지듯 뒤샹의 직선과 곡선 포크는 어쩌면 아무 의미 없는 차이일 수도 있다.

세계에서 가장 비싼 피카소의 자전거

전쟁의 참상을 표현한 '게르니카Guernica, 1937'로 유명한 파블로 피카소Pablo Picasso, 1881~1973는 스페인 남부의 안달루시아 주 말

라가에서 태어났다. 지중해
연안에 맞닿은 남부 안달루
시아 지방은 전통적으로 투
우가 유명하며, 현재까지도
스페인의 투우사 중에는 안
달루시아 출신이 많다고 한
다. 투우로 유명한 지역에

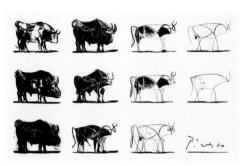

피카소의 11개 석판화 연작 〈황소〉

서 어린 시절을 보냈기 때문인지 피카소의 작품 중에 황소를 찾아
보는 것은 어렵지 않다. 게르니카에서도 전체주의를 표현하기 위
해 황소를 그렸으며, 11개의 석판화 연작인 '황소The Bull, 1945'도
그의 작품을 이야기 할 때 빼 놓을 수 없는 작품이다. 황소의 모습
을 꾸준히 관찰한 그는 굵직한 선으로 황소의 근육이나 질감을 표
현한 11마리의 황소를 그렸는데, 첫 번째 그림은 실제 황소를 빠르
게 스케치한 크로키에 가까운 모습이며 세 번째 황소에 가면 거의
실사와 같은 완전체 황소가 된다. 네 번째 그림부터 점차 단순화,
추상화되는 과정을 거치는데 11번째 황소는 결국 몇 개의 선만으
로 표현하고 있다.

　이 단순화의 과정이 11마리의 황소라는 매개체를 통해 기가 막
히게 표현되었는데, 현존하는 기업 중에서 디자인으로 가장 성공
한 메이커인 애플이 바로 이 피카소를 벤치마킹해서 성공할 수 있
었다는 이야기가 나올 정도로 예술계뿐만 아니라 산업 전반에 큰
영향을 주었다.

　피카소가 1942년 발표한 '황소머리Bull's head'라는 작품은 그냥
동네 철물점에 걸려있을 법한 단순한 오브제다. 자전거 안장과 핸

들을 용접으로 붙여 황소머리를 닮은 모습으로 만들어 놓은 것, 그것이 끝이니 말이다.

피카소를 이야기하는 책들은 황소머리 작품의 재미있는 탄생비화로 '어느 날 뒤죽박죽 섞인 물건 더미 근처에서 자전거 안장과 핸들을 발견하고 이를 연결했더니 황소머리가 되었다'라 얘기하는데 솔직히 이것이 탄생 '비화'인지, 재미있는 에피소드인지 잘 모르겠다. 다만 감탄할 만한 것은 고철더미 속의 자전거에서 안장과 핸들의 드롭바를 분리해 거기서 황소 머리를 찾아낸 피카소의 안목인데 사실 이것도 수십년 전 우리나라 자전거포의 꼬마들도 누군가는 시도해 봤음직한 조합이 아닐까하는 생각도 든다.

자전거 안장과 핸들 손잡이로
만든 피카소 〈황소머리〉

아무튼 현대예술계에서는 피카소의 저런 시도를 '소쉬르 언어학의 핵심을 명확하게 표현한 작품'이라거나 '가장 단순한 조형이 아름다움을 줄 수 있는 사실을 증명했다'며 극찬하고 있다. 프레임과 휠도 없는 완성형 자전거도 아닌 안장과 핸들의 단순한 조합이지만 피카소가 만들었기 때문에 이 황소머리는 '세계에서 가장 비싼 자전거'로 불려지고 있다.

백남준의 작품 속 삼천리자전거

1984년 '굿모닝 미스터 오웰'이라는 세계 최초의 인공위성 생중계 쇼 프로그램이 방영된다. 뉴욕과 샌프란시스코, 파리를 잇는 당시로서는 전무후무했던 다원생중계 이벤트였는데, 놀랍게도 이 거대한 행사를 기획하고 연출한 사람이 바로 대한민국 태생의 미국인 백남준이었다. 세계 최초의 뮤직비디오를 만들고, 현대예술의 가장 중요한 장르인 '비디오 아트'의 창시자이기도 한 그는 고국인 한국보다는 외국에서 먼저 유명해졌고, 사망 15년이 지난 지금까지도 외국 예술계에서 더 높은 평가를 받고 있는 거장이다.

이 천재예술가 백남준도 자전거를 가지고 예술품을 만든 적이 있다.

백남준아트센터가 연전에 공개한 1993년작 '칭기즈 칸의 복권'이 그것이다. 아트센터는 이 작품을 이렇게 소개하고 있다.

'동양과 서양을 잇는 실크로드가 광대역 전자 고속도로로 대체된 것을 형상화한 작품으로 1993년 베니스 비엔날레 독일관에 전시되었다. 20세기의 칭기즈 칸은 말 대신 자전거를 타고 있으며, 잠수 헬멧으로 무

백남준 〈칭기즈 칸의 복권〉

장한 투구와 철제 주유기로 된 몸체, 플라스틱 관으로 구성된 팔을 가지고 있다. 자전거 뒤에는 텔레비전 케이스를 가득 싣고 있으며, 네온으로 만든 기호와 문자들이 텔레비전 속을 채우고 있다. 네온 기호들은 전자 고속도로를 통해 복잡한 정보들이 축약되어 전달 될 수 있는 가능성을 시사한다. 텔레비전 영상에서는 병에서 피

〈칭기즈 칸의 복권〉의
뒷모습

라미드로, 도기에서 주전자로 변형되는 여러 가지 마스킹 기법이 쓰이고 있으며 추상적인 기하학 패턴이 지속적으로 교체된다. 백남준은 〈마르코 폴로〉, 〈칭기즈 칸의 복권〉, 〈스키타이 왕, 단군〉, 〈알렉산더 대왕〉 등의 로봇을 통해, 교통 및 이동수단을 통해 권력을 쟁취하거나 지배하던 과거에서 광대역 통신을 이용한 소프트웨어의 발전을 통한 새로운 패러다임의 미래가 올 것을 강조한다.'

이 작품에 등장한 자전거가 바로 국산 삼천리자전거다.

쇠로 만든 잠수부 헬멧에 주유소 기계 몸통으로 만들어진 칭기즈 칸은 한국의 삼천리 자전거를 타고 세계를 누빈다. 작품 뒤 벽면에는 '황색 재앙, 그것이 바로 나다'라는 글이 적혀 있는데, 황색 재앙은 칭기즈 칸이 이끄는 몽골 군대가 유럽에 나타났을 때 백인들이 두려움에 떨며 외친 말이라고 한다.

거장 백남준이 1993년 베니스비엔날레에 독일 대표로 참가해 황금사자상을 받았을 때 선보인 작품이다. 칭기즈 칸이라는 작품 제목에서도 유추할 수 있듯 그에게는 '몽골 코드'라는 것이 있었는데 백인이 주도하는 서구 미술계에 동양인으로 뛰어든 자신의 모습을 나타낸 것이 아닌가라는 해석이 있다. 왜 코리아 코드가 아니라 몽골 코드냐라고 반문할 사람이 있을지 모른다. 한국에서야 그를 '대한민국이 낳은 천재'로 부르고 있지만 1984년 굿모닝 미스터

오웰이 전세계에 생중계 되면서 유명세를 타기 전까지 그의 예술
을 알아주는 이 하나 없었던 대한민국이었으니 그리 섭섭할 일은
아니다.

　백남준은 퍼포먼스 영상에서 몽고반점이 선명히 드러난 엉덩이
를 보여주는 퍼포먼스를 한 적도 있다. 그는 황색인종임을 자랑스
러워했을 것이며 근미래를 주도하는 나라가 아시아에서 나올 것임
을 알고 있었거나 희망했지도 모른다. 그런 면에서 서구에 던진 문
화적 충격으로 거대한 흐름을 바꾸는 그의 작품, 그 주인공 칭기
즈 칸이 타고 있는 것이 삼천리자전거라는 것은 꽤 기분 좋은 사실
이다.

전기 자전거 이야기

국내 전기자전거의
베스트셀러 삼천리자전거의
팬텀 마이크로

도구나 기계는 그 구조가 단순할수록 보수적으로 발전한다.

250만 년 전 타제석기에서 시작되었던 칼은 지금도 거의 비슷한 모양을 갖고 있지만, 역사가 150년 밖에 되지 않은 전화는 천지가 개벽할 만큼의 발전을 이루어냈다.

자전거는 그 구조의 단순함 때문에 대단히 보수적인 발전의 길을 걸어온 아이템이다. 최초의 자전거 셀레리페르Célérifère도 그 외관만 놓고 보면 현대의 자전거와 크게 다르지 않다.

230년이 넘은 보수적 발전의 역사에서 자전거는 크게 두 번의 기념비적인 '환골탈태'를 경험하게 되는데 첫 번째는 기어의 등장이고, 두 번째는 전기자전거의 출현이다.

전기자전거를 타는 사람은 나약한 사람일까?

자전거의 오랜 미덕은 '오직 사람의 힘으로만 움직인다'는 것이었다. 그 어떤 외부의 도움도 받지 않고 오로지 인력人力으로만 구동 가능한 이 탈것의 매력은 어떤 이에게는 한없는 자부심으로 또 다른 이에게는 자기 단련 과정의 만족으로 다가왔다.

전기자전거가 처음 시장에 나왔을 때 사람들은 "저건 자전거도 아니다"라고 얘기했다. 자전거가 오래도록 지켜온 그 자존심을 전기자전거에 탑재된 배터리와 모터가 상처를 낼 것이라는 우려 때문이었다.

그래서 전기자전거는 초기에 '몸이 약한 사람들이나 타는 보조 수단'의 이미지를 갖고 있었던 것도 사실이다. 그런데 이와 똑같은 일이 100년 전에도 있었다. 바로 기어의 등장이다.

19세기 말 지금 모습의 현대적 자전거가 등장한 이후 이를 편하게 타기 위한 노력은 계속되어왔다. 20세기 초에 서로 다른 크기의 기어를 이용하는 변속기어가 등장하기는 했지만 변속기에 의한 기어 변경이 아니라 손으로 직접 체인의 위치를 변경하거나 바퀴 탈거 후 기어를 변경하는 원시적 방식이었다.

당시 투르 드 프랑스 대회에서는 변속기어의 사용을 엄격히 금지하기도 했다. 기어 변속을 위해 자전거에서 내리고 갈아 끼우는 데 힘을 소모하면서 피로를 느낄 수 있기 때문이라는 이유 같지 않은 이유 때문이었다고 한다. 하지만 기어 변경 없이 알프스, 피레네의 가파른 산악 구간을 오르는 것은 프로 선수들에게도 결코 쉬운 일이 아니었다. 당시의 투르 드 프랑스의 코스는 하루에 450킬로미터를 주행하기도 하고, 알프스와 피레네산맥의 수많은 최고등급 언덕을 넘는 일도 예사로웠다. 저단과 고단을 자유로이 오가는 기어를 사용하는 현대의 선수들도 고전하는 구간인데, 기어가 없는 자전거로 오르는 것은 자전거 대회라기보다 극한의 도전에 가까웠다.

변속기어 사용을 금지했던 투르 드 프랑스

투르 드 프랑스의 창시자인 앙리 데그랑주Henry Desgrange는 오직 한 사람이 대회를 마칠 수 있더라도 그러한 험난함을 이겨낸 자야말로 진정한 승자라는 생각을 갖고 있었다. 그는 "변속기어의 실험에 대해서는 찬사를 보낸다. 하지만 변속기는 마흔다섯 살이 넘은 사람들을 위한 것이라고 생각한다. 우리는 갈수록 약해지고 있다. 변속기어는 후손들에게는 유용한 장비가 될 수 있지만, 나에게는 고정 기어를 달라"고 말하며, 변속기어를 달고 투르 드 프랑스에 출전한 선수를 탈락시키기도 했다. 그의 기준으로는 현대의 변속기어를 이용하는 자전거

변속기어 도입을 끝까지 반대했던
투르 드 프랑스의 창시자,
앙리 데그랑쥬

를 타는 사람은 그저 나약한 사람일 뿐이었다.

하지만 그의 고집은 오래가지 못했다. 찬반 논란을 종식시키기 위해 프랑스의 한 자전거 클럽이 기어가 있는 자전거와 없는 자전거의 대결을 진행한 것이다. 산악구간이 포함된 240킬로미터 구간의 승자는 당연히 변속기어를 장착한 라이더의 것이었다.

이후 투르 드 프랑스를 포함한 대부분의 자전거 대회에서 변속기어의 사용이 허용되면서 자전거의 인기는 보다 높아졌다. 기어 변경을 할 수 있는, '조금 더 타기 쉬운 자전거'는 입문의 장벽을 낮추었고, 자전거 산업을 더욱 크게 발전시킬 수 있었다. 두터운 마니아층을 보유하고 있는 고정 기어 자전거fixed-gear bicycle를 일부러 선택하지 않는 이상, 현대의 거의 모든 자전거에는 100년 전 나약한 사람을 위한 장치라 여겨졌던 변속기어가 달려있다. 물론 지금은 그 누구도 변속기어를 이용하는 사람을 몸이 약한 사람으로 보지 않는다. 누구나 쉽게 자전거를 즐길 수 있게 해주는 장치라 생각하거나, 어쩌면 자전거라면 당연히 갖추어야 할 기본 요소라고 생각할 수도 있다. 픽스드 기어 바이크의 애칭인 픽시fixie 자전거의 존재를 처음 알게 된 사람이 "어머 저런 자전거도 있었어? 신기하다"라고 말하는 상황이 된 것이다.

전기자전거의 과거와 미래는 변속기어의 도입 및 발전과정과 정확히 일치할 것이다. 조금이라도 자전거를 편하게 탈 수 있게 해주는 전기자전거의 수요는 점차 늘어날 것이다. 의학 기술이 발달하면서 평균수명이 길어지고, 건강한 노년층이 많아지는 것도 전기자전거 확산에 큰 영향을 주고 있다. 중장년 때 타던 자전거를 전기자전거로 변경하면 노년이 되어도 비슷한 수준으로 자전거를 탈 수 있기 때문에 심리적 만족감을 느낄 수 있다.

아직도 전기자전거를 노인자전거로 폄하하는 근육질(?)의 라이더들이 단골로 이야기하는 명분이 있다. "전기자전거는 운동이 되지 않아"라는 논리다. 하지만 천만의 말씀. 전기 구동계의 도움으로 강도 높은 구간을 편하게 지나면서 보다 오랜 시간 꾸준히 탈 수 있기 때문에 운동효과도 떨어지지 않는 것이 필자의 경험이다. 예전 같으면 엄두도 내지 못할 구간을 전기자전거의 도움으로 다녀온다. 너무 힘이 들어 두 세 시간만 타고 포기하고 말았던 주말 라이딩을 여섯 시간 일곱 시간까지 탈 수 있게 해주는 것이 전기자전거의 미덕이다.

머지않은 미래에는 백 년 전 변속기어의 운명과 마찬가지로 전기자전거도 편안하고 효율적인 라이딩을 위한 자전거의 기본 요소가 될 수 있지 않을까 생각해본다.

1895년 등장한 최초의 전기자전거

미국 특허청 등록번호 552,271번은 전기자전거 기술에 대한 특허다. 오그덴 볼튼 주니어Ogden Bolton Jr.가 출원한 이 특허는 6극 직류 모터로 뒷바퀴를 구동시키는 방식이었는데 페달이 없고, 감속할 수도 없는 문제 등으로 상용화 단계로 넘어가지는 못했다. 이 특허가 신청된 것은 1895년이었고 공식적으로 이것이 최초의 전기자전거로 인정받고 있다.

백수십 년 전에 현대적 모
습의 세이프티 자전거가 발표
된 지 십년도 지나지 않은 시
점에서 전기를 이용한 자전거
가 나온 것이다. 마치 내연기
관 자동차보다도 전기자동차
가 먼저 개발되었다는 이야기

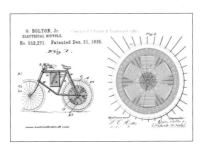

오그덴 볼튼의 세계최초의 전기자전거 출원 특허

만큼이나 신기하다. 참고로 세계최초의 사륜 전기자동차는 1894
년 영국의 토머스 파커가 개발한 양산형 자동차였다. 전기자전거
의 특허 등록보다 1년이 빠른 시기였다.

전기로 가는 탈 것들의 발명과 거의 비슷한 시기에 내연기관도
빠른 속도로 발전하기 시작했다. 자전거의 모습에 내연기관을 장
착한 탈 것이 오토바이라는 이름으로 탄생했고, 이후 자전거와는
전혀 다른 발전의 길을 걷게 된다.

이후 오랜 시간 동안 오토바이는 좀 더 완성된 오토바이의 모습
으로, 자전거는 외부 동력원을 얹지 않은 순수한 그 모습으로 각자
발전해 오다가 1950년대 이후 이 두 탈 것이 합쳐진 '혼종'이 탄생
하기도 했다.

엔진 기술의 발달로 소형화가 가능해지면서 오토바이 엔진과는
또 다른 자전거용 내연기관이 등장한 것이다. 기존의 자전거를 그
대로 이용하면서 쉽게 장착할 수 있었기 때문에 흔히 말하는 쌀집
자전거, 화물 운반용 자전거 등에 활용되었다. 필자가 젊었을 적
유원지에 놀러 가면 어김없이 제일 좋은 목을 지키고 있던 솜사탕
자전거에도 그 작은 엔진이 얹혀 있었다.

이 혼종 내연기관 자전거는 배터리와 전기전자 제어 기술이 부족했던 당시에는 획기적인 장치였다. 자전거에 외부 동력을 전달한다는 점에서 전기자전거의 과도기적 형태였다고 볼 수도 있는데 그 역사는 그리 오래가지 못했던 것으로 기억한다. 설계 시 반영되지 않은 엔진 장착으로 인한 자전거 내구성의 문제, 자전거의 기어, 체인 등 구동계의 성능 향상, 가장 강력한 경쟁상대였던 오토바이의 대중화 등의 이유로 인해 서서히 자취를 감추기 시작한 것이다. 누구나 운전면허시험장에서 한 번쯤 들어봤을 단어 '원동기장치자전거'. 지금은 배기량 125cc 이하의 오토바이 등을 부르는 개념이 되었지만 그 단어의 원류가 바로 이 혼종자전거였다.

'원동기장치자전거'라는 별도의 운전면허 항목을 만들 정도로 대중화 될 것만 같았던 이 내연기관 자전거는 바로 그 이유, '면허가 필요하다'는 것 때문에 서서히 자취를 감추게 되었다.

86세에 이룬 소년의 꿈, 파나소닉

한 때 소니와 함께 '워크맨'이라는 이름의 휴대용 카세트 플레이어로 세상을 호령했던 일본 가전 브랜드 파나소닉Panasonic이 자전거도 만든다는 사실은 꽤 재미있다. 파나소닉의 창업주 마쓰시타 고노스케(松下幸之助, 1894~1989)의 프로필을 살펴보면 충분히 이해되는 부분이 있기는 하다.

마쓰시타의 첫 직장은 자전거 가게였다. 정미 사업을 하던 그의 아버지가 파산하면서 크게 기울어져 버린 가계를 돕기 위해 아홉

파나소닉의 2018년형 전기자전거,
주행 중 충전이 가능하다

살 때 동네 자전거 가게에 취직한 것이다. 손님들은 어린 마쓰시타에게 담배 심부름을 자주 시켰는데, 이 가련한 상황이 파나소닉 창업의 씨앗이 되었다.

담배를 매번 사러 나가는 것 보다 미리 대량으로 구매해두면 편하기도 하고, 더 낮은 가격(당시 일본의 전매사업은 정찰제가 아니었나보다)으로 살 수 있었기 때문에 이익이 나는 것을 경험하면서 어린 창업주는 사업가의 꿈을 갖게 되었다고 한다. 9살부터 일한 자전거 가게를 17살에 그만두고 전기 회사에서 경력을 쌓은 마쓰시타는 24세가 되던 해에 마쓰시타 전기기구 제작소(지금의 파나소닉)를 창업했다.

처음 개발한 제품은 대포알 모양을 한 자전거용 램프였다. 어린 시절부터 자전거 가게 바닥에서 익혔던 고객의 요구를 정확히 잡아낸 것이다. 당시 시중에 나와 있던 타사 램프 수명의 10배에 달하는 전지 수명과 내구성으로 출시와 동시에 큰 이익을 얻을 수 있었고, 다양한 사업으로 확장할 수 있는 충분한 자금을 모을 수 있었다. 창업주의 자전거에 대한 애착은 결국 1952년, 마쓰시타의 나이 58세가 되던 해 파나소닉의 이름으로 자전거 제조, 판매사업을 시작하며 꽃을 피우게 된다. 그리고 마쓰시타는 이내 전기와 자전거를 합치는 꿈을 꾸었고, 그로부터 28년이 지난 1980년. 파나소닉 최초이자 일본 최초의 전기자전거가 출시된다. 그의 나이 86세의 고령, 놀랍게도 이 전기자전거의 고안자는 바로 마쓰시타 고노스케 본인이었다. 오늘 날의 전기자전거와 거의 같은 모습을 가진 이 파나소닉 전기자전거를 발표하면서 마쓰시타는 '전자제품 업체에 어울리는 자전거'라는 자부심 넘치는 표현을 썼다. 그리고 아흔 가까운 노구를 이끌고 발표자리에서 직접 시승까지 진행했으며, 전기자전거가 이렇게 고령자도 탈 수 있는 혁명적인 아이템이라는 것을 확증시켜주었다. 파나소닉은 현재도 다양한 모델의 전기자전거를 만들고 있다.

전기자전거의 표준을 제시한 문어발 기업

야마하YAMAHA는 일본에서 여러 분야에 관여하고 있는 문어발 기업으로 유명하다.

처음은 피아노 회사로 시작했는데 다른 악기들을 만들다가 디지털로 전환하면서 오디오와 비디오 기기를 만들기 시작했고 이어서 반도체까지 사업 분야를 넓혔다. 악기를 만들다 보니 목공 노하우가 생겨서 가구를 만들었고, 목공 기술을 이용해 전투기용 목제 프로펠러를 만들다가 엔진까지 만들게 되었다. 엔진을 만들었으니 오토바이도 만들고 보트도 만들고 제트스키도 만들었다. 그리고, 오토바이를 만들다 보니 자전거도 만들었다. 무슨 꼬리에 꼬리를 무는 사업 확장 게임 같기도 한데 실제 하나의 분야에서 일가를 이루고 그 전문성을 바탕으로 다음 영역을 개척했던 야마하의 사업 확장 방식은 일본의 기업 발전과정에서 꽤 모범적인 케이스로 소개되기도 했다. 중요한 것은 야마하에서 개발한 기술이 전세계 전기자전거의 표준이 되었다는 사실. 무조건 사업 확장만 한 것이 아니라는 이야기다.

1993년 야마하에서 발표한 페달 어시스트 시스템(파스 PAS, Pedal Assist System)은 전기로 만들어내는 동력이 자전거의 바퀴를 직접 움직이는 것이 아니라, 그렇게 만들어진 동력이 페달을 밟기 쉽게 해주는 혁신적인 방식이었다.

전기의 힘을 구동력으로 바로 전환시키는 것이 아니라 사람이 발을 얹은 페달을 통해서 전달하는 방식이다.

야마하에서 PAS를 발표한 이후 전기자전거의 개념이 확립되었고, 페달을 밟지 않고 모터의 힘만으로 주행하는 것은 비록 자전거처럼 보이더라도 개인형 이동장치로 분류되어 자전거 전용도로 주행 금지 등의 법적 규제를 받는다.

세계표준이 된 야마하의
PAS 방식 전기자전거
CITY-X

스로틀 방식과 PAS 방식

전기자전거의 주행 방식은 크게 스로틀throttle, 파스PAS, Pedal Assist System 두 가지로 구분할 수 있다. 스로틀 방식은 오토바이처럼 자전거 핸들에 장착된 그립을 당기거나 스위치를 이용해 모터가 작동하는 방식으로, 사람의 힘이 전혀 들어가지 않은 전기의 힘만으로 모터가 작동한다. 파스는 스로틀과 달리 사람이 페달에 힘을 가하면 모터가 반응하며 페달 밟는 것을 전기의 힘으로 보조해주는 방식으로, 페달링이 없이는 작동하지 않는 것이 특징이다. 오랜 기간 동안 국내에 출시되는 전기자전거는 두 가지 방식 중 하나를 선택하거나, 두 가지 방식을 혼용할 수 있기도 했다. 하지만 2018년 전기자전거 관련 법률이 제정되면서 완전히 다른 길을 가게 되었다.

2018년 3월 개정된 '자전거 이용 활성화 관련 법률'에 따르면 전기자전거란 '사람의 힘을 보충하기 위하여 전동기를 장착하고, 페달과 전동기의 동시 동력으로 움직이며, 전동기만으로 움직이지 아니할 것'이라 정의하고 있다. 즉, 스로틀 방식이 아닌 파스 방식만 법률상 전기자전거로 정의되며, 시속 25km 이하, 자전거의 전체 중량 30kg 미만의 조건도 충족해야 한다. 자전거전용도로의 이용, 자전거 보험의 적용 그리고 도로교통법상의 지위 등 안전과 관련된 중요한 사항을 담고 있기 때문에 법률상 전기자전거에 속하는지 여부는 전기자전거 구매 시 가장 중요하게 고려해야 할 사항이다.

사실 이 법률이 제정될 때까지는 우여곡절이 많았다. 이동형 모빌리티가 급속히 보급되면서 법제정의 필요성이 절실해졌지만 그 사고위험이 국회의원들의 적극적 입법 발의를 막았던 것이다. 사고를 막기 위해 법제정이 필요했지만, 그 법을 제정함으로써 이것이 합법화 대중화 되어 사고 총량이 늘어날 것을 걱정했던 웃지못할 상황이었다.

약 10년이 넘는 과도기를 거쳐 2018년 법률 개정 후 파스 방식이 전기자전거의 기준이 되었다. 사람이 직접 페달을 구르고, 전기의 도움을 받는 이 같은 페달 어시스트 방식 역시 단점이 없는 것은 아니다.

역시 가장 큰 걸림돌은 소비자의 선택에 가장 큰 영향을 주는 요소, 바로 가격이다. 파스 방식이 작동하기 위해서는 구조적으로 페달에 가해지는 토크 센서와 주행속도를 감지하기 위한 센서 등 스로틀 방식에 비해 복잡하고 높은 기술력을 필요로 한다. 배터리를 중심으로 전체적인 기술의 발달로 점차 전기자전거의 단가가 낮아지고 있기는 하지만, 아직까지 일반 생활용 자전거로는 백만원 가까운 가격이 부담스러운 것은 사실이다.

하지만 전화가 그랬고, 개인용 컴퓨터가 그러했고, 자동차가 그랬듯 기술의 발전에 따라 전기자전거의 생산 및 판매 단가도 낮아질 것이고 이는 또 다시 대중화를 불러오는 선순환이 이루어질 것이라 믿는다.

약 먹은 자전거, 기계적 도핑

'나약한 사람이나 타는 것'이라는 초기의 인식이 많이 옅어지면서 전기자전거도 당당히 자전거 역사의 한 페이지를 장식하게 되었다. 하지만 아직도 자전거는 '그 어떤 외부 동력의 도움도 받지 않고 오로지 인간의 힘만으로 타야 한다'는 생각을 가진 클래식 라이더들도 많다.

변속 기어를 처음에는 반대하다 이후 도입한 투르 드 프랑스의 예와는 달리, 아직까지 전기자전거의 출전을 허용하고 있는 유명

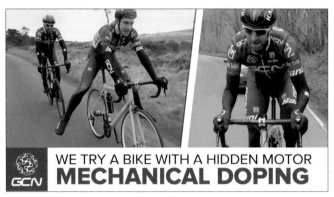

기계적 도핑을 고발하고 있는 유튜브 영상

자전거 대회는 없다. 외부 동력의 도움을 받는다는 것은 변속 기어와는 또 다른 문제이기 때문이다. 그러다보니 웃지못할 에피소드도 가끔 생겨난다.

자전거, 수영, 육상 등 극한의 신체 능력을 요구하는 스포츠에서 큰 이슈가 되는 것 중의 하나가 약물복용, 도핑doping이다. 도핑은 정정당당히 경쟁하는 다른 선수의 우승 기회를 빼앗는 것일 뿐 아니라, 해당 종목 전체에 부정적인 영향을 미칠 수밖에 없다. 랜스 암스트롱의 도핑으로 큰 홍역을 치른 국제 사이클 연맹이 요즘 새로운 도핑 문제에 직면하고 있다.

2016년 벨기에에서 개최된 세계 사이클 크로스 선수권 대회에서 소형 모터를 장착한 사례가 적발되었던 것이다. 사람이 약물을 한 것이 아니라 자전거를 변칙적으로 개조한 속칭 '약 먹은 자전거' 사건이다.

관련 기술이 발달하면서 자전거 프레임 내부에 장착해도 외관에 변화를 주지 않는 소형 모터가 개발되었고, 배터리 역시 작은 부피에도 사용시간이 대폭 늘었기 때문에 가능한 일이었다. 산을 오를 때 뒤에서 누군가 살짝 손만 대고 있거나, 헬스장에서 무거운 것을 들 때 손가락으로 살짝만 올려줘도 심리적 요인까지 더해져서 큰 힘을 받는 것처럼 아주 작은 모터의 힘도 프로 선수들의 경주에서는 결과에 큰 영향을 줄 수도 있다. 기계적 도핑mechanical doping 문제는 전기자전거 기술이 가져온 빛과 그림자이며 100여 년 전 변속기어가 그랬듯 공식적으로 대회에 도입되기 전까지는 슬기롭게 극복해야 할 과제가 되었다.

자전거가 없는 자전거 카페

삼천리자전거의 관리본부장을 거쳐 여행사 사장을 하면서도 끝내 놓지 않았던 꿈 하나가 있다. 바로 북한강변에 4층짜리 멋들어진 건물을 짓고 1층은 자전거 샵, 2층은 자전거 카페, 3층은 동호인 모임방, 4층은 개인 서재로 쓴다는 꿈. 이러저러한 이유로 그 꿈을 무기한 연기하고는 있지만 언제라도 기회가 된다면 꼭 도전해보고 싶은 로망이다.

대한민국 국민만큼 편하게 아무 곳에서나 커피를 즐기는 민족은 흔치 않다. 아침엔 뜨아(뜨거운 아메리카노), 점심엔 아바라(아이스 바닐라 라떼), 퇴근길엔 아아(아이스 아메리카노)로 '1일 3아'를 실천하는 직원도 본 적이 있다.

도심 곳곳 웬만큼 눈에 띄는 곳이면 어김없이 별다방과 콩다방 빽다방이 들어서 있다. 도심뿐이랴. 강 따라 길 따라 경치 좋은 곳이면 역시나 가장 좋은 명당자리에 카페가 들어서 있다.

자전거를 테마로 한 카페도 참 많다. 북한강 자전거길이나 아라뱃길 근방을 달리다보면 자전거 거치대를 세워놓은 카페들이 심심찮게 눈에 띈다. 라이딩으로 지친 몸을 잠시 들어와 쉬어 가고, 갈증도 커피로 해소하라는 뜻이겠지. 아이러니한 것은 자전거 마니아들은 이 자전거 카페를 별로 좋아하지 않는 다는 사실. 실제 북한강변에서 만난 예쁜 자전거 카페에 들어섰을 때 저지를 입고 있거나 헬멧을 옆에 벗어 둔 라이더 손님은 보지 못했다.

자전거 도로를 맘먹고 달리는 라이더들에게 커피와 함께하는 30분의 휴식은 사치라고 느껴지는 것일까. 아니면 종이컵에 담아주는 500원짜리 노점상 커피믹스가 더 맛있기 때문일까.

두 개의 원과 삼각형, 그리고 직선과 곡선.
자전거는 그 자체로 훌륭한 인테리어 소품이다.
자전거 테마 카페가 아니어도
자전거를 데코레이션 아이템으로
쓰는 카페들이 많다.

자전거를 이루는 것들, 프레임

클래식 음악을 그리 좋아하는 편은 아닌데도 가끔 교향곡은 듣는다.

TV를 보다가 토요예술무대 같은 프로그램이 나오면 잠시 채널을 멈추고 감상을 한다거나, 잠시 생각을 정리할 필요가 있을 때 유튜브를 열고 브람스나 쇼스타코비치를 찾아 듣는 식이다. 딱히 취미라 할 것도 없는 이런 소소한 클래식 감상 습관은 오래 전 만났던 한 장면 덕분이다.

고등학교 몇 학년 때였는지는 잘 기억이 나지 않지만 우연찮게 구해진 표를 들고 찾았던 콘서트홀에서 오케스트라를 처음 만났을 때의 감동, 그 느낌만큼은 지금까지 생생하다. 지휘자의 경쾌한 손짓 아래 수십 대의 악기가 각자 맡은 음계를 정확히 연주하며 커다란 화음을 만들어내면, 공연장의 공기마저도 파르르 떨리고 그 소리 속에 자리한 사람은 새로운 우주로 빠져 들어가는 기분이었다.

콘서트홀에 가기 전까지는 그냥 평범한 악기에 지나지 않았던 바이올린과 비올라 첼로, 플루트, 오보에, 트럼펫이 그날 이후로 달리 보이기 시작했다. 따로 놓고만 봐서는 가냘프기만 했던 클래식 소품들이 전체로 모이니 예술을 이루는 조각이 되었다.

'자전거를 이루는 것들'이라는 제목을 써놓고 보니 오케스트라가 떠올랐다. 자전거도 하나의 오케스트라가 아닐까. 프레임과 휠셋, 핸들바와 구동계, 안장과 페달에 이르기까지 각자의 부품들이 자기만의 역할을 하며 최적의 달리기 성능을 내기 위한 최선을 다하고 있는 '달리는 오케스트라'.

자전거를 이루는 요소를 하나씩 살펴볼까 한다.

용가리 통뼈는 자전거에도 있다

어릴 적 종종 쓰던 표현으로 '통뼈'라는 말이 있다. 응용 표현으로는 "넌 무슨 용가리 통뼈라도 되냐"라는 말도 있었다. 전설 속 괴수 용가리의 뼈라니 좀 무섭다 싶었는데 나중에 알고 보니 '용의 가리(갈비뼈)'라는 얘기란다. 용가리나 용의 갈비나 뭐 가공할만한 내구성을 가졌음에는 틀림없을 것이다.

통뼈의 사전적 정의는 '뼈의 밀도가 높고 껍질이 두꺼운 굵은 뼈'다. 우리 몸을 이루는 기본 골격인 뼈대가 튼튼하면 그만큼 힘도 세지고 운동 능력도 뛰어나진다.

자전거의 기본 중의 기본인 뼈대를 프레임이라 일컫는다. 이 프레임에도 통뼈가 있고 용가리 통뼈도 있다. 자전거 프레임이 사람의 뼈와 다른 점은 사람의 뼈는 튼튼할수록 밀도가 높아 무겁지만 자전거의 뼈대는 속이 비어있기 때문에 더 가볍고 튼튼해야 한다는 점이다.

고급 자전거일수록 프레임은 강하면서도 가벼움을 추구한다. 우주선에 사용되는 티타늄을 소재로 한 프레임도 있으며, F1 머신이나 항공기에 사용하는 카본 소재를 사용한 프레임도 쉽게 찾아볼 수 있다. 자전거 프레임으로 적절한 소재는 크게 스틸(강철), 알루미늄 합금, 티타늄, 마그네슘 등의 금속계 소재와 플라스틱에 섬유를 넣어 강도를 높인 탄소 섬유 강화 플라스틱, 흔히 카본이라 하는 소재로 구분할 수 있다.

가장 쉽게 찾아볼 수 있는 강철, 스틸 프레임

철에 0.04~2%의 탄소가 더해진 강철이 처음 만들어진 것은 기원전, 철기시대까지 거슬러 올라간다. 18세기 산업혁명 이후 강철이 대량 생산 되기 시작했는데 우주를 여행 삼아 오가는 시대인 지금까지도 강철은 모든 산업 분야에서 중요한 소재라는 것은 변함이 없다. 구하기 쉽고, 저렴하면서도 성능이 좋기 때문에 가격대 성능비 면에서는 이를 대체할만한 소재는 아직 없다고 할 수 있다. 자전거가 처음 발명되었을 때 잠깐의 나무 자전거 시절을 제외하고는 얼마 지나지 않아 강철로 자전거를 만드는 것은 당연한 일이 되었다. 당시 산업용으로 대중화 되었던 소재 중에서 가장 구하기 쉽고 강한 것이었기 때문이다. 프레임뿐만 아니라 고무 타이어가 없던 시절에는 바퀴까지도 강철이 이용되었다.

하지만 강철의 단점은 이내 나타나기 시작했다. 사람의 힘으로 동력을 얻는 자전거의 특성상 너무 무거운 소재는 달리기 성능을 떨어뜨리기 마련. 강철은 다른 소재에 비해 압도적으로 무거웠다.

삼천리자전거의 대표적인
스틸프레임 자전거 제오7

게다가 쉽게 녹이 슬기까지 한다는 단점(자전거는 탄생 이후 아주 오랜 세월 동안 바깥에 보관되어 왔다. 자전거를 집안에 들여놓기 시작한 것은 최근의 일이다)때문에 강철 프레임은 다른 합금으로 대체되기 시작했다.

강철의 무지막지한 강성을 대체할만한 합금을 찾기는 쉽지 않았다. 자전거 설계자들은 그래서 타협을 했다. 무게 대비 강도를 프레임 소재 선택의 기준으로 삼은 것이다. 단 10그램의 무게에도 민감할 수밖에 없는 자전거 선수, 격한 퍼포먼스를 보이면서도 무게를 포기할 수 없는 산악자전거 등에는 강철을 대체하는 고가의 신소재가 사용된다. 하지만 스피드와는 거리가 먼 유아용 자전거나 생활용 자전거에는 아직도 강철이 주된 소재로 사용되고 있다. 경제성의 논리다. 수십 킬로그램의 짐을 싣고 유유히 달리는, 흔히 말하는 쌀집 자전거의 소재가 강철인 것을 보면 일상생활용 자전거에서 강철 소재의 내구성을 걱정할 필요는 전혀 없다. 강철은 그 저렴한 가격과 강성, 풍부한 공급량 덕분에 쉽게 사라지지 않을 자전거 프레임의 소재다.

클래식한 감성의 크로몰리 자전거

강철에 1% 미만의 크로뮴chromium, 0.5% 미만의 몰리브데넘

molybdenum이 포함된 크롬-몰리브덴 스틸을 크로몰리Chromoly라 부른다. 아주 소량의 성분을 넣었을 뿐인데 양쪽에서 잡아당길 때 버티는 힘인 인장 강도tensile strength는 일반 철보다 3배 이상 높아졌고, 부식에도 강한 편인 꿈의 소재가 되었다.

1920년대부터 본격적으로 생산되기 시작한 크로몰리는 항공기의 주요 부품으로 사용되기 시작했으며, 합금 기술이 발전하면서 F1 레이싱 카, 선수용 자전거에 이용되기 시작했다. 크로몰리의 가장 큰 장점은 중량 대비 강도가 일반 철에 비해 우수하며 탄성도 갖추고 있다는 것이다. 땅에서 전해지는 진동을 거의 100% 라이더의 몸에 전달하는 강철에 비해 크로몰리는 미세하게나마 자체 보유한 탄성으로 이를 흡수한다. 잠깐의 동네 마실이 아니라 하루를 온전히 투자하는 장거리 라이딩이라면 확실히 피로가 덜한 것이 느껴질 정도다. 페달링을 할 때도 크로몰리 프레임 특유의 탄력을 느끼는 사람도 있다고 한다.

개인적인 취향이지만 크로몰리 자전거는 클래식한 느낌이면서도 상당한 예술적 감각까지 갖추고 있다. 크로몰리 이후 등장한 소재인 알루미늄과 카본은 일정한 강도를 확보하기 위해서 특정 부분을 굵게 만들어야 하는데 크로몰리는 소재 자체에 충분한 강성이 있기 때문에 동일한 굵기의 튜브로 프레임을 만들 수 있다. 자전거 제작 방식도 소규모 공방에서 수작업으로 할 수 있기 때문에 아날로그적 감성이 남아 있고, 심플한 디자인으로 자전거의 성능보다 감성을 추구하는 사람들에게 꾸준한 사랑을 받고 있는 소재다.

안타까운 운명의 알루미늄 합금

알루미늄은 프레임 외에도 구동계, 페달, 휠 등 자전거 부품 전반에서 가장 많이 사용되고 있는 소재다. 혼합되는 금속의 종류와 처리 방식에 따라 조금씩 다른 특성이 있으며, 제조사별로도 조금씩 다른 알루미늄 합금을 이용해 프레임을 만들고 있다. 크로몰리가 주류였던 1980년대 첨단 경량 소재로 등장했지만, 카본 프레임의 빠른 성장으로 최상급 프레임의 소재로 이용된 시기는 짧았다. 알루미늄 프레임 자전거로 투르 드 프랑스에서 처음으로 우승한 것은 1994년 피나렐로의 자전거를 탄 미구엘 인두라인Miguel Indurain이었다.

그리고 1998년 마르코 판타니Marco Pantani가 비앙키의 알루미늄 프레임 자전거로 투르 드 프랑스에서 우승한 이후 이 소재로 세계 최고의 자전거대회에서 우승한 선수는 없다. 알루미늄 프레임이 등장하고 얼마 되지 않아 압도적 성능 차이를 보이는 카본 프레임이 등장하면서 정상급 선수들이 외면하는 비운의 소재가 되었기 때문이다. 하지만 강철이나 크로몰리 프레임에 비해 가벼우며 제조 방법도 쉽고 카본 소재보다 저렴하기 때문에 중상급용 자전거에 많이 이용되고 있다. 카본이나 크로몰리 대비 지나치게 강성이 높아 자전거가 받는 충격이 탑승자에게 그대로 전해지는 단점이 있지만 그만큼 동력의 손실이 최소화된다는 장점도 있다. 아주 잠깐 동안 최고의 프

알루미늄 프레임을 도입한
중저가 MTB 자전거
칼라스 70

레임으로 영화를 누렸던 알루미늄 프레임도 최근 꾸준한 발전을 통해 저가형 카본 프레임의 성능을 웃도는 정도의 성능을 보이고 있기도 하다.

최상급 로드 자전거의 기본이 된 카본 프레임

카본Carbon의 발명은 자전거 뿐 아니라 항공기 등 모든 산업에 영향을 준 혁명이었다. 산업 기술의 빠른 발전은 금속이 아닌 섬유로 만든 프레임을 등장시키기에 이른 것이다.

카본의 사전적 의미는 탄소, 우리가 흔히 카본이라 부르는 것은 카본 파이버Carbon Fiber 즉 탄소 섬유를

카본 소재 프레임으로 만든 고급형 로드자전거 블랙캣 700C 오르비스

이야기 한다. 조금 더 엄밀히 말하면 CFRP Carbon Fiber Reinforced Polymer 인데 다소 전문적인 분야라 탄소섬유에 합성수지가 혼합된 소재라는 사실까지만 알아두자. 카본의 주된 소재인 탄소 섬유의 직경은 10마이크로미터(십만분의 1미터 = 0.01밀리미터)로 머리카락보다 훨씬 얇다. 이 섬유로 옷을 만들 듯 짜 맞춘 원단을 계속 쌓고 여기에 고온, 고압의 성형 공정을 통해 탄소섬유 강화 플라스틱, 흔히 카본이라 부르는 재료를 만들어 낸다.

카본의 대표적 특성은 높은 강도와 가벼움이다. 다른 금속 소재에 비해 비싸지만 '절대적으로 가벼우면서 튼튼해야 하는' 분야에

서 주로 사용된다. 골프 클럽의 샤프트나 낚싯대 등 작은 부품이 들어가는 스포츠에서 실용화되기 시작해 항공기, 자동차 등 다양한 산업 분야에서 이용되고 있다. 자전거에는 부분적으로 카본 소재가 사용되다 1986년 미국의 자전거 제조업체인 케스트렐Kestrel이 풀카본 프레임을 발표하고, 1987년 대만의 자이언트Giant에서 양산을 시작하면서 카본 프레임의 시대가 시작되었다. 알루미늄과 비슷한 시기에 도입되면서 최상급 자전거는 카본, 중상급 자전거는 알루미늄으로 양분되었지만, 가격과 용도에 따라 장단점을 갖고 있기 때문에 세계 전체 자전거 시장에서 어떤 프레임이 절대적 우위에 있다고 말하기는 어려움이 있다.

알루미늄 프레임과 비교했을 때 동일 강성이라면 카본 프레임이 훨씬 가벼워 오르막에 유리하며, 카본 특유의 탄성으로 승차감이 좋아 장거리 주행에도 적합하다. 하지만 카본 프레임은 금속 프레임과 달리 한계점을 초과하는 충격이 가해지면 휘어지지 않고 크랙이 생기거나 절단되어 큰 사고로 이어질 수도 있다는 치명적 단점이 있다. 다른 소재와 달리 수리할 수 없고 파기해야한다는 것도 무시하기 힘든 단점이다. 강한 내구성에도 불구하고 복원성은 없기 때문에 친환경적인 소재라고 할 수 없는 것도 흠이다.

최상급 MTB의 은빛 프레임, 티타늄

타이탄Titan이라는 단어가 있다.
그리스 로마신화의 신족인 티탄을 영어식으로 읽은 것인데, 세계의 모든 거대한 것에는 이 이름이 붙는다. 어릴 적 보았던 만화영화에도 타이탄이란 로봇이 등장했던 기억이 나고, 세계에서 가장 큰 꽃을 피우는 식물의 이름도 타이탄 아룸이란다. 토성의 가장 큰 위성의 이름도 타이탄, 미국의 대륙간 탄도미사일도 같은 이름을 쓰고 있다. 기아자동차에서도 타이탄 트럭이 나온 적이 있고 비극의 초거대 유람선 타이나틱의 네이밍도 여기서 시작되었다.

원소기호 Ti, 원자번호 22번인 티탄이 합금의 형태로 자전거 프레임에 등장했다. 비중 대비 강도가 탁월하게 높으며, 내부식성耐腐蝕性이 강해 쉽게 녹슬지 않는다. 카본 프레임의 단점인 복원성도 갖추고 있으며, 티타늄 특유의 실버 컬러 역시 매력적이다. 사실은 그 비싼 티타늄이기 때문에 흔해 보이는 실버컬러가 매력적으로 보이는 것인지도 모르겠다.

가볍고 단단하면서도 부드러운 성질까지 있는데 복원성도 있다니, 자전거 프레임으로서 이보다 이상적인 소재가 있을까 싶다. 단점은 만들기가 무척 어렵다는 것. 항공기 부품 수준의 고품질을 요구하는 티타늄 프레임의 용접은 전용의 밀폐 공간에서 아르곤 가스로만 채워진 상황에서만 진행해야 하기 때문에 자동차와 항공기, 자전거를 통틀어 프레임 소재 중 가공 난이도가 가장 높다. 만들기 어렵다는 것은 가격이 비싸진다는 것을 의미한다. 티타늄의 매장량은 생각보다는 많은데 그 가공 난이도 때문에 희소성에 비해 가장 가격이 높은 소재로 일컬어진다.

대표적인 티타늄 소재인 무츠MOOTS의 프레임은 요즘 시세로 500만원을 훌쩍 넘어간다(초기엔 천만원이 넘었다). 이론적으로는 가장 이상적인 프레임이지만, 구매자의 만족도와 대중성을 감안해

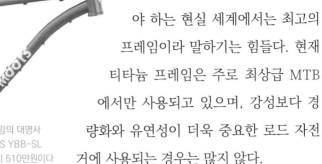

야 하는 현실 세계에서는 최고의
프레임이라 말하기는 힘들다. 현재
티타늄 프레임은 주로 최상급 MTB
에서만 사용되고 있으며, 강성보다 경
량화와 유연성이 더욱 중요한 로드 자전
거에 사용되는 경우는 많지 않다.

티타늄 프레임의 대명사
무츠 MOOTS YBB-SL
소비자가격이 510만원이다

가장 완벽한 프레임의 형태, 다이아몬드 프레임

나무에서 강철로, 크로몰리와 알루미늄, 카본을 거쳐 티타늄으
로까지 고급화하며 발전한 자전거 프레임의 끝판왕은 무엇일까?
설마 다이아몬드? 놀랍게도 다이아몬드 프레임이 실제로 있다. 안
타까운 것은 이 것이 프레임의 소재가 아니라 모양을 말하는 것이
라는 사실. 일단 프레임 소재의 끝판왕이라는 영예는 카본과 티타
늄에게 양보하고 간단히 프레임 구조를 살펴보자.

조향계인 핸들바와 구동계인 기어와 브레이크, 페달, 땅과 직접
맞닿는 바퀴인 휠 셋을 연결하는 뼈대가 프레임이다. 글머리에 예
를 들었던 오케스트라의 지휘자처럼 이 모두를 조화롭게 연결시키
기 위해서는 안정적인 모양이 필요하다. 그래서 등장한 것이 1885
년 발표된 다이아몬드 형태의 프레임을 활용한 세이프티 자전거
다. 삼각형 두 개를 붙여놓은 모양이 다이아몬드를 닮았다고 붙여
진 이름. 이후 130년이 지나도록 현재까지 다이아몬드 프레임에
큰 외형의 변화는 없다.

자전거가 발명된 이후 수많은 제작자가 시행착오를 반복하며 나온 가장 안정적이며 효율적인 프레임이 다이아몬드 형태이기 때문이다. 트러스 구조와 유사한 삼각형의 조합으로 강도가 높고, 비교적 쉽게 제작할 수 있으며, 개개인의 체격에 맞춰 사이즈를 변경하기도 쉽다. 다이아몬드 프레임은 크게 앞쪽의 사각형(얼핏 보면 삼각형)과 뒤쪽의 삼각형으로 구분되어 있다.

앞쪽의 사각형은 탑 튜브(윗대, top tube), 헤드 튜브(앞대, head tube), 다운 튜브(아랫대, down tube), 시트 튜브(안장대, seat tube)로 이루어져 있지만 헤드 튜브가 짧기 때문에 무심코 보면 삼각형처럼 보이며, 이 때문에 자전거의 프레임은 두 개의 삼각형으로 되어 있다고 표현되기도 한다. 뒤쪽의 삼각형은 안장대를 공유하며 시트 스테이(안장 지지대, seat stay), 체인 스테이(사슬 지지대, chain stay)로 구성되어 있다.

다이아몬드 프레임이 가장 안정적이며 효율성 높은 구조이긴 하지만 절대적인 것은 아니다. 로드 자전거의 경우는 국제 사이클 연맹UCI에서 규정에 따라 다이아몬드 프레임 이외의 자전거는 인정하지 않기 때문에 필수불가결이라 할 수 있지만, 트라이애슬론 triathlon 경기에서는 공기역학을 고려한 다양한 프레임이 등장하고 있으며, MTB는 앞뒤에 서스펜션을 장착하는 풀 서스펜션이 프레임의 주류가 되고 있다.

누워서 타는 자전거로 불리는 리컴번트 자전거Recumbent Bicycle 와 접이식 자전거 등 전혀 다른 프레임 구조를 갖고 있는 자전거도 꾸준한 인기를 얻고 있다. 다이아몬드 구조의 프레임은 탑튜브가 높게 되어 있어서 치마를 입은 여성들이 타고 내리기 쉽지 않기 때문에 일반 생활용 자전거는 탑튜브가 없거나 아래쪽으로 곡선 처리된 형태도 쉽게 찾아볼 수 있다. 이러한 형태를 스텝스루 프레임 step through frame이라 부르며, 다이아몬드 프레임만큼이나 오랜 역사를 갖고 있는 형태다.

자전거를 이루는 것들, 핸들바

친목 모임에 나갔는데 좌중의 열기가 너무 뜨거워서 혹시 사고라도 나지 않을까 우려될 때 쓸 수 있는 필살기 하나를 알려드리겠다.

"우리나라 사람은 대부분 3개 국어를 한다는 걸 아세요?"
"엥 정말요? 저는 못하는데"
"아니요 합니다. 주차할 때 이런 말 쓰시잖아요. 핸들 이빠이 꺾어 오라이!"
"……"

물론 그 다음부터 모임에 다시는 초대되지 않겠지만 과열된 분위기를 얼어붙게 만드는 효과는 확실히 있다. 웃자고 꺼낸 얘긴데 정색하는 독자분이 없기를 바라면서 저 부장급 아니 거의 전무급 유머에 등장하는 핸들handle에 대해서 이야기를 꺼내볼까 한다.

우리가 흔히 말하는 핸들의 정식 명칭은 자동차라면 스티어링 휠steering wheel, 자전거나 오토바이라면 핸들바handlebar가 맞다. 미국에서도 명사로는 '손잡이', 동사로는 '다루다'라는 뜻으로 쓰

는 단어이기 때문에 콩글리시라고 하긴 뭣하지만 위의 유머처럼
'핸들 이빠이 꺾어 오라이'라고 하면 이를 알아듣는 영어권 사람은
한 명도 없을 것이다.

자전거를 조종하는 조향계, 핸들바

핸들바라는 단어에 정확히 대응하는 우리말은 없다. 억지로 바
꾸자면 '자전거 손잡이' 정도가 가능한데 이는 자전거를 옮길 때
편의성을 높이기 위해 전용 손잡이를 달 경우 중복될 수 있어서 적
합하지 않아 보인다. 그래서 다소 어려운 한자 단어지만 조향계操
向械라 표현하는 것이 좋다는 생각이다. 방향을 조종하는 기계라는
뜻이니 혼동될 염려도 없다.

핸들바를 조향계로 부르다보면 그 이름 그대로 진행 방향을 조
종하는 기능만 있다고 생각하게 된다. 하지만 핸들바는 자전거 탑
승자의 체중을 지지하며 주행 중 운전자의 자세를 결정하는 중요
한 부품이기도 하다. 브레이크와 변속기, 경음기는 물론 속도계,
블랙박스 등을 설치하기 때문에 비행기의 조종석인 콕핏cockpit,
자동차의 대시보드dashboard등에 비유되기도 한다. 자전거의 운행
목적과 용도에 따라 다양한 형태의 핸들이 사용되고 있는데, 각각
의 목적에 특화된 핸들의 형태만 보고 MTB인지, 로드 바이크인지
크게 분류하는 등 자전거의 종류를 결정하는데도 큰 비중을 차지
한다.

업 핸들 Up-handle

가장 오래된 유형의 핸들바 중 하나이며 생활용 자전거, 시티 자전거 등 에서 가장 보편적으로 사용되고 있는 유형이다. 손잡이 부분이 비교적 높은 곳에 자리하며 안쪽으로 굽혀져 있어 상체를 바로 세운 자세로 자전거를 타는 것이 일반적이다. 어린이용 자전거도 업 핸들을 기본으로 하고 있으며, 손잡이 위치가 일반적인 업 핸들보다 높은 위치에 있는 경우도 있다. 할리데이비슨 오토바이처럼 만세를 하는 듯한 자세로 잡는 U자 모양의 핸들이 유행했던 시기가 있는데 이 또한 업 핸들의 변형으로 볼 수 있다. 외국에서는 침팬지가 손을 들고 있는 모습과 같다고 해서 에이프 핸들ape handle이라 부르기도 하며, 아직까지도 어린이용 자전거에서 많이 이용하고 있는 편이다.

드롭바 Drop Bar

1920년대에 장거리 자전거 경주가 인기를 끌면서 선수들이 오랜 시간 자전거를 탈 수 있도록 고안된 것이 드롭바 핸들이다. 로드 바이크, 트랙 경주용, 투어링 자전거에서 흔히 볼 수 있는 형태로 스템에서 좌우로 20cm 정도 직선으로 이어지다 앞으로 직각으로 구부리고 아래 방향으로 원호를 그리며 이어져있다. 가장 기본적인 포지션은 브레이크와 변속기 레버의 후드를 잡는 레버 후드 포지션이며, 상단을 잡는 탑 포지션, 하단을 잡는 드롭 포지션을 비롯해 상황에 따라 다양한 자세를 취할 수 있다. 예를 들어 드롭 포지션의 경우 상체가 숙여지기 때문에 공기역학적 자세를 취할 수 있고, 안장에 가해지는 하중이 적어지기 때문에 안장통의 피로를 줄일 수 있지만 브레이크와 변속기 작동을 하기는 어려운 자세라는 단점이 있다.

탑 포지션은 MTB와 비슷한 포지션을 취할 수 있으며 가장 편하고 몸의 긴장도를 낮춰주어 잠시나마 휴식을 취할 수 있는 편한 자세다. 하지만 핸들을 잡는 폭이 좁기 때문에 핸들 조정이 쉽지 않다는 단점과 브레이크 레버에 손가락이 닿은 상태가 아니기 때문에 돌발 상황시 제동이 불가능해 큰 사고로 이어질 수 있다는 치명적인 단점을 갖고 있다.

드롭 포지션과 탑 포지션은 일상의 라이딩에서라면 잠시 속도를 내거나 또는 잠시 팔과 어깨의 긴장을 풀고 싶을 때만 간헐적으로 써주는 것이 좋다.

드롭바의 기본적인 형태

드롭바는 그 특이한 모양 때문에 자전거에 대해 잘 알지 못하는 사람이 보면 조금은 신기해 보이는 여러 가지 모습으로 핸들바를 잡을 수 있다. 불편해 보이기도 하지만 다른 어떤 핸들보다 다양한 자세를 취할 수 있기 때문에 신체의 피로를 최소화할 수 있는 장점이 크다. 드롭바는 장거리 경주 뿐 아니라 공기역학 자세가 가능하다는 특징 때문에 단거리 트랙 경기용 자전거에도 이용된다.

플랫바 Flat Bar**와 라이저바** Riser Bar

플랫바(위)와 라이저바(아래),
라이저바 쪽이 라이더의 몸쪽으로
좀 더 붙어 있다

일반적으로 MTB, 하이브리드 자전거에서 주로 볼 수 있는 형태로 일자로 평평한 핸들바를 말한다. 대부분의 경우 이름과 달리 완전히 일자로 되어있는 것은 아니고 몸쪽으로 2~3도 가량 후퇴되어 있다. 핸들의 무게 중심, 힘을 받는 지점이 정확히 가운데 있어서 가장 민감하고 직관적인 조향을 할 수 있다. 가장 단순한 형태의 핸들이기 때문에 가벼우면서도 견고하며, 정비 및 관리를 하기에도 편리하므로 가장 기본적인 MTB라고 할 수 있는 크로스컨트리XC용 자전거에 많이 이용되고 있다.

핸들을 잡는 포지션이 단순하다는 점은 장거리 주행 보다는 단거리 주행에 적합하다는 이야기가 되며 그런 이유로 MTB용으로 주로 사용되고 있다.

라이저바는 일반적인 플랫바에 비해 몸쪽으로 후퇴각이 큰 형태를 갖고 있으며, 전체적으로 핸들바의 포지션이 위로 올라와 있기 때문에 라이저Riser라는 이름이 붙었다. 플랫바에 비해 무게 중심을 뒤로 향하게 하거나 높은 자세를 취할 수 있어서 거친 산악 지대를 달리는 다운힐, 올마운틴, 프리라이드 자전거에 이용된다.

불혼바 Bullhorn Bar

플랫바의 양쪽 끝이 황소뿔처럼 앞으로 튀어나와 있는 핸들바를 말한다. 플랫바와 비슷한 조향 성능을 갖추면서, 무게 중심을 앞에 두며 공기저항을 줄이는 자세를 취할 수 있

쇠뿔을 닮았다 해서
불혼바라 부른다

다. 플랫바와 드롭바의 절충형이라 할 수 있지만 변속기, 브레이크 조작 편의성이 떨어져 다른 핸들바에 비해 안전성이 떨어지는 단점이 있다. 드롭바 상단에 설치하는 TT바(에어로바)도 불혼바에서

에어로바는 저각과 고각 등
여러 가지 모양이 있으며
추가 탈착으로 사용한다

파생되었다고 할 수 있다. 속도를 내는데 중점을 두는 TT바는 주로 철인 3종경기, 타임 트라이얼(주로 평지 위주의 정해진 코스를 최단 시간에 달리는 것) 경주에 주로 사용된다. TT바는 드롭바에 추가하여 탈착이 가능한데, 일반 도로에서는 안전을 위해서 사용하지 않는 것이 좋으며, 자전거 경주 등에서도 TT바의 사용을 제한하는 경우가 많다.

자전거, 어디에 보관 하십니까

자전거의 역사만큼이나 자전거 보관 장소의 역사도 다양하게 발전해왔다. 어린 시절 시골에서 자란 추억을 가진 분들은 넓디넓은 마당 한구석에 처박 아놓아도 되고 농기구로 가득 찬 툇간에 보관해 두었던 자전거의 기억이 있을 것이다. 구입한지 얼마 안 된 반짝이는 새 자전거는 마루로 올라와서 애지중지 닦고 조이고 하던 기억도 새록새록 나겠지.

시골을 떠나온 자전거는 어떻게 되었을까. 회색도시에서 나고 자라 공동주택 생활에 익숙한 세대들은 아파트 단지 내 자전거보관소를 당연한 '자전거집'으로 생각한다. 물론 사방이 뻥 뚫린 그 곳에 보관할 경우 자전거 좀도둑들의 표적이 되지 말라는 보장이 없으니 '팔아도 돈이 안 되는 낡은 자전거'들의 전용 주차장이 되긴 했지만 말이다.

막 비싼 건 아니지만 그렇다고 애지중지 할 만한 수준의 자전거가 아니라면 현관앞 계단에 자물쇠 하나 잠가 보관하기도 한다. 자전거가 재산목록 10호 이내로 들어가는 고가의 자전거는 상황이 많이 다르다. 맘 같아서는 안방에 두고 껴안고 자고 싶은데 동거인 눈치가 보여 차마 그렇게까지는 하지못 한다.

결국 거실 한 벽면에 거치대를 두고 걸어놓거나 베란다에 보관하는 센스를 발휘한다. 여기서 한 걸음 더 나가보자. 미적 감각이 좀 있는 라이더라면 몇 가지 간단한 소품을 활용해 피카소의 '황소'처럼 그야말로 핵심적 인테리어 소품으로 활용할 생각도 한다. 거실 한 가운데 TV대신 자전거가 놓여있는 그림, 생각만 해도 꽤 아름답다.

예술품이 되어
거실 중앙을 차지한 자전거,
라이더들에겐
무엇보다 좋은
인테리어 소품이다.

자전거 헬멧 이야기

헬멧 이야기를 쓰기 위해 자료를 모으면서 아주 잠깐 고민을 했다. 헬멧을 자전거 부품으로 다루어 '자전거를 이루는 것들'로 넣어야 할지, 아니면 기존 포지션대로 용품으로 취급해 별도 꼭지로 빼야 할지.

부품과 용품의 차이는 무엇일까. 부품은 자전거에 반드시 있어야 하는 것들, 즉 자전거 그 자체를 말하는 것이고 용품은 라이딩을 도와주는 '있으면 좋은 것들' 정도로 정리할 수 있을 듯하다.

부품과 용품의 사이에서 헬멧의 위치는 조금 애매하다. 삼천리 자전거의 온라인 쇼핑몰인 삼바몰www.sambamall.com의 자전거 용품 카테고리 최상단에는 헬멧이 있다. 하지만 필자 개인적으로 헬멧은 용품이라고 하기보다는 부품이라 우기고 싶을 만큼 필수품이라고 생각한다. 언젠가는 맨 아랫단이라도 좋으니 자전거 부품 카테고리에 헬멧이 들어가는 날이 오기는 할까.

약간 허황되어 보이는 이런 바람은 헬멧이 라이더들의 생명을 지켜주는 가장 중요한 안전장치라는 생각에서 나온 것이다. 장갑은 없어도 손이 좀 까지면 되고 패드 바지가 없으면 엉덩이가 좀 아플 뿐이지만 헬멧이 없으면 죽을 수도 있다.

2018년 행정안전부에서 발표한 자료에 따르면 자전거 사고로 인한 응급 환자 중 머리 부상자가 38%로 가장 높은 비율을 차지한다. 교통안전공단에서 이런 실험을 했다. 자전거도로의 제한속도인 시속 20km의 속도로 4.5kg의 성인 머리 모형을 떨어뜨려 보았다. 그 결과 헬멧을 착용했을 때의 중상 가능성은 15%가 나왔지만 헬멧 없이 떨구었을 때 중상을 입게 될 확률은 무려 95%에 이르는 것으로 나타났다. 제한속도 이내로 달리다가 잘못 넘어져 머리부터 떨어진다면 백명 중 95명이 중상을 입는다는 이야기다.

이렇게 중요한 헬멧인데, 그럼 자전거를 탈 때 헬멧 착용 의무화는 법제화 되어 있을까? 정답은 당연히 예스. 하지만 다음 질문으로 넘어가면 이야기가 달라진다. 자전거를 탈 때 헬멧을 쓰지 않은 것이 적발되면 처벌을 받을까? 정답은 노. 잔소리만 조금 듣고 넘어갈 뿐이다.

2018년 개정된 도로교통법에 따르면 자전거 운전자도 인명 보호 장구(승차용 안전모)를 착용하여야 한다는 조항이 추가되었는데 전기 자전거 등에는 범칙금이 있지만 일반 자전거는 범칙금 조항이 없다.

그렇다고 법이 모순된 것이라 불평할 수는 없는 노릇이다. 헬멧 착용을 강제하고 범칙금을 물리는 것은 모처럼 늘어난 생활 자전거 인구를 급격히 떨어뜨리는 부작용을 불러올지도 모르기 때문이다. '귀찮게 헬멧을 쓰느니 자전거를 타지 않겠다'는 사람들이 생각보다 많다. 올바른 자전거 문화를 위해 도입한 정책이 오히려 자전거의 대중화를 가로막을 수도 있다는 아이러니.

실제로 유럽의 몇몇 나라는 자전거 헬멧 착용 의무화 문제에 대해 꽤 오랜 시간 동안 찬반 의견이 팽팽히 대립하고 있기도 하다.

자전거의 역사에 비해 짧은 헬멧의 역사

모든 자전거 선수들이 헬멧을 착용하기 시작한 것은 언제부터일까. 놀랍지만 1995년 이후, 불과 30년이 채 되지 않았다. 오토바이의 헬멧 착용이 1960년대부터 본격화 된 것과 비교하면 한참 늦었다. 오토바이는 빠르게 달리니까 당연히 처음부터 헬멧이 필요했던 것 아니냐는 반론이 있을 수 있는데, 투르 드 프랑스에 참가하는 프로 선수들의 타임트라이얼 평균 속도는 시속 50km가 넘고, 내리막 코스에서는 최대 112.7km의 기록도 있다.

1903년 투르 드 프랑스 첫 대회가 개최된 이후 90년이 넘는 시간 동안 이처럼 무서울 정도로 빨리 달리는 프로 자전거 선수들은 헬멧을 착용하지 않고 경주를 할 수 있었다(1995년 이전에도 헬멧을 착용한 선수는 있었으며 우승까지 한 기록도 있기는 하다). 헬멧이 없었으므로 크고 작은 머리 부상을 당한 선수가 종종 나오긴 했지만, 무슨 이유인지 맨머리로 자전거를 타는 건 당시엔 자연스러운 모습이었다.

그러다 결정적인 계기가 된 사건이 하나 터진다. 파비오 카사르텔리Fabio Casartelli, 1970~1995의 사망 사고. 22세의 나이에 바르셀로나 올림픽 개인 도로 경기에서 금메달을 획득하며 세계 최고의 라이더를 꿈꾸던 그는 1995년 투르 드 프랑스 피레네 산맥 코스에서 시속 80km를 넘나드는 속도로 언덕길을 내려오던 중 충돌 사고로 여러 명의 선수들과 함께 낙차 했다. 자전거에서 튀어 오른 그는 날카로운 도로 연석 모서리에 머리를 부딪치며 정신을 잃고 만다. 바닥은 엄청난 양의 피로 흥건했고 그 처참한 모습은 사진기자들과 방송 중계 카메라에 의해 고스란히 담겼다. 사고 직후 사태가 심상치 않음을 직감한 주최측은 헬리콥터까지 동원하여 그를 병원에 이송했지만 카사르텔리는 이내 사망판정을 받고 만다. 사망 원인은 정수리에 가해진 충격 때문. 만약 헬멧만 착용했어도 죽음에까지는 이르지 않았을 아쉬운 사고였다.

100년 가까운 투르 드 프랑스 역사 상 최악의 사망 사고가 일어난 다음 날 놀라운 광경이 펼쳐졌다. 불의의 죽음을 당한 카사르텔리를 애도하기 위해 그의 소속팀 모토로라 팀 전원이 횡대로 나머지 코스를 주행하는 퍼포먼스를 진행한 것이다. 이른바 메모리얼 라이딩. 추모 의식에 동참한 다른 팀 선수들은 어느 누구도 이 대열을 추월하거나 어택을 시도하지 않고 결승점을 통과하게 되었다. 이때 카사르텔리를 추모했던 모토로라 팀에는 그 유명한 랜스 암스트롱이 소속되어 있었다.

머리에 뭔가를 쓰기는 했지만, 사이클링 캡과 헤어넷

사실 1995년의 비극 이전의 자전거 선수들이 모두 맨머리로 자전거를 탄 것은 아니다. 미국 자전거협회는 1986년에 일찌감치 헬멧 착용을 의무화했고 1989년에 열린 투르 드 프랑스에서는 지로의 신개념 헬멧을 쓴 선수가 우승을 하기도 했다. 하지만 그 전까지는 헬멧 보다는 작은 천으로 된 모자, 사이클링 캡만을 쓰고 경주를 하는 선수들이 더 많았다. 일반 야구모자에 비해 짧은 챙을 하고 있으며 머리 전체를 감싸듯 하고 있어 우리나라에서는 흔히 조각모, 쪽모자라 불린다. 프랑스어로는 캐스킷La Casquette이라 불리는데 의외로 자전거 경주의 역사와 함께 할 정도로 오래전부터 애용되어 왔다. 1868년 자전거

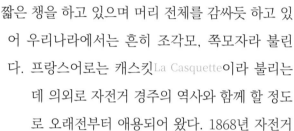

여러 용도로 유용한
사이클링 캡

경주에서 우승한 제임스 무어James Moore라는 선수가 쓰고 있었다는 기록이 남아있다.

당시 선수들이 사이클링 캡을 착용한 가장 큰 이유는 기능적인 목적보다는 스폰서를 위한 것이었다. 가장 눈에 띄는 곳에 스폰서 기업의 이름이나 로고를 그려 넣어 대회 참가를 위한 비용을 충당하고 추가 수익을 냈다. 1950년대에는 투르 드 프랑스의 옐로 저지와 함께 옐로 캡을 착용하기 시작했으며, 헬멧 착용이 의무화가 된 이후에도 시상식에는 관례로 사이클링 캡만을 착용하고 우승자들이 포디움podium에 올랐다.

지금도 많은 자전거 선수와 일반 라이더들이 사이클링 캡을 착용하고 있는데 이는 그 기능성과 편리성 때문이다. 자전거 헬멧의 통기구를 통해 여름에는 벌레가 들어가기도 하고, 햇빛이 강한 날에는 두피의 일부분에만 자외선에 노출이 될 수도 있다. 머리숱이 없는 사람은 노출된 부분만 햇볕에 타서 얼룩 머리가 되어버리는 극단적인 상상도 가능하다.

사이클링 캡은 겨울에 더 유용하다. 헬멧의 통기구를 통해 들어오는 찬 바람은 머리 전체를 얼려버릴 정도의 기세인데, 이 조각모가 의외로 톡톡히 보온 기능을 해준다. 미용면에서도 필요하다. 장거리 라이딩 후 머리카락이 눌려 헬멧을 벗었을 때 다소 우스꽝스러운 모습이 될 때를 경험해 본 사람은 사이클링 캡을 찾는다. 현재 사이클링 캡은 헬멧을 착용했을 때의 단점을 보완하는 기능적 목적으로 자전거 동호인과 선수들에게 애용되고 있다.

헬멧 착용의 바로 전단계에 잠시 머물렀던 비운의 아이템도 있다. 헤어넷이라는 보호 장구인데 1970년대 이후 자전거 안전에 대한 관심이 높아지면서 등장했다. 권투 선수들의 헤드기어와 비슷한 소재로 되어 있으며, 안면이 아닌 머리 상부를 감싸는 형식이었다. 현대의 자전거 헬멧과 마찬가지로 통기를 위한 공간이 있었기 때문에 사이클링 캡 위에 착용했다.

하지만 완충재를 가죽 소재로 감싸는 정도의 보호 장구이기 때문에 강한 충격에는 큰 효과가 없었으며, 헤어넷으로 예방할 수 있는 것은 찰과상 정도의 가벼운 사고에 지나지 않아 헬멧의 등장과 함께 이내 소수파로 남게 되었다. 사이클링 캡이건 헤어넷이건 그래도 머리에 뭔가는 뒤집어쓰고 있었으니 험한 길을 빠른 속도로 주파하는 선수들에게는 다소 심리적인 위안은 되지 않았을까.

잠깐 히트했다가 자취를 감춘 보호장구 헤어넷

멋이 없었던 것이 가장 큰 문제였던 헬멧

자전거 헬멧의 보급이 늦어진 가장 큰 이유는 '멋이 없기 때문'
이라 하는 사람이 많다. 자전거 헬멧이 오토바이나 F1 레이싱의
그것처럼 멋지지 않은 것은 '가볍지만 충격에 강하며 바람이 잘 통
해야 한다'는 포기할 수 없는 기능상의 이유 때문이다. 바람이 통
과하려면 구멍이 있어야 하고 가벼운 소재로 최대한의 충격을 흡
수하려다보니 울퉁불퉁하게 만들어야 한다. 어쩌면 자전거 헬멧은
못생길수록 더 시원하고 더 안전하지 않을까하는 생각도 해본다.

자전거 헬멧의 구조는 크게 쉘shell이라 불리는 딱딱한 외피, 발
포 폴리스티렌EPS, 발포 폴리프로필렌EPP 등의 압축 스티로폼으로
제작되어 충격을 흡수하며 머리와 맞닿는 부분인 라이너Liner, 헬
멧과 머리를 밀착시켜주는 V스트랩(턱끈)과 사이즈 조절이 가능한
내부 지지대로 구성되어 있다.

1980년대 이후 소재 기술이 발전하면서 이전보다 안정성이 높
아졌고 무게는 150~300g 수준으로 가벼워졌다. 하지만 여전히 예
쁘거나 멋있지 않다는 것이 헬멧 대중화의 가장 큰 걸림돌이었다.

헬멧의 대명사 지로의
야심작 프로라이트

이러한 분위기가 크게 바뀌기 시작한 것은 1985
년 지로GIRO에서 신개념 헬멧을 출시하면서
부터였다. 준 프로급 자전거 선수이며 디자
이너인 짐 겐츠Jim Gentes는 헬멧의 큰 부피를
차지하는 쉘 부분을 과감히 없애고, 라이너
가 쉘의 기능을 겸할 수 있는 기존에 없던 헬
멧을 고안했다. 미려한 디자인뿐 아니라 미국

항공 우주국NASA에 근무하는 지인의 도움으로 공기역학을 고려하며 신소재를 활용했기 때문에 기능적으로도 우수했다. 현재까지도 세계적인 헬멧 브랜드로 꼽히는 지로에서 이렇게 발표한 첫 번째 제품의 이름은 프로라이트ProLight. 디자인과 기능이라는 두 마리 토끼를 다 잡으면서 가벼운 것을 강조하는 네이밍까지 더해지면서 미국 자전거 시장 전체에 큰 이슈를 일으켰다.

지로가 자전거 헬멧의 대명사가 된 것은 1989년 투르 드 프랑스 대회였다. 이 대회에서 지로의 헬멧을 쓴 그렉 르몽드Greg Lemond가 드라마틱한 우승을 했는데 이를 계기로 지로의 브랜드 인지도는 크게 올랐고, 이를 본 일반인들도 '나도 헬멧을 사고 싶다'는 생각을 하게 되어 헬멧 대중화가 본격적으로 시작되었다.

르몽드의 우승은 투르 드 프랑스 역사상 가장 치열한 접전 중 하나로 꼽힌다. 1989년 대회에서 마지막 스테이지인 개인 타임트라이얼을 앞두고 1위 로랑 피뇽과 2위 그렉 르몽드의 시간 차이는 50초. 큰 차이는 아니라고 할 수도 있지만 그동안의 경기를 분석한 많은 사람이 그렉 르몽드의 역전은 불가능할 것이라 예상했다. 경기 마지막 날 르몽드는 비장의 무기, 지로에서 프로라이트 이후 두 번째로 발표한 헬멧 에어로 헤드AeroHead를 꺼냈다. 경기 중 헬멧을 쓰는 선수가 많지 않았던 시기에 거추장스러워 보이는 헬멧을 쓴 그렉 르몽드는 다른 선수에 비해 눈에 띄었으며, 평균 속도 54.55km/h 라는 경이로운 속도로 8초 차이로 앞서면서 투르 드 프랑스 종합 우승을 차지하게 되었다.

잘 알고 있다시피 빠르게 달리는 자전거에서 공기의 저항은 속도를 내는데 가장 큰 장애물이 된다. 그 저항은 속도와 비례하여 커지는데 그 곡선이 제이커브J-Curve를 그리며 가파르게 올라간다. 시속 10km와 시속 40km에서 공기의 저항은 4배가 아니라 수십배 이상이 되는 것이다. 그렉 르몬드가 썼던 헬멧은 에어로 헤드라는 이름 그대로 머리 쪽으로 가해지는 공기의 저항을 둥글게 말아 올려 최소화 시키는 역할을 충실히 해냈다.

지로 헬멧을 쓰고 투르 드 프랑스를 우승한 그렉 르 몽드

이를 계기로 헬멧이 거추장스러운 안전 장비가 아니라 경기력 향상에 도움을 줄 수 있는 장비라는 인식이 생기게 되었다.

아무리 비싼 헬멧도 재활용은 안됩니다

헬멧이 달리기 성능에 영향을 준다는 사실이 알려지면서 대회에 참가하는 선수들은 모두 헬멧을 착용했다. 평소 연습 때도 같은 헬멧을 쓰고 다녔기 때문에 일반인들도 자전거 헬멧에 주목하기 시작했고 급속히 대중화되면서 다양한 디자인과 기능의 헬멧들이 등장하게 되었다. 주로 장시간 주행을 하는 경우는 통기구, 즉 바람구멍이 숭숭 뚫린 전통적인 자전거 헬멧을 이용하며, 도심에서 짧은 시간 주행하는 경우는 통기구가 없는 대신 세련된 디자인을 하고 있는 어반형 헬멧을 착용하는 이도 많아졌다. 시속 1km의 속도라도 아쉬운 스피드 마니아들을 위해 공기역학 기능에 중점을 두어 물방울 모양으로 만든 헬멧도 등장했다.

헬멧이 자전거의 용품이 아닌 라이더의 생명을 지켜주는 부품, 필수품 수준으로 지위가 격상되면서 수많은 메이커에서 수많은 모델을 만들어냈다. 지금 시중에는 1만원 이하의 저가 헬멧부터 30만원이 넘는 최고급 헬멧까지 가격대도 자전거의 종류만큼이나 다양하다. 이렇게 천차만별인 헬멧에는 아주 중요한 공통점이 하나 있다. 바로 헬멧은 일회용, 재활용이 안 된다는 것이다.

헬멧에 강한 충격이 가해지면 내부의 완충 소재인 EPS, EPP 등이 찌그러지거나 변형, 파손되면서 충격을 흡수한다. 즉 한번 충격이 가해진 헬멧은 기능을 상실하게 되기 때문에 일회용이라는 것이다. 외부 쉘의 스크래치 정도는 괜찮은 경우가 많기는 하지만, 눈에 보이지 않는 미세한 크랙으로도 헬멧의 기능에 영향을 줄 수 있기 때문에 주기적인 점검 및 교체가 필요하다.

자전거를 이루는 것들, 바퀴

　자전거를 꽤 오래 탔다고 자부하는 사람들 중에도 아래 두 질문에 대해서는 쉽게 대답하기 힘든 경우가 있다.
　"자전거 바퀴가 크면 작은 바퀴에 비해 더 빠른가?"
　"얇은 바퀴와 두꺼운 바퀴는 속도의 차이가 있는가?"
　요즘 유행하는 표현인 '느낌적인 느낌'으로는 바퀴의 지름이 클수록, 바퀴가 얇을수록 스피드에 유리할 것 같은데 제대로 실험해 본 적이 없으니 확실한 정답을 알기가 힘들다. 일단 이 간단하면서도 심오해 보이는 질문에 대해 결론부터 내리자면, 그 '느낌적인' 추측은 맞다. 바퀴는 지름이 크고 얇을수록 속도가 더 난다.

큰 바퀴는 작은 바퀴보다 빠를까

　미니벨로의 16인치부터 MTB의 29인치까지 자전거 바퀴는 모델과 용도에 따라 다양한 사이즈로 이루어져 있다. 단순히 계산해 보면 20인치의 바퀴가 1회전을 할 때 진행거리는 1.57미터, 26인치의 바퀴가 1회전을 하면 진행거리는 2.07미터가 된다. 무한한 힘으로 일정한 속도로 똑같이 바퀴를 돌린다고 하면 당연히 26인치 바퀴가 더 멀리 움직이게 되는 것이다. 하지만 이는 실험실에서나 가능한 이론적인 수치.

'자전거가 빠르다'라는 것은 라이더의 힘과 밀접한 관련이 있다. 인간의 체력은 무한하지 않기 때문에 '적은 힘으로 멀리갈 수 있는 것'이 자전거의 속도가 된다. 20인치와 26인치의 바퀴를 1회전 시키는 데 들어가는 힘을 비교하면 26인치 쪽이 더 든

두꺼운 타이어는 안정성, 얇은 타이어는 속도에 유리하다

다. 그래서 함께 고려해야 하는 것이 '기어비'의 문제다. 기어비는 페달을 1바퀴 돌릴 때 바퀴가 몇 바퀴 도는지를 나타내는 수치다. 작은 바퀴의 자전거일수록 기어비를 높이기가 쉽기 때문에 실제로 정해진 구간을 주파했을 때 큰 바퀴와 작은 바퀴의 속도 차이는 거의 나지 않는다고 보면 된다. 큰 바퀴로 4회전 하는 것과 작은 바퀴로 5회전 하는 것을 비교해 보면 이동 거리의 총량은 비슷하다는 이야기다.

오히려 지름이 큰 바퀴의 이점은 1회전 이동거리보다는 직진성과 돌파력에 있다. 경륜의 벨로드롬이 아니라면 대부분의 라이더들은 일반 자전거 도로 또는 그보다 좀 험한 도로를 타게 된다. 여기서 바퀴가 작으면 작은 요철에도 충격을 받거나 살짝 패인 바닥에도 조향력을 잃기가 쉽다. MTB의 바퀴 사이즈가 대부분 26인치 이상 29인치까지로 되어 있는 이유가 여기에 있다.

그럼 두 번째 의문, 바퀴 두께에 따른 속도 차이는 어떨까. 요건

조금 쉽다.

바퀴가 있는 탈것의 속도는 여러 가지 요소에 의해 결정되는데 지면과의 마찰력은 꽤 중요한 고려대상이 된다. 대표적인 예가 기차 바퀴다. 레일 위를 미끄러져 나가는 기차의 바퀴는 그 육중한 차체를 지탱할 수 있을까 싶을 정도로 얇다. 레일과의 마찰력을 최소한으로 유지하기 위해서다.

바퀴(타이어)의 폭이 넓으면 땅에 닿는 면적이 넓어져 당연히 폭이 좁은 타이어에 비해 속도가 떨어지게 된다. 또, 같은 타이어라도 공기압에 따라 속도 차이가 난다. 바람이 빠진 타이어는 지면과 닿는 부분이 넓어져 스피드를 내는데 불리하다. 같은 두께와 같은 공기압의 타이어라도 트레드(무늬)에 따라 속도가 달라지기도 한다. 울퉁불퉁하고 복잡한 패턴의 트레드를 가진 타이어는 매끈한 타이어에 비해 마찰력이 많아지게 되므로 당연히 느리다.

오토바이 타이어를 연상시키는 MTB의 우락부락한 깍두기 타이어

간단히 비유하면 단거리 육상 선수의 런닝화와 산악인의 등산화의 차이점 정도가 될까. 얇고 매끈한 것은 속도를 내기에 유리하지만, 외부 충격과 안정성 면에서는 확실히 불리하다. 말이 나온 김에 자전거 바퀴의 사이즈와 두께를 좀 알아보자.

어린이용 자전거는 보통 타는 아동의 신장에 따라 바퀴 사이즈가 결정된다. 신장이 90~100cm는 14인치, 100~120cm는 18인치, 115~130cm는 20인치, 130~150cm는 22인치를 이용하는 것이 일반적이다. 22인치는 성인용 자전거에서도 사용되는 사이즈다. 휴대성이 좋은 미니벨로 같은 경우는 유아용 자전거와 같은 크기의 16인치 바퀴를 이용한다. 일반적인 성인용 자전거 바퀴의 기본 사이즈는 26인치이며, 경주용 자전거는 27인치를 주로 쓰고 있다. 산악용 자전거는 고르지 못한 노면에서 속도를 유지하기 쉬운 29인치의 큰 바퀴를 사용하기도 한다.

바퀴를 분해해보자

지금까지 편하게 '바퀴'라고 얘기해왔지만 사실 자전거의 바퀴는 ▲허브(hub, 바퀴 한 가운데 중심축, 베어링 장치), ▲림(rim, 바퀴 테두리), ▲스포크(spoke, 테두리와 중심축을 이어주는 바퀴살), ▲타이어, ▲튜브로 크게 나뉘어진다.

여기서 타이어와 튜브를 제외한 나머지 부분을 휠셋wheelset이라 부른다.

자전거에 처음 관심을 가지기 시작한 초심자들은 자전거 도로를 달리는 다른 이의 자전거 '상표'를 보면서 부러움을 느끼게 된다. 자전거를 타기 전에는 몰랐던 브랜드 들이 눈에 들어오고 "와~ 저 브랜드는 비싼 건데" 따위의 감탄을 하기도 한다. 그러다 자전거에 어느 정도 눈을 뜨게 되면 이번엔 프레임과 구동계를 살핀다. "오, 이건 카본 프레임에 울테그라를 썼군" "아무리봐도 XTR은 정말 믿음직해 보여" 이런 식이다.

그리고 자전거를 너무 사랑한 나머지 단 몇 그램이라도 감량할

타이어와 튜브를
장착하기 전의 휠셋

곳이 없는지 살피는 마니아의 경지에 이르게 되면 그때 비로소 휠셋에 눈이 간다. 일반인이 보아서는 똑같은 바퀴인데 "커스텀 휠 빌딩을 거친 제품"이라느니 "카본 스포크에 림과 스포크 일체형 휠셋"이라느니 하는 얘기들을 한다. 고가의 휠셋은 수백만 원을 호가한다고 하니 자전거 장비병(?)의 거의 '끝판왕'이 아닐까 생각해 본다. 물론 이 단계까지 가는 자전거 애호가들은 많지 않다. 그저 처음 샀을 때 달려 나온 휠셋과 타이어로 공기압만 꾸준히 유지해주며 튜브만 몇 번 바꾸고 다음 자전거로 업그레이드 할 때까지 즐거운 라이딩을 즐기는 이들이 더 많다.

휠셋에 관심을 가지고 이를 직접 만드는 단계에 까지 가면 사실 자전거는 레저 활동을 넘어선 마니아의 컬렉션 영역에까지 접근한다고 볼 수 있다. 로드 레이스에서 상금을 다투는 선수가 아니라면 어느 쪽이 옳다는 판단은 할 수 없고 취미는 취미대로, 컬렉션은 컬렉션대로 본인이 충분히 즐겁다면 그것으로 좋다는 생각이다.

휠셋도 구동계와 마찬가지로 메이커 별로 등급이 정해져 있다.

이탈리아의 캄파놀로의 경우 캄신, 벤토, 시로코, 존다, 유러스, 샤말, 보라 울트라 등의 등급별 이름을 정해놓았다. 재미있는 것은 이 이름이 모두 바람을 부르는 명칭이란 것. 바람처럼 빠르게 달리는 바퀴의 이미지를 염원했던 것일까. 캄파놀로의 휠셋은 라쳇소리(자전거 페달을 돌리지 않고 공회전 할 때 허브에서 나는 챠르르르 하는 소리)가 다른 브랜드에 비해 좀 크다는 특징이 있다. 한강 자전거

도로를 달리다 바로 뒤에서 이 라쳇소리가 나면 무척 신경이 쓰이던 경험(내 뒤에서 누군가 속도를 줄이고 공회전을 하고 있다. 그러니 앞에 있는 당신은 좀 빨리 가라는 뜻 아니겠는가)이 있는 필자로서는 그리 반가운 소리는 아닌데, 자전거 애호가 중에서는 이 소리를 좋아하는 사람도 많다고 한다.

실제로 인터넷 포털의 지식나눔 코너에 들어가보면 '어떤 자전거가 라쳇소리가 큰가요?'라거나 '라쳇소리 이정도면 대충 얼마짜리 자전거일까요'라는 질문이 심심치 않게 올라오는 것을 볼 수 있다.

캄파놀로와 함께 휠셋을 등급으로 나누어놓은 대표적인 메이커는 시마노다. 이 회사는 바람의 이름을 등급으로 쓰는 이탈리아 회사와 달리 좀 멋없이 영문과 숫자의 조합으로 휠셋을 나누고 있다. R500, RS10, RS20, RS 100 이런 식인데 최상급으로 가면 동사의 구동계 이름인 울테그라와 듀라에이스 등급의 네이밍을 함께 쓰기도 한다.

시마노 휠셋의 특징은 라쳇소리가 조용하다는 점이다. 앞서 얘기했다시피 이 소리에는 호불호가 분명하므로 라쳇소리를 좋아하는 애호가는 캄파놀로의 휠셋을, 조용한 라이딩을 원하는 마니아는 시마노의 휠셋을 사용하면 될 일이다.

커스텀 휠빌딩은 레저를 넘어선
마니아의 영역으로 보인다

자전거의 신발 타이어

종이, 화약, 나침반 등과 함께 인류의 역사를 바꾼 위대한 발명품 중 하나인 바퀴가 프레임을 만나 처음 자전거라는 장치가 만들어졌을 때는 지금과는 크게 다른 모습이었다. 지금처럼 매끈하고 통통한 타이어도 없었고, 소 달구지 마냥 덜컹 거리는 나무 바퀴가 그 시작일 뿐이었다. 얼마 후 승차감과 내구성을 높이기 위해 나무 바퀴 테두리에 얇은 철판을 붙인 타이어(?)가 등장하기도 했는데 엄청난 소음 유발자였다. 현대적 모습의 자전거 바퀴는 지금의 공기주입식 고무 타이어가 등장하면서부터 그 역사가 시작되었다.

타이어는 앞에서도 얘기한 바퀴 테두리인 림에 장착하게 된다. 여기에 타이어를 어떻게 붙이는지에 따라 타이어의 종류가 달라지는데 보통 클린처, 튜블러, 튜브리스 방식으로 구분한다.

1888년 아일랜드의 수의사이자 발명가인 존 보이드 던롭John Boyd Dunlop은 아들이 딱딱한 나무 바퀴가 달린 자전거 타는 모습을 보며, 편안하고 안전하게 탈 수 있는 고무 타이어를 떠올렸다. 고무만을 림에 둘렀을 때는 생각보다 큰 효과를 볼 수 없었지만, 얼마 후 고무 튜브에 공기를 넣고, 보다 질긴 소재로 튜브를 감싸는 최초의 공기압력을 이용한 타이어를 개발했다.

던롭의 공기주입 타이어는 고압 튜브를 감싸고 있는 타이어를 접착제로 림에 붙이는 튜블러Tubular 방식이다. 튜블러 방식은 타이어 내부에 튜브가 밀봉되어 있는 일체형 타이어이기 때문에 고압의 공기를 주입할 수 있어 고속 주행에 유리하다. 하지만 펑크가 나면 림에서 타이어를 떼어내서 수리해야하는 등 문제에 대처

하는데 많은 불편함이 있다.

1889년 타이어 전문 회사 던롭이 설립된 후 자전거 타이어의 표준이 되었다고 할 수 있을 만큼 전세계적으로 판매가 되었다. 프랑스 중부 지방에서 고무공장을 운영하고 있던 미쉐린 형제는 던롭의 타이어를 수리하면서

어린이용 자전거에도
다양한 트레드의 타이어가 있다

오랜 시간이 걸리자 이를 개선하기 위해 클린처 방식이라는 새로운 타이어를 고안했다. 타이어가 공기를 주입한 고무 튜브의 외부만을 감싸며, 걸림쇠를 이용해 타이어와 림이 고정되는 방식이다. 고무 튜브에 공기가 주입되어 팽창이 될 수록 타이어와 림의 결속력이 강화되며, 공기가 빠지면 쉽게 림과 타이어 사이에서 고무 튜브를 꺼낼 수 있다. 즉, 펑크 등의 문제가 발생할 경우 튜블러 방식의 타이어보다 빠르게 수리할 수 있다는 것이 가장 큰 장점이 있다. 1900년대 초에 미쉐린 형제가 고안했지만 클린처 타이어가 자전거용으로 상용화되기 시작한 것은 1980년부터다.

튜브리스 타이어가 등장한 것은 비교적 최근의 일로 이름 그대로 튜브tube 없이less 타이어와 림만으로 내부의 공기를 밀폐하는 방식이다. 자동차 타이어와 동일한 방식인 튜브리스 타이어는 낮은 공기압으로도 사용이 가능할 뿐 아니라 성능 저하 없이 편안한 주행 환경을 경험할 수 있는 장점이 있다. 공기압이 낮을 경우 지

면과의 접지 면적이 커지기 때문에 보다 안전한 주행을 할 수 있어 초기에는 산악자전거에서 많이 사용되었다. 또한 튜브가 없기 때문에 펑크 나는 경우가 거의 없으며 펑크 보호 방지 액상(실란트)를 이용하면 미세한 펑크 발생시 자동으로 메워주기 때문에 펑크에 대한 걱정에서 조금 더 자유로워질 수 있다.

클린처, 튜블러, 튜브리스 타이어는 각각의 장단점을 갖고 있다. 그렇기 때문에 어떤 방식이 가장 좋다고 말하기는 힘들다. 일상 생활에서 볼 수 있는 대부분의 자전거는 클린처 방식이며, 이 방식은 프로 선수들이 주로 사용하는 방식이기도 하다. 주된 주행의 목적과 자전거의 용도, 취향에 따라 선택하는 것이다.

펌프는 샀는데 바람이 안 들어가네

자전거를 전혀 모르고 구입한 대부분의 초심자가 처음 겪는 문제는 '타이어에 바람 넣기'다. 조금 더 정확히 말하자면 클린처 방식의 튜브에 공기압을 어떻게 보충하느냐의 문제. 수십여 년 전 동네 어귀마다 자전거 가게가 있을 때는 바람 빠진 자전거를 끌고 공기를 넣어오고는 했었지만 지금은 멀리까지 가느니 인터넷에서 펌프를 하나 구해서 직접 보충을 한다.

이 초심자들이 얼마 전까지 자주 겪었던 실수 중 하나가 펌프를 살 때 자신의 자전거 밸브가 어떤 것인지 몰라서 낭패를 겪는 것이었다. 인터넷에서 자전거 펌프를 검색해서 가격만 보고 선택을 했을 경우 단순 계산으로 바람을 제대로 넣을 수 있는 확률은 33%

다. 조금 비싼 펌프를 구입했다면 66%까지 확률을 높일 수도 있다. 자전거 튜브에 공기를 넣는 밸브의 종류가 달라서 생겼던 일. 자전거 바퀴에 바람을 넣는 밸브는 프레스타(Presta, 6mm), 슈레더(Schrader, 8mm), 던롭(Dunlop, 8mm) 크게 3가지 방식이 있다.

각각의 방식에 맞는 공기 주입구가 다르기 때문에 호환 여부를 반드시 확인해야한다. 물론 요즘은 1만 원대의 저렴한 펌프라도 위의 3가지 방식을 밸브를 바꿔가며 쓸 수 있도록 만들어놓았다. 만약 호환되지 않는 펌프를 구매했다고 해도 쉽게 포기할 필요는 없다. 500원 정도면 사는 어댑터를 구해서 끼우면 될 일. 물론 이것도 본인이 구매한 펌프가 무슨 방식의 밸브이고, 자전거 밸브는 어떤 방식인지 알아야 의미가 있다.

던롭방식의 밸브는 던롭에서 자전거 타이어를 양산화하고 3년 후인 1891년, 영국인 발명가 C.H.Woods 가 발명한 밸브이다. 주로 던롭 타이어에 이용되면서 던롭 밸브라 불리기도 했지만 발명가의 이름을 따서 우즈밸브, 잉글리시 밸브라 불리기도 한다. 특별한 공구가 없어도 쉽게 교체할 수 있으며, 정비, 수리도 용이하다

presta　　schrader　　dunlop

자전거 튜브의 3가지 밸브
왼쪽부터 프레스타, 슈레더, 던롭

는 장점으로 많은 자전거에 이용되고 있다. 흔히 '생활 자전거'라 불리는 중저가 자전거가 이 방식을 채용하고 있다. 단, 공기 주입 시 압력PSI을 측정할 수 없기 때문에 공기압에 민감한 경주용 자전 거나 산악용 자전거에서는 사용되지 않는다.

던롭 밸브와 비슷한 시기 독일계 미국인 어거스트 슈레더August Schrader가 발명한 슈레더 밸브는 자동차와 오토바이, 자전거 등 다양한 분야에 이용되고 있다. 고무캡을 열어보면 밸브 안에 작은 핀이 돌출되어 있고, 이 핀을 누르면서 공기를 주입하거나 빼는 방 식이다. 자동차 타이어가 슈레더 방식을 사용하고 있기 때문에 공 기주입기를 소지하고 있지 않더라도 주유소나 자동차 정비소에서 도 바람을 넣을 수 있는 것이 장점이다. 반대로 자전거 펌프로 자 동차 바퀴에도 바람을 넣을 수 있다는 뜻이다. "자전거 펌프로 어 떻게 자동차 바퀴에 바람을 넣어?"라고 묻는 사람이 있을지 모르 나, 의외로 쉽다. 로드 사이클의 평균 공기압이 100psi이고 일반 승용차의 공기압이 35~40psi 정도이니 펌프질에는 전혀 힘이 들 지 않는다. 다만 생각보다 여러 번 펌프질을 해야 하기 때문에 어 깨나 허리가 좀 아프다는 단점이 있기는 하다. 경험상 10번 펌프질 에 자동차 타이어 공기압 1psi 정도가 올라간다.

슈레더 밸브 사용시 하나 주의할 점은 작은 핀을 눌러서 공기를 넣고 빼는 방식이기 때문에 밸브캡이 없으면 급한 상황에서 낭패 를 겪을 수도 있다는 것. 반드시 공기주입후에는 밸브캡을 꼭 챙겨 서 닫자.

프렌치 밸브라고도 불리는 프레스타 방식의 밸브는 던롭 밸브나 슈레더 방식에 비해 직경이 2mm 얇기 때문에 얇은 바퀴를 사용하

바퀴야말로
자전거를 아름답게 보이는
가장 중요한 요소 아닐까

는 경주용 자전거에서 주로 사용되고 있다. 3단계로 구성된 프레스타 밸브는 공기를 넣기 위해서 잠금너트lock nut를 풀고, 주입이 끝나면 다시 너트를 잠가야한다. 이 덕분에 자연스럽게 바람이 빠지는 정도가 다른 밸브에 비해 적다. 단점으로는 밸브 상단부가 얇기 때문에 쉽게 휘거나 부러지는 경우가 있다.

프레스타 방식의 밸브가 망가졌을 경우엔 밸브만 따로 구하려고 애쓰지 말고(파는 곳도 없을뿐더러 장착도 힘들다) 그냥 튜브를 새것으로 구매하면 된다. 클린처 방식의 타이어는 프레스타 밸브와 튜브가 일체형으로 나오기 때문이다.

자전거 도로를 만드는 분에게

용기를 내 솔직히 말한다.

지금 우리나라에 있는 자전거 도로, 특히 서울 도심에 있는 자전거 도로는 애물단지다. 조금만 살펴봐도 그 허술함에 기가 차는 이 도로의 모습을 보고 있노라면 도대체 '자전거를 타는 행위'를 뭘로 보고 만든 건가 한숨만 난다. 자전거 타기가 놀이나 취미라면 지금의 도로는 꽤 매력적일 수 있다. 인도와 차도를 열심히 왔다 갔다 하는 재미도 있고 뒤에서 달려오는 쏜살 같은 승용차의 위협을 감수해야 하는 스릴도 넘친다. 심심하지 말라고 우렁찬 경적도 울려준다. 길가에 세워둔 화물트럭과 택시를 피하는 건 목숨을 건 서스펜스까지 느껴질 정도다.

자전거는 이동수단이다. 걷기나 지하철, 버스보다 자전거를 이용하는 이유는 그것이 더 빠르거나 편리하기 때문이다. 그런데 지금 도심 곳곳에 자주색 아스팔트로 깔아놓은 자전거 도로는 전혀 그 편리함에 도움이 되지 않는다. 나무도 심고 꽃도 심어 놓으니 보기엔 예쁘다. 하지만 너무 불편하다. '끌바'를 하지 않고는 단 이백 미터도 갈 수가 없다.

서울 남대문 부근의 자전거 도로가 이렇다.
나타났다 사라지고 가로수와 전신주를 피해 꺾어지기
다반사. 길가에 주차된 차량도 피해 다녀야 한다.

불법 주정차가 일상인 곳에 파란 선만 그어 놓는다고 자전거 도로가 되는
것이 아니다. 인도를 넓혀 한 곳에 자주색 아스팔트를 깔아놓고 자전거 도
로가 되는 것도 아니다.

자전거 도로를 계획하고 만드는 분에게 한 마디 하고 싶다.

"직접 그 길을 자전거로 달려보십시오."

자전거를 이루는 것들, 구동계

전문가들은 스스로의 권위를 나타내는 방법으로 은어(argot 隱語)를 쓴다. 은어의 사전적 정의는 '이해관계를 같이하는 사람들, 같은 직업이나 계급의 구성원들 사이에서만 통용되는 특수어'인데, 집단 외의 구성원 즉 초보자나 일반인들이 알아들을 수 없는 언어를 씀으로써 자신들의 테두리로 들어오는 장벽을 높이는 것이다.

의도하든 의도하지 않았든 천만인의 취미인 자전거 쪽에도 그런 은어가 종종 보인다.

이를 테면 이런 것이다. 한강 자전거 도로를 달릴 로드 사이클을 추천해달라는 초보의 질문에 "처음이라도 최소 클라리스 이상, 소라는 되어야 하는데 그것도 약간 아쉬우니 백오급 정도 되는 걸로 장만하시는 것이 중복지출을 막는 길입니다. 한 2년쯤 타시다가 평생 탈 자전거가 필요하시면 카본프레임에 울테 또는 끝판왕 듀라에이스로 가세요."

MTB를 사고 싶다는 글에는 "아세라 알리비오 말고 최소 데오레급은 되어야 조금 만족스럽게 라이딩 가능하십니다. 그 다음에 투자 좀 해야겠다 싶으면 티타늄 프레임에 엑스티, 엑스티알도 고려해보세요."

이 무슨 외계어의 연속이란 말인가. 우스우면서도 조금 부끄러운 사실인데, 위 은어들은 모두 시마노SHIMANO라는 일본 자전거 부품회사 한 곳의 등급별 구동계 이름들이다.

구동계는 자전거의 엔진이자 심장이다

시마노의 구동계가 한때 국내시장을 완전히 장악해서 지금도 대부분의 자전거 동호인들은 울테그라니 엑스티알이니 하는 구동계의 등급별 명칭을 자전거 등급으로 정하고 있는 셈이다.

움직이고 멈추는 모든 부품, 구동계

넓은 의미의 구동계는 휠셋과 타이어를 포함해 자전거를 움직이는데 필요한 모든 부품을 일컫는 말이다. 하지만 위의 예에서 보이듯 일반적으로 쓰는 구동계의 개념은 변속기와 변속레버, 크랭크, 체인, 스프라켓 등 자동차로 따지면 엔진을 포함한 파워트레인 power train 부분만을 지칭한다. 여기에 자전거를 멈추게 하는데 필요한 브레이크 부품까지 구동계에 포함시키기도 한다.

구동계는 자전거 프레임과는 달리 선두업체의 독점이 심한 분야다. 일본의 시마노SHIMANO, 미국의 스램SRAM, 이탈리아의 캄파놀로Campagnolo 이 3개사가 현재 세계 구동계 시장의 대부분을 점유하고 있다. 스램과 캄파놀로는 중상급 이상 구동계의 비중이 높

전자식 구동계도 나온다. 시마노의 Di2

은 편이고, 시마노는 생활자전거부터 프로 선수용 자전거까지 거의 모든 영역을 취급하면서 전세계 시장 점유율의 85%를 차지하는 것으로 추정된다.

반독점半獨占이 형성된 구동계 시장의 가장 큰 특징은 구동계 제조사가 각 부품의 등급을 나누어 하나로 묶어 그룹 세트로 판매하는 정책을 취하고 있다는 것이다. 각 부품이 조화를 이루면서 작동할 때 조작성, 안정성이 높아진다는 이유가 가장 크지만 소비자의 선택을 제한한다는 비판에서 자유로울 수는 없다. 부품 등급에 따른 가격 차별화 정책도 구동계 시장의 특징으로 볼 수 있는데, 저가 시장과 고가 시장이 완벽히 구분되어 있는 상황이다. 예를 들어 시마노의 로드 그룹 세트 중 가장 낮은 등급인 클라리스는 50만 원대지만 최상위 등급인 듀라에이스 Di2는 500만원에 달한다. 일반 생활자전거에 들어가는 부품이 5만~10만 원대임을 감안하면 100배 이상의 차이를 내는 것이다. 사실 취미건 생업이건 자전거 정도로 대중적으로 쓰이는 아이템에서 그 어떤 것도 이 정도의 가격차이가 나는 제품은 거의 없다.

어느 등급의 구동계를 사용하는지에 따라 자전거의 가격대를 짐작해볼 수 있기 때문에 첫 단락에 얘기한 자전거 등급의 대명사가 된 것일지도 모르겠다.

자전거와 낚싯대는 같은 기술? 시마노 구동계

자전거 구동계의 대명사가 일본기업이라는 것은 속이 좀 씁쓸하다. 시마노는 1921년에 창립되었고 일본 브랜드 상당수가 그렇듯 브랜드 명은 설립자의 이름에서 따온 것이다. 자전거 구동계 만큼이나 낚시 쪽에서도 유명한데 낚시 쪽 매출은 자전거 쪽의 반도 못 미친다고 한다. 울테그라처럼 자전거 구동계와 같은 이름의 릴을 만들어 팔기도 해서 가끔 중고장터에서 자전거 사러갔다가 낚시 릴을 보고 왔다는 우스개가 나오기도 한다. 낚시의 스피닝 릴이나 자전거의 변속 드레일러나 모두 빠른 회전을 중요시한다는 점에서 공통점을 가지는 정밀부품이니 이상한 일은 아니다.

시마노의 MTB 구동계를 등급별로 살펴보면 다음과 같다. 먼저 나오는 구동계가 하위 등급, 뒤로 갈수록 높은 등급이 된다.

투어니Tourney : 보통 자전거의 단수는 뒤쪽 스프라켓의 단수 (체인을 걸 수 있는 자리의 수)로 이야기하는데 구동계가 고급이 될수록 이 단수가 높아진다. 투어니는 7단과 8단을 채용하고 있다. 전문적으로 산을 타기 힘든 '유사 산악자전거'에 쓰이는 부품인데 가끔 산악인증을 제대로 받은 자전거에서 채용하고 있기도 하다. 부품구성이 간단하고 호환성이 좋다는 것이 장점.

알투스Altus : 9단이다. 대중적으로 인기가 높은 아세라에 밀려 시마노 브랜드 내에서는 그렇게 높은 비중을 차지하고 있지는 않지만, 입문자들에게는 업그레이드로 인한 체감이 그리 크지 않은 레버나 스프라켓에서 알투스 등급을 쓰는 경우가 종종 있다. 참고로, 구동계는 같은 회사의 부품이라면 등급이 달라도 호환이 되므로 부품마다 다른 등급을 쓰기도 한다.

아세라Acera : 2011년까지 8단으로 생산되다가 지금은 9단으로 구성되어 있다. 저가형 자전거에서 가장 인기가 높은 등급이다. 유사 산악자전거와 미니벨로, 하이브리드 자전거 등에서 꽤 많이 볼 수 있다.

알리비오Alivio : 아랫등급 아세라보다는 비싸고 바로 윗등급 데오레보다는 저렴한 좀 어정쩡한 위치의 비운의 등급이다. 아세라나 데오레가 저가형과 중간 가격 자전거의 대명사가 되어서 속칭 '낀세대' 정도라고나 할까. 모델을 업그레이드 하면서 고급화하여 입문용 MTB의 아주 기초단계 구동계로 자리매김하려고 노력하는 중으로 보인다.

데오레Deore : 10단부터 12단까지 나온다. 앞에서 은어로 예를 들었던 바와 같이 입문용 MTB 구동계의 대명사. '데오레 정도는 되어야 입문이 가능하다'는 인식이 국내 MTB 애호가들 사이에 자리 잡은 것도 이 때문이다.

데오레 엘엑스Deore LX / SLX : LX는 9단, SLX는 10~12단으로 만들어져 있다. LX가 원래 데오레의 상위등급 형이었는데, 성능이 개선된 SLX가 나온 이후로는 그 자리를 넘겨주고 9단인 LX는 하이브리드용 크로스바이크 자전거 쪽으로 집중하고 있다. 데오레의 바로 윗자리를 물려받기는 했지만 SLX는 중급 구동계의 대명사 데오레와 고급 구동계의 대명사 엑스티 사이에서 좀 애매한 포지션으로 판매되고 있다. 국내에 그렇게 많이 보이지 않는 부품 등급이다.

데오레 엑스티Deore XT : 12단 구성. 만듦새나 내구성이 상당히 뛰어나지만 그렇다고 범접하기 힘든 가격도 아니라서 가장 인기가 높은 등급이다. 가성비가 가장 좋다는 로드 사이클의 105급 정도라고 보면 된다. 2010년에 10단 구성으로 출발해 2015년에 11단으로 변경되고 2019년에 12단으로 최종 업그레이드 되었다. 사실 구동계는 잦은 기어변속의 편의성 때문에 스프라켓의 정교함이 상당히 중요한데 이 엑스티 모델부터 명품이라 말할 수 있는 수준의 스프라켓을 채용하고 있다.

가성비 MTB 구동계의
대명사 데오레

엑스티알XTR : 시마노 MTB 구동계의 최상위 모델, '끝판왕'이다. 보통 한강 자전거 도로 쉼터에서 잠시 땀을 식히다보면 괜히 서로의 자전거를 비교하면서 말을 걸고 싶어 하는 마니아들을 만나게 된다. 이때 MTB 구동계에 XTR 마크가 찍혀 있으면 소리 없이 부러움의 눈길만 보내고 사라지는 경우가

리어 드레일러에 박힌
선명한 XTR 등급

있다. 티타늄 프레임의 전문 산악용 자전거에 많이 채용된다.

위 구동계 외에도 전자식 변속기를 채용한 XTR Di2나 프리라이드 또는 다운힐 용도의 지ZEE, 올마운틴, 크로스컨트리, 다운힐용 최상위 버전 세인트SAINT 등급의 시마노 구동계도 있으니 일반인들이 이용하는 모델이 아니라 많이 알려져 있지는 않다.

로드 사이클용 시마노 구동계 등급 알아보기

같은 자전거지만 MTB와 로드 사이클의 구동계는 큰 모양에서만 비슷하고 세세한 부분으로 가면 상당히 달라진다. 당연히 등급별 이름도 다르고 MTB와 로드 구동계가 호환되는 경우도 없다. 대표적으로 다른 부분이 브레이크와 변속레버의 일체 여부인데, MTB는 속도보다는 안전을 중시하므로 이것이 확실히 분리되어 있지만, 경량화와 스피드를 우선으로 하는 로드 사이클은 일체형으로 되어 있는 경우가 대부분이다. 그래서 MTB나 생활자전거만 타 본 사람들이 시마노 구동계의 로드 사이클을 처음 타면 기어 변속을 하지 못해 당황하는 에피소드도 종종 일어난다. 이처럼 모르는 사람은 아예 기어변속이 불가능한 일체형 레버를 STI Shimano Total Integration 레버라고 부른다. 브레이크 레버를 왼쪽이나 오른

쪽으로 툭툭 치면서 기어를 변속하는 방식이다. 물론 레버를 당기면 브레이크가 작동한다.

시마노 로드 사이클 구동계의 순서는 이런 순으로 되어 있다. 역시 먼저 나오는 쪽이 하위등급이다.

투어니Tourney : 7단 스프라켓을 사용하는 기본형으로 2013년부터 생산을 시작했다. 저렴한 가격이지만 STI 레버가 나오는 모델이다. 바로 윗등급인 클라리스가 초보용 로드 사이클의 기본 구동계로 인식되는 바람에 그리 널리 적용되지는 않고 있다.

클라리스Claris : 8단 구성이다. 아랫급 투어니가 생활 자전거 느낌이라면 클라리스 등급부터는 그래도 입문용이지만 로드 사이클용이라는 느낌이 강하다. 외관도 상위버전과 많이 닮아 있다. 몇 번의 등급내 업그레이드를 거쳤기 때문에 만족도도 높은 편이다.

소라Sora : 9단을 채용하고 있으며 가격대가 좋아서 입문용 로드 구동계에서는 가장 인기 있는 등급으로 알려져 있다. 2000번대로 시작하는 시마노 내의 로드 구동계 숫자등급에서 3000번대 위치를 차지한다. 디스크브레이크가 정식 라인업에 포함되어 있다.

티아그라Tiagra : 10단 구성의 제품. 입문용 베스트셀러 소라와 가성비의 최고봉 백오 사이의 샌드위치 포지션이라 판매량은 그렇게 많지 않은 편이다. 이 티아그라 급까지 시마노사는 일본외 국가에 외주생산을 의뢰해 메이드 인 재팬 부품은 아니다.

백오 또는 일공오105 : 어느 정도 자전거를 탄다고 하는 국내 로드 사이클 이용자들이 아마 가장 많이 이용하는 구동계가 아닐까 추측해본다. 11단 구성이며 이 105

시마노 로드 베스트셀러 105 구동계

구동계부터 전문가용 로드 사이클로 인정해주는 경향이 있다. 유압식 레버와 유압식 디스크 브레이크 캘리퍼 등을 선택할 수 있고, 모양이나 기술까지 상위 등급인 울테그라나 듀라에이스에서 쓰이는 것들을 많이 채용하고 있다. 레버 정면에 박힌 105라는 각인은 이를 보게 된 다른 마니아들로부터 "오 자전거 좀 아나본데"라는 약간의 인정을 받게 해주는 역할을 한다. 물론 그런 시선은 자전거를 컬렉션 영역으로 생각하는 마니아들의 즐거움이지 취미와 건강을 위해 라이딩을 즐기는 이들에게 중요한 것은 아니다.

울테그라Ultegra : 조금 과장해서 말하면 '선수들이 쓰는 라인업'이다. 유독 한국인들이 자전거에 있어서 등급에 민감한 경우가 많다는 이야기가 있는데, 이는 쭉쭉 뻗은 자전거 도로 때문이란 생각도 든다. 집에서 전철역이나 근거리 라이딩 위주인 다른나라에 비해 650km 국토종주도 예사롭게 하는 우리 민족이니 아무래도 고성능에 관심이 가는 것은 당연하지 않을까. 105와 비교해 엄청난 성능차이를 보이는 것은 아니지만 가격 차이는 엄청나다. 어쩌면 베스트셀러 105의 무궁한 판매를 위해 다소 사치스러운 바로 윗등급 포지션을 만든 것은 아닐까 하는 생각도 든다. 시마노의 최신기술을 대부분 넣었다고 보면 되고 105까지의 레버가 알루미늄인데 반해 울테그라부터는 카본을 채용한다. 전자식 변속기 버전으로 울테그라 Di2도 있다.

듀라에이스Dura-ace : 프로 라이더들이 쓰는 구동계다. 10단과 11단을 채용하고 있으며 울테그라와 고작 한 등급 차이임에도 가격 차이는 몇 레벨을 훌쩍 뛰어넘는다. 경주용 자전거의 포지션이기 때문에 경량화를 위한 모든 기술을 집어넣었다. 여기서 주의할 점은 경량화는 어느 정도 내구성의 약화를 가져오기 마련인데, 오로지 스피드만을 위해서 라이딩을 하는 프로 라이더가 아니라면 이 내구성 부분을 포기

로드 구동계 끝판왕
시마노 듀라에이스

할 수 없기 때문에 일반인용으로는 추천하지 않는다. 전동모터로 변속기를 구동하는 무선 전동식 Di2 버전도 있다.

미국의 스램과 이탈리아의 캄파놀로

시마노가 세계 구동계 시장의 대부분을 장악하고 있지만 그 독주가 언제까지 이어질지는 사실 의문이다. 독점이 심해지면 갑질도 그만큼 심해지는 법. 실제 시마노는 부품 공급과 관련하여 꽤 많은 자전거 완성차 메이커들과 분쟁을 겪기도 하고 공공연한 비난에 직면하고 있기도 하다.

자전거 부품 공룡기업 시마노와 결별한 많은 메이커들이 대안으로 선택하는 회사가 스램과 캄파놀로다. 우리나라 자전거 시장도 꽤 오랫동안 시마노 일색이었다가 스램의 총판을 삼천리자전거가 한때 맡으면서 최근 몇 년 새 빠르게 스램의 보급률이 늘어나고 있기도 하다.

미국회사인 스램은 구동계 한우물만 파는 회사는 아니다. 속칭 '쇼바'라고 불리는 서스펜션을 생산하는 락샥ROCKSHOCK과 휠 전문 메이커인 집ZIPP, 브레이크 메이커 아비드AVID, 크랭크와 같은 구동계 외의 다른 부품을 전담 생산하는 트루바티브TRUVATIV도 스램의 가족회사로 등록되어 있다.

그렇다고 스램이 시마노에 기술력이 뒤지는 것도 아니다. 10단 구동계는 스램이 시마노보다 먼저 생산하기 시작했고, 그립시프트 Grip Shift 레버도 스램이 최초로 개발했다. 스램 설립당시 산악자전거가 유행을 타고 있었기 때문에 구동계는 MTB 쪽을 먼저 개발했고, 로드 사이클용은 어느 정도 시간이 지난후 시장에 뛰어들었다. 아직 국내엔 '대명사'라 할 만큼 많이 보급되어 있지 않으므로 각 등급별 이름만 살펴보자.

MTB 구동계 : SX EAGLE ⟨ NX EAGLE ⟨ GX EAGLE ⟨ XO1 EAGLE ⟨ XX1 EAGLE/AXS 순이며, 뒤로 갈수록 상위 구동계다. 사실 스램이 내놓고 있는 구동계의 종류만 정확히 따지면 20여종에 이르지만 메인 등급의 업그레이드 버전이나 특수목적의 구동계인 경우가 많아 일반적인 등급만 기록해보았다. 최상위 등급인 XX1 EAGLE은 산악용 자전거 구동계 최초의 12단 구성으로 시판 가격이 1천500달러(약 180만원)에 이르는 고급품이다. 이를 기초로 무선 전동식 변속이 가능한 XX1 EAGLE AXS 버전도 출시했다.

스램의 로드용 고급 구동계 포스

로드 사이클용 구동계 : 에이펙스Apex ⟨ 라이벌Rival ⟨ 포스Force ⟨ 레드Red 순으로 비교적 간단한 구성이다. 스램은 시마노나 이탈리아 캄파놀로에 비해서는 뒤늦게 구동계 시장에 뛰어든 메이커지만, 같은 등급에서 가장 가벼운 무게를 자랑하는 장점을 가지고 있다.

특이한 점은 시마노나 캄파놀로가 기어의 업다운을 각각 다른 레버에 적용시키고 있는 반면, 스램은 더블탭 레버라는 기술을 개발해 레버 하나로 이를 해결하고 있다는 점이다. 경량화에 따른 내구성 약점과 레버 하나로 업다운을 계속 하다 보니 부품에 쌓이는 물리적 피로도 때문에 변속레버 파손이 잦다는 문제가 있었지만 수차례 업그레이드를 통해 개선하였다고 한다.

다소 부진한 캄파놀로에 비해 빠른 속도로 성장하고 있는 스램이 세계 구동계 시장을 이끌어 가는 데는 중요한 난관이 있는데 바로 웬만한 자전거 샵에서 스램의 부품을 수리하기 힘들어한다는 것이다. 대부분 시마노 구동계만을 접하고 수리하다보니 스램의 메커니즘을 이해하는 기술자들이 현저히 적기 때문이다. 게다가 스램의 구동계는 정밀도가 높아서인지 다른 메이커에 비해 세심한 세팅을 요구한다고 하여 실제 현역에서 자전거를 다루는 미캐닉들은 스램 구동계의 보급을 반기지 않는 것도 현실이긴 하다.

하지만 이 모든 번거로움과 난관들은 감수하면서도 스램의 보급률이 늘어나고 있는 것은 바로 그 스램 특유의 미려한 디자인과 감성품질, 그리고 결정적으로 '일본 브랜드가 아니라는 점' 때문이

스램 레드 구동계를
장착한 모습

다. 주말 북한강 라이딩을 나가 느티나무 밑에 앉아 물을 한잔 마시고 있노라면 "스램? 이건 어느 나라 자전거요?"라고 물어보는 마니아들 한 두명 쯤은 만나기 쉽다. 시마노가 아니라는 것, 그것만으로도 스램의 가치는 아직 충분한 듯 하다.

캄파놀로 CAMPAGNOLO

명품자전거의 고향 이탈리아의 자전거 부품회사로 1933년에 설

립되었다. 구동계 외에 휠셋 제조사로도 유명하다. 시마노보다는 10여년 늦게 창립되었지만 그래도 100여년의 역사를 가진 유구한 메이커로 유럽에서는 뭔가 클래식하고 전통적인 느낌의 브랜드 이미지를 갖고 있다. 자전거 바퀴를 쉽게 탈착할 수 있는 QR레버라고 불리는 퀵 릴리즈의 개발자이자 전직 사이클리스트인 제툴리오 캄파놀로Getullio Campagnolo 가 세운 공방에서 출발했다. QR레버의 개발 비화도 재미있다. 사이클 선수였던 제툴리오가 경기 중 휠이 고장나 빠르게 휠을 갈아야 하는 상황을 만났는데, 고정 볼트가 빠지지 않아 경기에서 패배하고 말았던 것. 머리끝까지 화가 난 그는 결국 누구나 간단하게 휠을 탈부착 하면서도 단단히 고정시킬 수 있는 퀵 릴리즈 레버를 만들었다. 캄파놀로는 자전거 외에도 1980년대까지 자동차 레이싱용 마그네슘 휠을 알파로메오, 페라리, 포르쉐 같은 유수의 슈퍼카 브랜드에 공급하기도 했다고 한다.

사실 우리나라 자전거 마니아들에게 캄파놀로라는 이름은 구동계보다는 휠셋 메이커로서 더 친근하다. 벤토, 시로코, 존다, 보라 울트라 등의 이름은 자전거를 좀 타는 사람들에게는 가슴을 두근거리게 하는 명품 휠셋으로 잘 알려져 있다. 캄파놀로의 휠셋은 라쳇소리가 크다는 것이 가장 큰 매력이자 특징인데, 여기에 동사의 구동계를 더하면 완벽한 하모니가 되지 않을까 상상해 본다. 휠셋으로 유명한 회사답게 자회사로 펄크럼Fulcrum이라는 휠셋 제조사를 두고 있다.

캄파놀로는 시마노, 스램과 달리 오로지 로드 사이클용 구동계만 생산한다. 이탈리아 명가의 고집인지, 산악용이나 기타 구동계를 개발할만한 여력이 없어서인지는 확실치 않다.

이탈리아 명품 칸파놀로이 수퍼레코드

　캄파놀로 구동계의 자전거를 타는 사람들이 가장 자랑스럽게 얘기하는 것이 '울트라 쉬프트' 방식의 기어변속 방식이다. 시마노와 스램이 단계별로 기어를 업다운 할 수 있는데 반해, 캄파놀로는 한 번에 여러 단을 건너뛰는 다단 변속이 가능하다. 사실 이탈리아 명가의 자부심을 가진 이용자들에게는 엄청난 자랑거리일지는 모르겠으나, 실전 라이딩에서 한꺼번에 여러 단을 건너뛰는 변속이 필요한지 여부는 개인의 판단에 맡길 일이다. 어차피 최종 엔진은 인간의 심장과 허벅지인 자전거에서 '머리가 뒤로 확 젖혀지는 것'같은 급가속은 애초에 불가능한 것이기 때문이다.

　캄파놀로가 자랑스럽게 내놓고 있는 구동계의 등급은 다음과 같다. 모두 로드 사이클용이다.

제논Xenon 〈 미라지Mirage 〈 벨로체Veloce 〈 센토 또는 센타우르 Centaur 〈 아테나Athena 〈 코러스Chorus 〈 레코드Record 〈 수퍼 레코드Super Record

10단부터 12단까지 등급에 따라 다양한 단수를 채택하고 있으며 코러스부터는 디스크브레이크를 장착할 수 있고 전자식 구동계인 EPS를 달 수도 있다.

이탈리아 메이커라 다소 비싸다는 인식이 있으나 성능을 시마노와 일대일로 비교하면 오히려 더 저렴한 경우도 있다. 아직 우리나라에서는 많이 보이지 않는 구동계다.

자전거를 이루는 것들, 안장과 페달

　인간의 가랑이는 허벅지 사이에 뭔가를 잘 끼우도록 고안되어 있지는 않은 듯싶다. 간혹 외국 드라마에 안장鞍裝이나 마구馬具도 없이 야생마와 들소를 타는 카우보이들이 나오지만 그들이야 수없이 피나는 훈련을 통해 단련된 막강 전사들이니 예외.

　아마도 종족 번성을 위해 가장 중요한 부분이 감추어진 곳이니, 함부로 그 사이에 뭘 끼우지 말고 조신하게 보호하고 다니라는 조물주의 배려일지도 모른다. 자전거를 좀 타기 시작한 분들이 가장 먼저 호소하는 고통이 바로 이른바 '안장통'이라는 사실은 위 가설을 충분히 뒷받침한다. 안장통 다음으로 많이 이야기되는 초보의 고충은 허벅지 근육 통증이다. 멀쩡하던 허벅지가 어느 순간 끊어질 듯 아프면서 더 이상 자전거를 탈 수 없는 지경에 이르기도 한다는 것.

　안장통은 자전거 안장에 대한 올바른 이해와 패드 이용, 라이딩 방법 개선 등을 통해 어느 정도 저감이 가능하다. 허벅지 근육 통증은 잘못된 페달링 방법과 키에 맞지 않는 시트 포스트 높이, 체력이 감당할 수 없는 무리한 장시간 라이딩 때문이므로 이에 대한 대책 역시 원인을 개선하거나 제거하면 된다. 자전거를 이루는 수

많은 요소들 중에서 초보를 괴롭히는 두 가지 안장과 페달 이야기를 해볼까 한다.

가죽으로 만든 편안한 장치, 안장

안장을 뜻하는 한자 '안장 안鞍'은 가죽 혁革과 편안할 안安이 조합된 회의문자會意文字다. 말 그대로 가죽으로 만들어진 편안함을 추구하는 그 무엇이라는 뜻. 물론, 이 한자가 처음 만들어질 때는 자전

클래식한 매력이 돋보이는
브룩스의 가죽안장

거 안장이 아닌 말을 탈 때 사용하는 안장을 겨냥하긴 했지만, 자전거나 말이나 인간의 탈 것이라는 점에서는 같고 그 근본적인 기능과 추구하는 바 역시 동일하다.

안장은 자전거 탑승자와 자전거 사이에서 가장 접촉면이 넓은 부품이며, 접촉 시간도 길기 때문에 무엇보다 편안함이 중요하다. 자전거에 입문하고 장시간 자전거를 타면 대부분의 사람은 엉덩이 통증을 경험하게 되는데, 안장의 종류, 소재에 따라 통증의 정도와 지속 기간이 달라지기도 한다.

딱딱한 안장이 덜 아픈 이유

안장의 종류는 크게 생활용 자전거 안장과 스포츠 자전거 안장으로 구분할 수 있다. 생활용 자전거의 안장은 일반적인 자전거에서 쉽게 볼 수 있는 대부분 푹신한 형태이며, 때로는 충격을 흡수하기 위해 스프링이 달려있기도 하다. 생활용 자전거는 대부분 상체를 세운 자세로 타기 때문에 탑승자 체중의 70% 이상이 안장에 집중된다. 일상생활에서 1시간 이내의 단거리를 이동할 때는 푹신한 안장이 편안하지만, 장시간 주행에는 적합하지 않다. 남성의 경우 회음부, 여성의 외음부 양쪽에 있는 '궁둥뼈坐骨' 주위에는 많은 혈관과 신경이 분포하고 있다. 장시간 푹신한 안장에 앉아 있으면 궁둥뼈가 안장 안으로 밀려들어가게 되어 주변의 혈관과 신경 조직이 압박을 받게 된다. 당연히 이로 인해 엉덩이 통증이 유발되며, 척추에도 지속적인 부담을 주기 때문에 장시간 자전거를 탈 수 없게 되는 것이다. 엉덩이가 아파서 푹신한 안장을 골랐는데, 오래 탈수록 더 아파지는 아이러니가 생기는 것.

가운데를 파낸 전립선 안장의
극단적 형태, 좀 심한 느낌이다

스포츠 자전거 안장은 궁둥뼈가 쿠션 안으로 들어갈 수 없기 때문에 대둔근(大臀筋 엉덩이 근육)과 뼈 주변이 어느 정도 단련되면 장시간 자전거를 타는 데도 큰 무리가 없다. 이 것을 속칭 '엉덩이에 굳은살이 박인다'라 표현하기도 한다. 또, 좀 더 전문적으로 만들어진 스포츠 자전거의 안장은 전립선에 가해지는 압박을 줄이기 기능도 있기 때문에 신체에 나쁜 영향을 주는 요인도 예방할 수 있다. 뿐만 아니라 스포츠용 자전거 안장의 경우 대부분 낮은 자세로 타게 되면서 핸들이나 페달 쪽에 체중이 많이 실리게 되어 안장에 전달되는 무게는 체중의 50% 내외가 된다. 체중이 덜 실리니

엉덩이가 덜 아픈 것은 당연한 이야기.

딱딱한 스포츠용 자전거 안장이 신체에 부담을 덜 주지만 익숙해지기까지는 다소의 시간이 필요한 것은 사실이다. 그리고, 한파와 폭염, 장마 등 계절적 이유로 한동안 자전거를 타지 않다가 타면 익숙해졌던 사람도 통증을 느낄 수 있다. 해마다 봄이면 "엉덩이가 리셋 되었다"고 얘기하는 라이더 들도 종종 볼 수 있다.

초보자가 장시간 라이딩을 하면서도 안장통을 겪지 않을 수 있는 묘책은 아직 현대 기술로는 '없다'. 하지만 자전거를 타면 탈수록 요령이 생겨서 중간 중간에 살짝 엉덩이를 들어준다든가, 고통이 심한 부위를 피해서 타면서 적응하기도 한다. 안장통은 매일 자전거를 탄다고 볼 때 길면 두 달 짧으면 일주일 정도면 대략 참을 만해진다. 엉덩이에 패드가 들어 있는 자전거용 숏팬츠를 착용하거나 안장 위에 젤리 패드 등의 보조적인 방법을 이용하는 것도 안장통을 줄이며 자전거를 즐기는데 좋은 방법이다.

매력적인 클래식, 가죽 안장

현대적인 자전거가 처음 등장한 1800년대 후반의 자전거 안장은 가죽 소재로 만드는 것이 일반적이었다. 사용하면 사용할수록 탑승자의 체형에 맞게 길들여지는 가죽 소재를 대체할 수 있는 것은 없다고 여겨졌으며 1960년대까지는 프로 선수들도 가죽 안장을 이용했다.

가죽 안장하면 가장 먼저 떠올리는 메이커는 브룩스BROOKS다.

브룩스는 1866년 창업 이후 지금까지 꾸준히 가죽 안장을 생산하고 있다. 회사의 전성기라고 할 수 있던 1960년대, 프로 선수들은 시즌이 끝나면 브룩스의 안장을 구입하고 다음 시즌에 사용하기 위해 길들이기 시작했다. 자기의 체형에 맞게 길들여진 안장은 최고의 성적을 낼 수 있다는 믿음을 갖게 해주었다. 하지만 소재 기술이 발달하면서 자전거 구동계, 프레임에서 경량화가 시작되면서 안장의 무게에도 관심을 갖게 되었다. 당시 프로 선수들이 주로 사용하던 브룩스의 선수용 제품인 프로페셔널의 무게는 550g으로 지금의 입문급 자전거에 사용되는 안장 무게의 2배가 넘는다. 무게뿐만 아니라 가죽 안장은 물에 젖은 후 관리를 제대로 하지 않으면 형태가 변하고, 익숙해지기 전까지의 불편함 등의 단점을 갖고 있었다.

(위) 플라스틱 안장의 원조 우니카 니토르의 안장

(아래) 투박하게 박힌 우니카 니토르 브랜드가 인상적이다

1959년 이탈리아의 우니카 니토르Unica Nitor에서 가벼움을 콘셉트로 최초의 플라스틱 안장을 소개했지만 처음 접하는 딱딱한 안장에 몇몇 선수들이 불편함을 호소하며 다음 해부터는 아무도 사용하지 않았다. 하지만 우니카에서는 안장의 주요 소재는 가벼운 플라스틱이 될 것이라는 확신을 갖고 다양한 시도를 하며 꾸준히 안장을 개발해 나갔다. 10년 후인 1969년 투르 드 프랑스 우승자인 에디 메르크스가 플라스틱 안장을 이용했다는 것이 알려지면서 급속히 우니카의 플라스틱 안장이 가죽 안장을 대체하기

시작했다. 이후 플라스틱 소재는 카본 소재로 흐름이 바뀌었으며 최근에는 3D 프린팅 기술을 이용하는 완벽한 맞춤형 안장도 상용화되기에 이르렀다.

가죽 소재 안장은 1980년대 이후 프로 선수들은 사용하지 않게 되었고 생활용 자전거에도 합성 가죽 등의 새로운 소재가 사용되면서 점유율이 낮아졌지만, 사용자 체형에 맞게 길들여지는 친숙함과 클래식한 감성으로 매니아층을 형성하며 꾸준히 신제품이 개발, 판매되고 있다. 역시 '클래식은 영원하다'라는 말이 맞기는 한가보다.

사람과 자전거를 연결하는 페달

페달을 물리적으로 정의하면 '사람이 두 다리로 밟는 상하 운동의 힘을 회전 운동으로 변환하여 자전거의 동력으로 전달하는 부품'이다. 흔히들 "아무리 비싼 자전거라도 허벅지 엔진을 못 따라간다"는 말을 한다. 연료를 동력원으로 하는 자동차나 오토바이와는 달리 자전거는 사람의 힘이 엔진이라는 소리다. 이 엔진을 자전거에 직접 연결해주는 첫 번째 장치가 바로 페달이다. 페달이 없는 자전거도 있지만 그 움직임이나 리드미컬한 스피드의 가감은 절대 흉내 낼 수 없다.

초기에 발명된 페달은 바퀴에 직접 연결 되어 있었는데, 현재는 크랭크 암의 끝부분에 달려있으며 체인을 이용해 동력을 전달하는 형태로 정착되었다. 페달은 자전거의 종류와 용도에 따라 달라지기도 하는데, 크게 평페달, 토클립toe clip, 클릿Cleat 페달로 구분된다.

가장 기본적인 형태인 평페달

어린이용 자전거부터 일반 생활용 자전거에 이르기까지 가장 많이 사용되고 있는 페달이다. 다른 페달과 구분하기 위해 평페달이라 부르며 영어 표현도 플랫 페달(flat pedal 평평한 페달)이다. 발을 구를 때 페달과 신발이 어떻게 닿아있느냐에 따라 전달되는 힘도 달라진다. 가장 흔한 플라스틱으로 된

꽤 투박한 모양의 평페달,
마그네슘 재질의
웰고 제품이다

평페달은 저렴한 가격과 가격 대비 좋은 내구성을 갖고 있지만, 신발과의 접지력은 좋지 않다. 페달을 구르는 과정에서 페달에서 신발이 미세하게 미끄러지며 모든 힘을 온전히 자전거에 전달하지 못하는 경우가 많다. 이를 보완하기 위해 가장자리에 톱니 모양의 쇠를 넣은 페달을 사용하기도 한다. MTB 등 보다 강한 접지력이 필요한 자전거는 여러 개의 핀이 달린 평페달을 이용한다. 이러한 핀들은 신발과 페달의 접지력을 높여주며, 크로몰리, 카본 등의 소재를 이용한 10만 원이 넘는 고가의 페달도 있다. 뒤에서 다룰 다른 페달에 비해 평페달이 갖고 있는 가장 큰 장점은 안전하며 누구나 쉽게 이용할 수 있다는 것이다. 물론 가장 기본적인

평페달에 부착하는 간편한
형태의 하프클립 페달

형태라 사람들의 이목을 끌지는 못하든 장점이자 단점도 있다.

끈으로 페달을 묶었던 토클립 페달

현대식 자전거가 등장하고, 자전거 경주가 활성화되면서 프로 선수들은 페달링의 효율을 높이기 위해 신발과 페달을 고정시키기 시작했다. 신발과 페달을 묶어서 고정하면 페달을 밟을 때와 위로 들어 올릴 때 모두 힘을 전달할 수 있기 때문에 동력 효율이 높아진다. 발가락toe을 묶는다clip는 뜻을 갖고 있는 토클립toe clip 페달은 19세기 말부터 1980년대까지 주류로 이용되었으며 현재도 픽시 등 일부 자전거에서는 많이 사용되고 있다. 플라스틱이나 금속으로 된 토클립을 페달에 장착하고, 가죽 따위로 만든 스트랩으로 신발을 고정한다. 토클립을 이용하면서부터 자전거 선수들의 경기력은 비약적으로 높아졌지만, 사고 발생 시 발이 빠지지 않아 큰 부상으로 이어지기도 했다. 토클립과 비슷한 방식이지만 보다 결착력이 높은 클릿 페달도 동일한 단점을 갖고 있다.

신발 앞쪽을 감싸주는
일반적 형태의 토클립 페달

안전하면서도 안전하지 않은 클립리스 페달

우리나라 자전거 동호인들은 흔히 클릿 페달이라고 부르지만,

국제 공인 명칭은 클립리스Clipless 페달 또는 바인딩Binding 페달이다. 토클립 페달에서 클립이 없이 페달과 신발을 결착시켜주기 때문에 클립리스라 부르며, 클립리스 페달 도입을 본격화한 프랑스의 룩LOOK이 스키 바인딩 장치를 기반으로 페달을 만들면서 바인딩 페달이라 부르기도 한다. 토클립 페달보다 강도 높은 결착력을 갖고 있으며 그만큼 힘 손실을 최소화하며 페달에 동력을 전달할 수 있다. 자전거에 입문하고 몇 개월이 지나면 가장 먼저 고민하게 되는 것이 아마도 클립리스 페달을 이용할지의 여부다.

처음 클릿 페달을 달면 세 번 정도는 넘어져 봐야 한다는 말(자빠링 세 번은 필수)이 있을 정도로 그 위험성은 충분히 알려져 있기도 하다. 그럼에도 많은 동호인들이 클립리스 페달을 이용하는 것은 단순히 동력 전달에 손실을 주지 않으며, 페달을 밟는 힘과 위로 들어 올리는 힘, 모두 이용한다는 사전적 의미 때문만은 아니다. 클립리스 페달을 이용하면 바른 자세를 유지하는 데 도움이 되기 때문에 장거리 라이딩에서 피로를 최소화 할 수 있으며, 격렬한 산악 자전거에서는 발이 페달에서 떨어지면서 발생할 수 있는 부상과 사고를 방지할 수 있다는 장점도 있다. 잘못 넘어진다면 발을 페달에서 빼지 못해 큰 부상이 있을 수도 있지만, 반대로 산악자전거에서는 대형사고 방지의 효과도 있기 때문에 클립리스 페달은 안전을 위해서 타면서도 위험을 수반하기도 하는 양날의 검 같은 자전거의 부품이라고 할 수 있다.

사실 좀 개인적인 생각이지만, 우리나라에서 클립리스 페달이 상당히 유행하고 있는 것은 기능적인 측면보다는 속칭 '폼나기 때문'이 아닐까 싶기도 하다. 클립리스 페달을 장착하게 되면 당연히 전용신발이 따라오게 되는데  이 것이 참 멋지다. '클릿 슈즈'라고 부르는데 값도 비싸지만 꽤 잘 팔린다. 누가 봐도 전문가의 자전거 슈즈 같고 화려한 컬러와 미려한 유선형의 디

다양한 형태의 클립리스 페달, 좀 멋지다

자인이 매력적이기 때문. 게다가 자전거에 내려 걸을 때는 여성의 하이힐처럼 '또각 또각' 소리도 나니 주변의 시선을 모으는 역할도 한다. 물론 이 신발을 즐겨신는 분들은 오로지 '동력손실을 방지하기 위함'이라 강변한다. 하지만 천성이 겁이 많아 클릿 슈즈를 한 번도 신어보지 못한 필자 입장에서는 "멋이 있으니 위험해도 감수하는 것이겠지"라는 '여우와 신포도'같은 생각도 드는 것이다. 솔직히 좀 부럽기도 하다.

페달은 밟는 것이 아니라 돌리는 것

앞서 얘기한 '끊어질 듯한 허벅지 통증'은 자전거를 처음 타는 사람이 페달링을 장시간 잘못했을 때 생기는 현상이다. 자전거에 올라 있을 때 사람의 두 다리는 항상 페달 위에 올려져 있고, 자전거를 움직이기 위해서는 쉴 새 없이 이를 돌려야 한다. 만약 3시간의 라이딩을 한다면 두 다리 역시 3시간 동안 쉬지않고 움직이게 되는 것. 페달링을 어떻게 하는지에 따라 허벅지 근육이 튼튼해져 당뇨병 걱정이 없는 '말벅지'를 갖게 되기도 하고, 잘못하면 무릎

과 허벅지 통증을 경험하게 되기도 한다.

올바른 페달링 요령에 대해 자전거생활의 발행인 김병훈 대표는 그의 책 '자전거의 거의 모든 것'에서 이렇게 얘기하고 있다.

① 안장 높이를 맞춘다. 효율적인 페달링을 위해서는 안장 높이가 매우 중요하다. 안장이 너무 높거나 낮으면 제대로 페달링이 되지 않는다. 적정한 안장 높이를 맞춘다.

② 발의 앞부분을 활용한다. 페달링을 할 때 발힘이 가장 잘 전달되는 곳은 발바닥 앞쪽의 튀어나온 부분이다. 이 부분이 페달의 중심부에 닿아야 페달링 효율이 높고 피로도 덜하다.

③ 밟는 것이 아니라 '돌린다'고 의식한다. 페달링은 원운동이기 때문에 '돌린다'는 느낌으로 페달링을 해야 한다. 페달을 밟을 때 장딴지나 발목을 의식하지 말고 허벅지를 상하로 움직인다는 느낌을 가지면 페달링이 좀더 유연해진다.

④ 다리와 발은 자전거와 평행되게 해야 한다. 초보자들은 페달링을 할 때 다리를 벌리거나 오므리는 경우가 많다. 남자는 주로 벌리고 여자는 오므리는 편인데, 보기에 좋지 않을뿐더러 효율과 건강에도 나쁘다. 다리와 발은 자전거와 평행 되어야 페달링 효율이 가장 좋다. 자신이 파악하기 어렵다면 다른 사람에게 앞뒤에서 봐달라고 부탁해도 된다. 다리가 평행이 아닌 상태로 계속 페달링을 하면 무릎 관절과 인대에 무리가 간다. 발이 비뚤어지는 것도 마찬가지다. 다리와 발은 자전거와 일직선으로 평행을 이루도록 습관을 들인다.

⑤ 발목 각도는 90°를 유지한다. 페달을 돌릴 때 발목의 각도는

항상 90°를 유지해야 한다. 페달 위치에 따라 발목의 각도가 바뀌면 힘이 제대로 전달되지 않고 발목에도 무리가 간다. 미관상 나쁜 것은 물론이다. 처음에는 의식적으로 90°를 유지하는 연습을 해서 습관을 들인다.

⑥ 페달링 효율을 높이고 힘을 아끼려면 클릿페달을 잘 활용해야 한다. 클릿페달은 전용 신발과 단단히 연결되어 페달을 밟을 때뿐 아니라 뒤쪽에서 당겨 올릴 때도 힘이 전해져 힘전달 효율이 일반 페달보다 20% 정도 좋아진다. 자세도 안정되고 험한 노면에서는 발이 미끄러지지 않아 안전에도 도움된다. 다만 익숙해지기 위해서는 사전에 충분한 연습이 필요하고, 멈추기 전에 미리 발을 빼는 습관을 들인다.

사실 이 정도의 지식만으로 평생 올바른 페달링을 할 수 있다. 2분 정도의 시간을 들여 읽고 1~2시간 정도만 실전에서 테스트해보면 쉽게 몸에 익는 아주 쉬운 기술이 페달링이다. 안타까운 것은 티타늄 프레임에 XTR 구동계를 쓰는 천만원대 자전거를 타는 분들 중에도 이 올바른 페달링 방법을 몰라 뒤에서 보기에도 민망한 자세로 라이딩을 하는 분들이 있다는 것이다.

비싼 자전거보다 중요한 것은 허벅지 엔진, 그 엔진보다 중요한 것은 올바른 자세라는 것을 알아두었으면 한다.

클립리스 전용슈즈, 이렇게 화려한 신발을 신고 라이딩을 하면 기분이 어떨까

아버지와 자전거

내가 어릴 적에 아버지랑 같이 자전거를 타면 나는 항상 아버지의 등을
바라보고 따라갔었다. 겉으로는 무심하고 표현도 잘 안 해주셔도
그런 아버지의 뒷모습이 좋았다.
시간은 흘러 나도 30이 넘고 아버지도 환갑을 바라보는 나이가 되었다.
어릴 때 이후로 거의 20년 만에 아버지와 자전거를 타러 나왔다.
우리아버지. 아빠. 참 많이 늙으셨다.
나이가 드니 자연스레 몸도 약해지셔서 수술도 몇 군데 받으셨다.
작년까지는 재활치료에 전념하시느라 거의 집에만 계셨는데
같이 자전거를 타러 나올 수 있다는게 너무 기쁘다.
이제는 아버지의 등을 보고 달리지 않겠구나

……

라고 생각했는데
150만 원짜리 전기자전거를 사셨다.
26km/h로 달리는 자전거를 계속 따라갈 수가 없다.
나는 여전히 아버지의 등을 보고 달린다.

인터넷 서핑을 하다 문득 보게 된 작자 미상의 유머다.
네티즌들은 참 재치가 넘친다. 문득 전기자전거라도 타고 가시는
아버지의 뒷모습을 볼 수 있으면 얼마나 좋을까 하는 마음이 들었다.

단란한 가족이
함께 라이딩을 즐기는 일러스트.
누구나 꿈꾸는 모습이다.

실내 자전거 이야기

그런 경험 한 번씩들 모두 있으시리라 믿는다.

처음 자전거에 빠져들기 시작할 때의 기분, 성취감, 중독성 말이다. 이렇게 재미있는 것을 왜 이제야 알게 된 것일까, 이것보다 더 좋은 취미가 세상에 어디 있을까. 돈도 거의 안 들뿐더러(이건 오해라는 것을 조금 후에 알게 되지만), 건강에도 좋고, 언제든 어느 곳이든 나가기만 하면 바로 필드가 되니 이걸 왜 이제야 알게 되었을까.

그렇게 신나게 라이딩을 하다보면 계절의 변화를 맞이하게 된다. 자전거에 빠져든 이후로 처음 만나는 겨울, 초급 마니아의 당황스러움은 이 때 시작된다. 영하 몇 도까지는 어떻게 타보겠는데 영하 10도 이상 내려가는 칼바람 날씨에는 아무리 두터운 옷과 털장갑으로 몸을 꽁꽁 감싸도 도저히 막을 수 없는 추위가 있다. 특히 배 쪽이 꽁꽁 얼어버리는데 이건 정말 참기 힘들다.

어찌어찌 영하의 기온은 감수하고 용기 내 나온다쳐도 시베리아의 삭풍과도 같은 매서운 겨울 맞바람을 한 번 맞고 나면 "아 내 평속이 원래 10km/h 미만이었구나"라 깨닫게 되기도 한다.

그것뿐이랴. 보송보송하던 자전거 전용도로는 약간의 물기에도 살얼음판으로 변해 온 사방이 위험천지다. 결국 첫 겨울을 '맨 땅에 헤딩'을 하며 넘긴 초보 자전거 마니아는 봄이 오기 전에 새로운 깨달음을 얻는다.

"겨울에는 자전거를 타지 말자"

라이더들에게 겨울은 너무 힘든 계절

하지만 어디 겨울만 그럴까. 봄이 되면 어김없이 찾아오는 황사와 미세먼지 주의보는 버프와 마스크만으로 막기엔 확실히 부담스럽다. 시커먼 악마의 뿔을 달고 있는 미세먼지 '나쁨' 경고 표시나, 검은 방독면의 '최악' 아이콘을 보면 '이불 밖은 위험해'라는 철 지난 유행어가 가슴에 와 닿는다. 여름으로 가면 또 어떤가. 조금 탈만하면 장마철, 조금 탈만하면 폭염주의보다.

즐거운 라이딩을 방해하는 여러 가지 조건과 상관없이 일 년 내내 자전거를 즐길 방법은 없는 것일까?

있다. 실내자전거가 정답이다.

실내에서 자전거를 즐기는 방법은 꽤 오래전부터 꾸준히 고민되었다. 라이딩을 직업으로 하는 프로 선수들의 경우는 기량을 유지하기 위해 실내 훈련을 하지 않을 수 없기 때문이다. 실내 자전거 훈련은 지형과 교통 신호 등의 영향을 받지 않아 훈련 강도와 지속 시간을 자유롭게 할 수 있다는 장점 때문에 날씨와 관계없이 필요한 것이기도 했다.

실내 자전거의 클래식, 평로라

가장 기본적인 자전거용 실내 훈련 장치는 흔히 '평로라'라 부르는 롤러Roller다. 자전거를 어딘가에 고정하지 않은 채 두 개의 롤러 사이에 뒷바퀴를 올리고, 앞쪽 1개 롤러에 앞바퀴를 올리고 타는 방식이다. 앞뒤의 롤러는 벨트로 연결되어 있어 뒷바퀴가 회전하면 앞바퀴도 회전하게 되며 그에 따라 자전거가 넘어지지 않고 안정된 자세를 취할 수 있게 도와준다.

평로라는 자전거가 고정되어 있지 않기 때문에 실제 주행 감각에 가까운 페달링을 할 수 있는 장점이 있다. 다른 실내 훈련 장치에 비해 부담 없는 가격으로 설치할 수 있으며 페달링, 균형감, 몸 전체의 밸런스 등을 교정하는 효과도 있다. 하지만 익숙해지기까지 상당한 시간이 걸린다는 것이 단점이다. 처음 시작할 때는 웬만한 운동신경을 가진 사람도 중심을 잡기 어렵기 때문에 꽤 오랜 적응 기간이 필요하다. 외국에서는 바이시클 롤러라 부르는 평로라는 그 역사가 자전거만큼이나 오래 되었다. 1901년 세계 최초로 자전거로 1분에 1마일(시속 96km) 주파 기록을 세운 찰스 머피Charles Minthorn Murphy, 1870~1950가 실내 자전거 운동 기구에서 찍은 사진이 있을 정도다. 목재와 철제 등의 소재를 거쳐 현재는 합성수지 소재의 롤러가 대다수를 차지하고 있다. 안정성 및 정숙성이 이전 소재에 비해 월등하게 향상된 것이 특징이다.

타기 어렵지만 균형감을 익힐 수 있는 평로라

쉽고 편해 인기 있는 고정로라

다이렉트 마운트 방식의 고정로라

우리나라에서는 흔히 '고정로라' 라고 부르는 트레이너Trainer는 평로라와 달리 자전거를 고정하고 있기 때문에 초심자도 쉽게 시작할 수 있다. 자전거의 거치 방식과 저항의 종류에 따라 구분할 수 있다. 뒷바퀴 그대로 거치하는 거치 방식과 뒷바퀴 탈거 후 스프라켓이 달린 고정로라에 장착하는 다이렉트 마운트 방식이 있다. 그리고 저항의 종류에 따라 자석 저항과 유체 저항 방식으로 나뉜다. 뒷바퀴 그대로 거치를 하는 것보다는 다이렉트 마운트 방식이, 자석 저항 보다는 유체 저항이 소음과 진동이 적기 때문에 일반 가정에서도 이용할 수 있기는 하지만 그만큼 가격대도 높아진다. 평로라가 페달링, 균형감 훈련에 도움 되는 것과 다르게 고정 로라는 파워, 근지구력을 단련하는 데 도움이 된다. 쉽고 편하고 안전하기 때문에 모두들 선호하는 방식이지만 자전거가 걸쇠에 고정되어 있는 특성상 균형감을 익히기엔 무리가 있는 것이다. 그런 이유로 자전거 마니아들 사이에서는 고정로라보다 평로라를 타는 사람을 조금 더 인정해주는 분위기가 있는 것이 사실이다. 웬만큼 자전거에 진심이 아니고서는 불편하면서 소음과 진동도 심하고 두 배로 힘든 평로라를 선택하는 사람이 많지 않기 때문일 것이다.

이 고정로라가 가정용으로 발전한 것이 홈쇼핑이나 인터넷에서 쉽게 구매할 수 있는 헬스 사이클이다. 자전거를 탈 줄 모르는 사람도 겨울철 실내 운동용으로 구입하는 헬스 사이클은 투박하고 조잡했던 초기 모델과는 달리, 판매량이 늘면서 꾸준히 개량되어 실제 라이딩과 거의 흡사한 느낌을 주는 단계에까지 이르렀다. 여기에 일체형 속도계와 거리계, 칼로리 소모량을 나타내는 액정도 부착되어 있어 효과적이고 체계적인 운동이 가능하다는 장점도 빼놓을 수 없다. 구매자의 상당수가 한 철을 넘기지 못하고 '빨래걸이'로 활용한다는 단점이 있기는 하지만, 지금도 겨울철 가장 많은 사람이 돌리는 페달은 실제 자전거의 그것이 아니라 헬스 사이클 페달이라는 것이 현실이다.

게임요소를 결합한 버츄얼 사이클링

고정로라는 넘어질 우려가 없기 때문에 평로라에 비해 안전한 실내 운동을 할 수 있지만 지루하다는 큰 단점을 갖고 있다. 이미 1900년대 초부터 실내 자전거 훈련이 있어 왔고 그 때도 시시각각 변하는 풍경을 대신해 라이더의 무료함을 달래줄 그 무엇이 필요했던 것이 사실이다. 초기엔 음악을 듣는 것이 유일한 즐거움이었으며 TV와 비디오 등이 등장하면서 그 지루함을 많이 덜어낼 수 있었다. 1980년대 비디오 게임이 인기를 끌기 시작하자 아타리 ATARI에서 8비트 컴퓨터에 페달과 핸들 조작을 연결하는 장비를 개발하기도 했지만, 아타리 쇼크로 불리는 경영 실패로 인해 상용화되지 못한 채 프로젝트가 종료된 안타까운 역사도 있다. 1986년 일본 닌텐도Nintendo에서 레이서메이트 챌린지Racermate Challenge

버츄얼 사이클링의 원조, 닌텐도 레이서메이트 챌린지

라는 게임을 발표했는데 이는 실제 자전거를 전용 롤러에 설치하고, 롤러의 부하가 게임으로 전달되는 최초의 시도였다. 컴퓨터 화면에는 지형뿐 아니라 속도 케이던스 등이 표시되었으며 두 대를 연결할 수 있어서 대전까지도 가능했다. 이후 컴퓨터와 인터넷 속도가 빨라지면서 2000년대 중반 미국의 네타슬론Netathlon, 네덜란드의 탁스Tacx 등의 기업에서 버츄얼 사이클링을 발표하면서 가상 세계에 모인 수십 명의 라이더가 그룹 라이딩을 하는 수준까지 올라오게 되었다.

요즘 회자되는 메타버스Metaverse가 자전거의 세계로 들어오게 된 역사적인 순간이었고, 당시로서는 혁명적 도전이었기 때문에 큰 반향을 얻을 것이라 예상했지만 소프트웨어와 전용 기기가 너무 비쌌던 탓인지 대중화 되지는 못했다.

버츄얼 사이클링의 히트작 즈위프트 Zwift

한국계 벤처 사업가인 에릭 민Eric Min이 2014년 베타 버전을 출시한 가상현실 자전거 라이딩 프로그램이 즈위프트다. 속도계, 심박계, 파워미터, 위치 추적 등의 정보를 전달하는 무선 통신 기술 ANT+를 이용하며 게임 형식을 이용해 '훈련을 질리지 않게 하는 To make training less dull' 프로그램이다. ANT+ 또는 블루투스 기술을 통해 롤러에 연결된 자전거의 거의 모든 정보를 가상 세계로 옮겨서 실내에서 전 세계의 유명한 코스를 여러 경쟁자와 함께 라이딩을 한다. 이러한 버츄얼 사이클링은 앞서 말했던 대로 일본의 아타리나 닌텐도가 먼저 시도한 바 있었지만 즈위프트는 3D 기술을 적극 활용하면서 보다 현실과 유사한 가상 세계를 창조했고, 자전거를 타는 환경까지도 체험할 수 있게 설계되었다. 오르막에 도달하면 라이더의 운행 정보에 따라 속도가 느려지고, 등반 경사에 따라 기어비를 변경해야 한다. 최신 스마트 트레이너 중에는 오르막 구간에서 앞바퀴를 물리적으로 들어 올려 경사도까지 구현하기 때문에 실제와 비슷한 라이딩을 경험할 수 있다.

공전의 히트작 즈위프트를 즐기는 라이더

베타 버전 출시 이후 Windows 뿐 아니라 애플 Mac OS, 아이폰 iOS, Android 버전까지 출시하여 사용자가 점차 확대되기 시작했다.

　즈위프트는 개발비를 뽑기 위해 월정액 전략을 선택했다. 이전 작인 닌텐도와 네타슬론 등이 너무 비싼 소프트 웨어 가격으로 시장에서 외면 받았던 것을 보완하는 마케팅이었다. 크게 부담스럽지 않은 금액 14.99달러를 월 이용료로 정해 수많은 가상의 유료 라이더들을 끌어 모으기에 성공했다. 꾸준히 사세를 넓혀가던 즈위프트는 2020년 초반 지구촌 전체에 몰아닥친 팬데믹 이슈로 속칭 ‘대박’을 맞는다. 바깥세상을 두려워하는 라이더들이 너도 나도 즈위프트가 창조해 낸 가상 세계로 몰려든 것이다. 팬데믹은 수많은 회사를 어려움에 빠지게 했지만 또 다른편의 회사에게는 기회가 되었던 것이다. 즈위프트 사용자가 급증함에 따라 한동안 판매 부진을 겪던 롤러 등을 판매하던 와후Wahoo, 사이클옵스CycleOps 등의 실적도 증가했으며, 즈위프트 관련 인터넷 커뮤니티, 동영상 라이브 스트리밍 등도 늘어나게 되었다. 이러한 실내 자전거 트레이닝의 게임화, 소셜화라는 두 가지 콘셉트로 기존의 지루했던 실내 자전거에 재미와 동기부여를 더하며 스마트 트레이닝의 혁명이라 불리기도 한다.

즈위프트에 도전한다, 펠로톤 Peloton

　2022년 현재 미국의 홈 피트니스 시장의 넷플릭스라는 찬사와 함께 가장 주목 받고 있는 스타트업이다. 2011년 미국의 대형 서점 임원이었던 존 폴리가 운동하러 갈 수 없는 시간이 부족한 자신과 비슷한 사람들을 위해 고민하면서 사업이 시작되었다. 즈위프트가 야외에서 타는 실제 자전거를 이용하는 것과는 달리 펠로톤은 흔히 스피닝 자전거라 불리는 실내 전용 자전거를 이용한다. 참고로 스피닝Spinning은 90년대 중반 실내 자전거 트레이닝 기계를 개발한 매드 독 애슬레틱스Mad Dogg Atheletics의 브랜드였지만 보통명사처럼 쓰이고 있다.

이미 여러 기업에서 스피닝 자전거를 이용한 홈 트레이닝 사업에 진출해있있고, 비교직 고가의 제품을 판매하던 펠로톤이 업계의 선도적 위치를 차지할 수 있었던 것은 콘텐츠에 집중하며 구독 경제를 적극적으로 채용했기 때문이다. 자전거 앞에 설치된 22인치의 대형 터치패널을 통해 최고 수준의 강사들의 트레이닝 수업을 매월 3만 원 정도만 지불하면 24시간 원하는 시간에 볼 수 있다. 그뿐만 아니라 운동 기록을 분석해 맞춤형 운동 계획을 제안해주며, 실시간 수업은 여러 사람과 함께 운동하는 것을 경험할 수도 있다.

국내의 인터넷 교육 기업인 야나두에서 야나두 피트니스라는 실내 자전거 트레이닝 프로그램을 런칭하기도 했다. 프로그램을 정기구독하며 다른 참가자들과 경쟁하는 것이 즈위프트와 비슷하며, 트레이닝을 통해 받는 포인트로 쇼핑을 할 수 있는 등의 더욱 적극적인 동기 부여 정책이 돋보인다.

홈 피트니스의 넷플릭스라 불리는
펠로톤의 자전거 키트

하지만 야외에서 타는 자전거를 그대로 이용하며 다양한 센서를 이용해 실제 라이딩과 차이를 느끼기 어려운 즈위프트와 달리, 실내 운동용으로 제작된 자전거와 케이던스 센서를 페달 회전 속도만 이용하기 때문에 실제 자전거를 타는 것과 비슷한 경험을 하기는 어렵다는 단점이 있다.

북한의 자전거

개인석으로 참 좋아하는 배우 황정민이 주연 한 영화 '공작'을 보았다. 1993년 북한 핵 개발 과정을 둘러싼 실화를 바탕으로, 안기부 비밀요원의 저지 작전을 그려낸 꽤 잘 만든 영화다. 암호명 흑금성으로 불렸던 이 작전은 수년 간 드라마틱하게 전개되다가, 결정적인 순간에 터져버린 총풍사건으로 인해 물거품이 되고 만다. 흑금성 박채서 역으로 열연하는 황정민의 모습과 경제난 속 외화벌이에 목을 매는 리명운 역의 이성민, 원칙주의자 인민군 간부 정무택 역의 주지훈을 보며 잊고 있었던 이십 몇 년 전의 일화가 떠올랐다.

통일자전거가 될 뻔했던 삼천리자전거

1996년이었는지 이듬해였는지 정확한 연도는 여권의 출입국 기록을 살펴봐야 할 테지만 중국 랴오닝성 선양瀋陽에 4번 정도 다녀온 적이 있었다. 북한 사람들을 만나기 위해서였다. 삼천리자전거의 관리본부장 자격으로 안기부 요원과 함께 북한이 운영하는 무

황정민 주연
흑금성 이야기를 다룬
영화 〈공작〉의 포스터

역상사의 간부, 정확히는 인민무력부 산하의 장성급 외화벌이 담당자를 만났다. 물론 공식적인 루트를 통해 통일부의 북한주민 접촉 승인까지 받고나서였다.

평양 근처 남포에 통일 자전거 공장을 세운다는 원대한 프로젝트. 북한의 값싸고 질 좋은 노동력과 삼천리자전거의 노하우를 합쳐 남북한의 국민들 모두가 편하게 탈 수 있는 '통일 자전거'를 만들겠다는 계획이었다.

당시 북한은 중거리 탄도 미사일을 개발하고 성공적인 발사까지 마쳐 꽤 자신감에 넘쳐 있는 상태였다. 사회주의 특유의 자존심까지 갖춘 상대는 만만치 않았다. 자기들은 시혜적 지원이나 이런 것은 필요가 없다, 당당하게 합작 사업에 나설 것이고 이는 남조선 인민들이 행복해지는 통일 대업에 큰 밑거름이 될 것이다. 뭐 그런 논리였다. 예상했던 바였고 그런 고압적인 태도가 고까웠지만 차분하고 겸손하게 이야기를 풀어나갔다.

어느 날은 약속된 호텔 방에 조금 일찍 도착해 노크를 하고 들어갔더니 식사였는지 간식이었는지 메추리알을 까먹은 흔적이 보여 당황한 적도 있었다. 아무리 경제난을 겪고 있다지만 장성급 외화벌이 담당자의 식사라고 하기엔 너무 초라했기 때문이다. 그때 조금 고까웠던 이쪽의 마음도 녹아내렸던 것 같다.

그렇게 두어 번의 만남을 하고나니 이야기가 풀리기 시작했다.

분단 이후 남과 북이 함께하는 첫 경제협력 사업이고 이를 계기로 통일이 하루라도 앞당겨질 수 있다면 그것보다 더 좋은 것이 어디 있으랴.

종국에는 합의서 초안까지 만들고 기념사진까지 찍었다. 하지만 결과적으로 실패하고 말았다. 총풍사건 때문이었다. 아니 총풍 사건이 없었더라도 엎어질 사업이었을지 모른다. 합의서는 그냥 종이일 뿐 실제 사업으로 이어지기까지는 너무도 난관이 많았다. 북한과 함께 하는 경제협력 사업은 아주 작은 돌부리 하나에도 잎어지고 넘어진다는 사실을 그때 깨달았다.

이십 몇 년 전의 이 만남을 나는 그날 이후 입 밖에 내지 않았다. '북한'이라는 키워드는 분단 이후 우리에게 가장 부담스러운 터부가 되어 왔던 것이 사실이기 때문이다. 남북관계가 급격히 풀리기 시작한 것이 1998년 현대 그룹 정주영 회장의 소떼 방북과 2000년 김대중 대통령과 김정일 비서의 첫 남북정상회담부터였으니 그보다 몇 년 전이었던 당시, 제3국에서 북한 사람을 만난다는 것은 꽤 두려운 일이었다.

비밀스러운 프로젝트가 틀어진 이후 아무런 성과가 없었던 것은 아니다. 극히 제한된 물량이었지만 당시 중국에서 수입하던 자전거 부품 중 림(북한식 표현으로는 바퀴테)의 대체품으로 북한에서 만든 림을 들여오기도 했다.

남포의 자전거 공장과 함께 나진 선봉 자유무역지대 진출도 공개적으로 추진했다. 1996년 8월 북한의 나진 선봉 지구에서 열리는 국제 투자포럼에 참가할 기업 24개 기업 중 삼천리자전거가 선

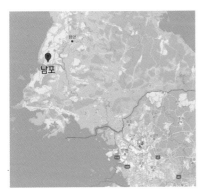

구글지도를 통해 본 통일자전거 사업부지 평양 남포의 위치, 평양과 가까이 있는 항구로 우리의 인천 역할을 한다

정된 것이다. 당시 포럼 참가를 희망한 기업은 150개였는데 1차로 50개 업체를 선발하고 최종적으로 통일원이 24개 기업을 승인했다. 자전거가 사회의 기동력을 높여준다는 면에서 경제 발전의 기초를 닦는 도로건설 만큼이나 중요한 아이템으로 인정되었던 것이다.

당시 대북 경제협력을 원하는 대기업들이 정말 많았는데 그 중 LG 상사에서도 삼천리자전거를 파트너로 삼아 북한 진출을 꾀했다. 나진 선봉 지구에 자전거 생산을 위한 합영 공장 설립을 추진하기로 했다. 생산규모도 첫 해 30만대에서 차츰 늘려나가 2년 후에는 연 50만대까지 생산, 이를 위해 초기 1백만 달러 투자 이후 투자 규모를 확대해 5백만 달러까지 투자한다는 꽤 큰 계획을 갖고 있었다.

핑크빛 가득했던 나진 선봉 지구 투자계획은 그러나 북한과의 합의가 번복되면서 포럼 자체가 무산되어 다시 엎어지고 말았다.

이후 LG 상사와 삼천리자전거는 꾸준히 북한의 문을 두드렸지만 이렇다 할 성과를 내지 못했다.

삼천리자전거의 '삼천리'는 함경북도 온성군에서 제주도 남단까지의 거리를 이르는 상징적인 단어다. 미터법으로 환산하면 1리가 400미터이니, 약 1천200킬로미터쯤 된다. 그 이름처럼 남과 북을 한 줄로 이어줄 통일자전거를 한껏 기대했던 이십 몇 년 전의 가슴 두근거림은 아직도 잊기 힘든 소중한 경험이다.

일석 삼조의 남북자전거 합작사업

남북이 합작해 자전거를 만들어낸다는 것은 단순히 통일을 위한 상징적인 액션에 그치는 것이 아니었다. 실제로 큰 시너지를 낼 수 있는 요즘 표현으로 속칭 '대박 아이템'이었던 것이다. 특히 그 효과는 생활자전거라 불리는 중저가 자전거 쪽에서 빛을 발할 수 있었다.

삼천리자전거의 기술력에 북한의 저렴한 인건비가 더해지면 중국의 저가 정책에 대응할 수 있을 것이라는 판단으로 중국의 '신국공합작'과 비슷한 남북합작을 진행했다. 당시 대만 기술의 도움으로 중국이 저가 제품을 대량 생산하고 있었기 때문에 가격 경쟁력 확보가 가장 중요한 과제였는데, 북한의 인건비는 중국의 절반 수준이면서도 조립과 용접 기능 등 기능공의 숙련도는 높은 수준이었다.

북한 입장에서도 전혀 마다할 이유가 없었다. 자전거 제조 기술력을 배우면 기계, 금속과 관련된 다른 산업으로의 전환도 쉬울 것이라는 판단과 자전거 공급이 부족했으니 기술도 배우고 생활수준도 높인다는 것. 그야말로 꿩 먹고 알 먹고 시너지 효과를 기대할 수 있었다.

지금도 삼천리자전거 의왕공장의 창고 한편에는 대북사업을 하면서 북한에서 받은 자전거 한 대가 남아있다. 나진 선봉 지구에

조립공장 설립을 준비하는 과정에서 북한의 기술력 확인을 위해 받아 온 자전거다. 북한의 주요 자전거로는 평진자전거 공장의 '모란봉', 순천자전거 공장의 '제비'를 비롯해 '압록강', '청년', '별', '갈매기' 등이 있다. 이 중 북한에서 받은 자전거는 '갈매기'인데, 당시 정년퇴직을 앞둔 고참 기술자들은 이 자전거를 보고 깜짝 놀랐다. 60년~70년대 일을 처음 배우던 당시에도 보기 힘들었을 정도로 오래된 제조공법을 이용했기 때문이다.

삼천리자전거 의왕 공장에
한 대가 남아 있는
북한 자전거 '갈매기'

이를테면 시트러그, 헤드러그 공정에서 철판을 굽혀 용접하는 60년대 제조공법을 다시 보게 될 줄은 몰랐다고 할 정도였다. 그리고 또 하나 눈에 띈 것은 타이어였는데 우리가 흔히 생각하는 날렵하고 미끈하게 생긴 타이어가 아니라 투박하고 거칠면서 내구성만을 중시한 것으로 보이는 아주 튼튼한 녀석이 달려 있었다. 뒤에서도 얘기하겠지만 이 갈매기호는 인민군 자전거 부대의 전력으로 사용될 만큼 육중한 전투형 자전거였기 때문이다. 웬만한 펑크 정도는 상관없이 달릴 수 있을 듯한, 요즘으로 치면 런플랫 급의 타이어를 보고 꽤 놀랐던 기억이다.

북한 자전거 '갈매기'의
선명한 마크

북한 자전거가 우리나라에 들어왔다는 소식에 자전거 업계뿐 아니라 많은 곳에서 관심을 보였고, 여러 차례 자전거 관련 행사에 '갈매기' 자전거를 전시하기도 했다. 전시장을 옮겨 다니다보니 아무리 조심히 운반하고 보관해도 나사가 몇 개가 빠져버렸다. 나사가 없는 채로 자전거를 전시할 수는 없어서 급한 마음에 삼천리자전거 정품 나사를 갖다 끼우고 전시장에 내보냈다. 반짝이는 새 나사가 티가 날까봐 일부러 갈매기호의 컬러와 비슷하게 색도 칠하고 약간 부식도 시켜서 나름 신경을 썼다.

그런데 이게 웬일. 어느 전시장에서 "어? 북한 자전거도 삼천리 자전거 부품을 쓰네요?"라고 묻는 관람객이 나온 것이다. 알고 보니 정품 나사에는 삼천리자전거라는 브랜드 명이 작게 음각되어 있었던 것. 뜻하지 않게 남북합작 자전거가 탄생했던 웃지 못 할 에피소드다.

이십 몇 년 전에도 그리고 지금도 에너지와 교통수단 부족을 겪고 있는 북한은 여전히 자전거가 필요하다. 우리가 만든 자전거가 북한의 곳곳을 누비고, 지금은 의왕공장 창고에 있는 갈매기 자전거가 남북합작으로 다시 태어나는 날이 오기를 기대해본다. '철마는 달리고 싶다'는 표현이 꼭 열차만 이야기하는 것은 아닐 것이다.

생각보다 처참한 북한의 자전거 보급률

오래 전, 남북경협사업의 우선 참가기업으로 삼천리자전거가 선정되었던 것은 그만큼 경제발전의 기초로 자전거 보급이 필수였기

자전거를 타는 북한주민의 모습, 신의주에서 촬영된 장면이다

때문은 아닐까 생각한다. 사람의 힘만으로 움직이며, 유지 보수 비용이 거의 들지 않고 비포장 도로에서도 어렵지 않게 주행이 가능하다는 자전거의 장점은 초기 산업발전을 꾀하는 나라에서는 정말 매력적일 수밖에 없다.

수 천 킬로미터를 날아가는 대륙간 탄도미사일도 만들어내는 북한이 자전거를 만들어 낼 기술과 시설이 부족하다는 것도 상당한 아이러니다. 북한 사회를 유지하는 동력이 인민의 생활수준 향상보다는 외세로부터의 방어를 빌미로 한 내부 단속에 있다는 것을 증명하는 셈이다.

북한의 자전거 보급률은 어떻게 될까. 어렴풋이 '매우 부족하다' 정도로는 알고 있었지만 정확한 데이터가 궁금해 자료를 찾아보았는데, 정말 신기하게도 자료가 없다. 정보가 거의 없다. 가장 가까운 나라임에도 지구상의 그 어떤 나라보다도 정보를 찾기가 힘들다. 결국 10여 년 전에 나온 논문에서 실마리를 하나 건졌다.

한국교통연구원이 2010년 5월 발간한 자전거산업의 남북 녹색

협력 구상(임재경 외 4인)이라는 보고서다. 이 보고서에 따르면 새터민을 대상으로 조사한 결과 함흥 원산 지역의 100가구 중 자전거 보유 비율이 5~10여대에지나지 않는다고 한다. 조사 표본이 심하게 작지만, 이를 토대로 북한 주민 전체의 자전거 보급률을 추정하면 대략 10% 남짓으로 미루어 짐작할 수 있다.

10년이 넘게 지났으니 보급률은 좀 올라갔을 수 있지만 그때나 지금이나 북한의 경제개혁 개방이 이루어졌다는 이야기를 들은 적은 없으니 아마 비슷하지 않을까 생각해본다.

보급률이 낮은 가장 큰 이유는 역시 비싼 가격 때문이다.

북한에는 중국제 자전거와 북한 자체 제작 자전거, 일본제 자전거가 들어와 있는데 중국제와 북한제는 일반 근로자의 몇 달치 급여, 일본제는 1년치 급여와 맞먹는 가격에 거래되고 있다고 한다. 개인간 상거래를 인정하지 않고 생필품부터 사치품까지 모두 배급에 의존하는 철저한 사회주의 시스템으로 운영되는 북한인지라, 장마당과 같은 공공연한 암시장에서 거래되는 가격을 기준으로 하니 당연히 프리미엄이 붙어 높아질 수밖에 없는 것이겠지.

근로자 연봉과 맞먹는 비싼 가격에도 불구하고 일본제 자전거는 꽤 인기를 끌고 있는데 2000년대 중반 일본의 대북 수출품 중에서 냉장고, 트럭, 카메라 필름 등을 제치고 연평균 5만 대 이상이 북한으로 반입되어 가장 큰 비중을 차지했다는 조사결과도 나와 있다.

일본 자전거는 초기에 그 유명한 만경봉호를 통해서 북한으로 실어져 운반되어 왔다. 일설에 따르면 일본이 한창 방치 자전거(버려진 자전거)로 골치를 썩고 있을 무렵, 북한의 자전거 수요와 이 상황이 절묘하게 만나 일본 전국의 방치 자전거 상당수가 북한으로 헐값에 팔려 나갔다는 말도 있다. 일본에서 버려진 자전거가 북한으로 가서는 노동자 연봉과 맞먹는 귀한 아이템이 되었으니 참 아이러니하다.

한편, 지난 2017년 중국 인민망이라는 매체가 보도한 바에 따르면 북한에도 서울의 따릉이와 같은 공유자전거가 등장했다는 소식

2017년 평양거리에 설치된
공유자전거 '려명'

도 있다. 평양시 광복거리에 공유자전거 보관소가 설치되었고 초록색 프레임에 노란색으로 포인트를 준 공유자전거의 이름은 '려명'이라고 한다. 아마도 공유자전거 최대강국인 중국의 자본과 기술이 들어간 것이 아닐까 추측해본다.

보기 흉하니 여자는 자전거를 타지 마라

북한의 자전거와 관련한 이야기 중에 가장 인상 깊었던 것은 여성 자전거 금지령이었다. 설마 사실일까. 아무리 북한이지만 사회주의의 기본 이념 중 하나가 양성평등 아니던가, 일방적인 여성 자전거 금지가 말이 되는가.

그런데 사실이었다. 북한 관광이 잠깐 허용되었을 때 평양에 다녀온 이들이 주민들에게 실제로 들었던 사례가 크로스체크 되었다.

1990년대 초반 김정일은 평양 거리에서 자전거를 타고 지나가

는 여성을 본 후 이렇게 말했다고 한다.

"여자들이 치마를 입고 자전거를 타니 보기에 흉하다"

이 한마디가 몰고 온 후폭풍은 엄청난 것이었다. 얼마 후 북한에는 '치마 입고 자전거 타기'가 전면 금지되었다. 안전상의 이유(실제로 긴 치마를 입고 자전거를 타는 것은 옷이 체인에 감길 염려가 있어 대단히 위험하다)를 구실로 삼았겠지만, 당시 북한여성은 대부분 치마를 입고 다녔기 때문에 이 조치는 실질적으로 '여성 자전거 탑승 금지'가 되었다. 북한 여성 대부분이 치마를 입고 다녔던 것도 김정일의 아버지 김일성이 오래전 '여자는 치마를 입어야 맵시가 산다'고 말했기 때문이었다고 한다.

이 말도 안 되는 조치는 2000년대 들어 슬그머니 철회되고 말았는데 비극적인 사건의 희생자를 제물로 삼고 나서였다. 평양 근처의 30대 여교사가 들고 가기엔 꽤 무거운 옥수수를 포대로 사고 이를 자전거에 싣고 집으로 가던 중, 군인에게 적발되어 자전거를 압류 당했던 것이 사건의 발단이었다.

문제는 그녀의 남편이 다리에 장애가 있는 상이군인이었다는 것, 결국 아내가 장을 보거나 모든 일을 도맡아 해야 했고 자전거 없이는 멀리서 옥수수와 같은 식량을 나를 수 없었다는 것이다. 자전거를 빼앗긴 그녀는 "이 자전거가 없으면 남편은 굶어죽는다"며 항의했지만, 군인들은 오히려 그녀를 반역자로 몰아 구타한 뒤 끌어내리고 말았다고 한다. 결국 생계수단이었던 자전거도 빼앗기고 인간적 모멸감까지 받게 된 그녀는 대동강 물로 투신, 죽음으로써 불합리한 조치에 항의했다는 것이다.

이 같은 말도 안 되는 사건들이 반복되자 김정일은 결국 본인의 한마디로 촉발된 치마 복장의 자전거 탑승 금지령을 폐지했고, 현재 북한의 주민들은 남녀 할 것 없이 자전거를 타고 다닌다고 한다.

인민군 자전거 부대는 진짜 있을까

또 하나의 빼놓을 수 없는 흥미로운 이야기는 북한에 자전거 부대가 있다는 설이다. 앞에서 말한 갈매기 자전거를 주력 아이템으로 삼아 후방에 침투하고 그 기동력을 바탕으로 전투를 벌이는 인민군 부대 이야기가 있다.

1970년대부터 기마부대의 대안으로 '경도 교도지도국, 특수 8군단 산하의 특수전 부대'라고 정확한 부대 이름까지 일부 매체에서 보도된 바 있다.

우리가 알고 있는 북한의 정보가 워낙 제한적이고 때로는 보상금을 노린 탈북자의 사실 무근의 이야기가 활자화 되어 나오기도 하니 이를 100% 믿기는 힘들다.

외국에도 자전거부대 사례가 있기는 했다.
2003년 해산한 스위스의 자전거 부대

일반적으로 알려진 자전거 부대가 운용되는 것은 이런 식이다. 자전거를 트럭에 싣고 장거리 침투훈련을 벌이는데, 트럭으로 기본지역까지 자전거를 내려 바꿔 타고 세부지역까지 침투하는 방식. 포장이 잘 된 도로까지는 함께 이동하고 차가 들어가기 힘든 곳은 자전거로 간다는 것이다. 그리고 해당지역에 침투하면 자전거는 풀숲 등 인근 지형을 이용해 은폐한다고 한다.

군의 전술이나 이런 것에는 문외한이지만 상식적으로 납득이 잘 되지 않는다. 지금 대한민국에 트럭이 들어가지 못할만한 주요 거점이 어디에 있으며, 설령 있다면 인가가 거의 없는 자연인들이 사는 임시주택 정도일 텐데, 인민군은 그곳에 침투해서 무엇을 한다는 말일까.

설에 따르면 인민군들은 그 무거운 갈매기 자전거(실제 들어본 결과 최소 20kg은 넘게 느껴졌다)를 끌고 매달 120km를 이동하는 산악 훈련을 한다고 하는데 이것 역시 믿기 힘들다. 20kg이 넘는 자전거를 때로는 들쳐 메고 산악지형을 돌파해야 할 터인데 이때 갈매기는 이동수단이 아니라 기동력을 해치는 장애물이 되지 않을까.

외국에도 자전거 부대의 사례가 없는 것은 아니다. 대신 전투나 침투용이라기보다는 전투지역으로 물자와 병사를 운송하는 수단 정도로 사용된 바 있다. 최초의 자전거 부대는 1899년 남아프리카 전쟁 당시 영국군이 먼저 운용한 것으로 알려졌고, 제1차 세계대전에서는 프랑스와 호주, 독일 등이 부대 이동 수단으로 사용했다. 2차 세계대전 당시엔 일본이 중국을 침략할 때 5만여 명의 자전거 부대를 활용하기도 했다고 한다. 베트남 전쟁에서도 베트남 공산군이 자전거를 운송수단으로 사용했고, 스위스는 가장 최근인 2003년까지 자전거부대를 운용하다가 해산했다고 한다.

쇼크웨이브Shockwave 같은 전자기파를 쏘거나 디도스DDoS 공격을 통해 기간 통신을 마비시키는 것이 가장 효율적 후방교란 방식이라 알려진 현대전에서 침투 및 교량용 자전거부대라니, 어쩐지 오래전 절판된 소설책의 재미없는 옛날이야기를 읽는 느낌이다.

남과 북이 다른 자전거 명칭과 규정

아이스크림을 얼음보숭이라고 부르는 곳이 북한이니, 당연히 자전거 각 부위를 부르는 명칭도 우리와는 많이 다르다. 우리의 표현 방식이 영어를 위주로 이루어져 있다면 북한은 어쩔 수 없는 경우를 제외하고는 모두 보통어 명칭을 쓴다.

핸들바는 운전대라 부르고, 브레이크는 제동기, 앞서도 말했지만 림은 바퀴테, 허브는 바퀴통, 튜브는 관이라

북한 우표에 그려진
자전거 경기 종류

부르고 페달은 디디개라 한다. 체인은 사슬, 흙받이는 진탕받이라고 하는데 크랭크와 타이어는 크랑크와 다이야로 영어 표현을 그대로 쓰고 있다.

남과 북이 서로 다른 것은 자전거 부품 명칭만이 아니다. 사적인 소유가 인정되지 않는 북한이지만 드물게 자전거만큼은 개인 재산으로 인정해준다고 한다. 근로자 연봉과 맞먹는 가격의 고가 아이템이기 때문에 이를 중요한 재산의 하나로 보호하고, 현황을 파악하기 위해 자전거 등록제를 시행하고 있다고 한다. 북한에서 자전

거를 타기 위해서는 자동차 운전면허증과 비슷한 운전자격증을 취득하고 번호판까지 부착해야 한다고 한다. 이 전체를 사회안전부에서 관리하고 있어 이를 어길 경우 벌금이 부과되기도 한다. 평양과 신의주에는 각각 4km, 12km의 자전거 전용도로가 깔려 있기도 하고, 자전거 길이 없는 도로에서는 오른쪽 차선 끝에서 주행해야 한다는 규정과 제동장치가 없는 자전거 운행 및 자전거 음주 운전이 불법인 것은 우리나라와 같다. 심지어 규정은 있지만 엄격한 단속을 하지 않는다고 하니 이것도 비슷한 점이라고 할 수도 있다. 1998년 북한이 '천리마'라는 매체를 통해 발표한 북한의 자전거 교통 안전 규정은 다음과 같다(표기는 북한의 것을 그대로 옮겼다).

— 도시 길에서 자전거는 도로표식에 따라 정해진 길로만 다녀야 한다.
— 자전거 길이 따로 없는 도로에서는 길 오른쪽 끝으로부터 1메터 안으로 다녀야 한다.
— 교통지휘신호를 하는 사귐길에서 곧바로 또는 오른쪽으로 가려 할 때에는 교통지휘신호에 따라 자전거를 타고 가며 왼쪽으로 돌아가려 할 때에는 지하 건늠길로 안전할 때 끌고 가야 한다.
— 자전거에는 한 사람만 타야 한다. 자전거를 타고 다닐 수 없는 길과 사람들이 걸어 다니는 데 지장을 줄 수 있는 길에서는 자전거를 타지 말고 오른쪽으로 밀고 다녀야 한다.
— 제동장치와 종이 없는 자전거를 타지 못하며 밤에 가로등이 없는 길로는 등불이 없는 자전거를 타고 다닐 수 없다.

— 자전거의 손잡이를 잡지 않고 타거나 달리는 자동차를 붙잡고 가는 일이 없어야 하며 여러 대의 자전거가 가로 줄을 지어 다니지 말아야 한다.

— 길 또는 다리와 사람이 많은 곳에서 자전거 타기 연습을 하지 말아야 한다.

— 자전거에 짐을 실을 때 짐의 너비는 두 바퀴 자전거인 경우 손잡이의 너비를 초과할 수 없으며 세 바퀴 자전거인 경우 뒤의 두 바퀴 사이 너비를 넘지 말아야 한다.

— 차가 다니는 길에 자전거를 세워둘 수 없다. 술을 마신 사람은 자전거를 타고 다닐 수 없다.

따릉이 가족을 소개합니다

따릉이, 참 이름도 잘 지었다. 이름뿐이랴 운영도 수준급이다. 처음 이 녀석을 시내에서 발견했을 때는 이제까지의 다른 공공아이템과 마찬가지로 "한 일이년 지나면 사라지겠지" 했다. 그런데 이 녀석이 8년이 되어간다. 기특하고 신기하다.

따릉이의 모델은 캐나다 몬트리올의 빅시Bixi와 프랑스 파리의 벨리브Vélib 라고 한다. 오세훈 시장이 2010년 캐나다 방문 중에 빅시에 영감을 받아 공공자전거 도입 사업을 시작했고, 2014년 박원순 시장이 파리의 벨리브를 모델로 완성시킨 사업이다. 빅시는 2009년생 벨리브는 2007년생이다. 둘 다 북미와 유럽을 대표하는 성공한 공공자전거 모델이다.

2014년생인 따릉이의 형은 국내에도 있다. 창원의 누비자가 그 것. 누비자는 심지어 빅시와 벨리브보다 형인 2004년생이다.
따릉이 누비자 외에도 대한민국의 공공자전거 가족은 셀 수 없이 많다.
고양시의 피프틴, 수원 반디클, 안산 페달로, 대전의 타슈, 광주 타랑께, 영천 별타고, 거창 그린씽, 세종 어울링, 전주 꽃싱이, 여수 여수랑, 순천 온누리 까지 각 지방자치단체의 특성과 상황에 맞게 잘도 발달해 왔다.

타슈와 타랑께의 이름 짓기를 한 담당자에게는 상도 주고 싶다. 정감이 가다 못해 싱긋 미소까지 머금게 하는 탁월한 네이밍이다.

"따릉이를 빨리 타슈, 아따 머하요 얼른 타랑께!"

따릉이와 누비자, 타슈,
어울링의 로고들.
지자체의 개성에 맞는
유쾌한 로고들이다.
공공자전거의 운영과 개발은
이렇게 국가주도보다
지자체가 맡는 것이 맞다.

일본의 자전거 이야기

종주국宗主國이라는 표현이 있다. 사전을 찾아보면 '자기 나라에 종속된 다른 나라의 대외 관계에 대한 일부를 처리하는 나라', '문화적 현상과 같은 어떤 대상이 처음 시작한 나라'라는 해석이 있는데 일반적인 해석이라면 후자 쪽으로 이해하는 분들이 좀 더 많으리라 생각한다.

다른 나라의 자전거 이야기를 하려고 하니 가장 먼저 떠오르는 곳이 일본이다. 왜 일본이 생각나는 것일까. 자전거 종주국이어서일까. 최초의 자전거인 드라이지네Draisienne가 발명된 곳은 독일이니 사전적 해석대로라면 일본은 자전거 종주국도 아니다.

일본과 자전거가 이처럼 바로 연상되는 밀접한 이미지를 가지게 된 것은 아마도 전철역마다 빼곡하게 들어차 있는 생활자전거의 풍경과 '자전거 업계의 인텔'이라 불리는 구동계 독점기업 시마노SHIMANO 덕분인지도 모르겠다.

일본의 자전거를 생각하면 지금도 떠오르는 개인적인 장면 몇 가지가 있다.

신입사원 일본에 가다

일본에 처음 갔던 것은 1984년이었다. 삼천리자전거에 입사한 것이 1983년이었으니 입사 2년차 꼬맹이 사원시절이었다.

해마다 열리던 '도쿄 자전거쇼'를 참관하기 위해서였는데, 한국 자전거공업협회의 간부들을 모시고 떠난 길, 막내 신입사원의 막중한 임무는 '카탈로그와 전단지 챙기기'였다.

한국을 대표하는 자전거 협회에서 참관단이 왔으니, 일본에서도 일본을 대표하는 일본자전거산업진흥회의 간부들이 마중을 나왔다. 그런데 이게 웬일. 4명으로 단촐했던 우리 일행에 비해 환영단의 규모는 10여명이 넘어 생각 외로 성대했다. 그때는 "아, 이 사람들이 우리나라 자전거 관계자들을 무척 반가워하고 중요하게 여기네"라 생각했다.

도심 한 가운데 그 비싼 긴자의 다이이치 호텔에서 숙박을 하고 자전거 쇼 참관이 끝난 저녁 시간엔 매일 저녁 식사와 반주가 함께하는 환영 간담회도 가졌다. 당시 꽤 많은 돈을 우리 일행의 접대를 위해 들이는 일본의 진흥회 사람들을 보고 "참 일본은 잘 사는 나라구나, 부럽다"고 느끼기도 했다.

하지만 그 친절하고 돈 많은 일본인에 대한 환상은 며칠이 지나지 않아 깨졌다. 귀국 전날 환송 간담회의 밤, 술이 얼큰히 취한 또래 일본 쪽 실무자에게 속 깊은 이야기를 듣게 된 것이다.

"외국 단체의 방문 시 접대는 우리 진흥회 업무 중 가장 중요한 업무인데, 이때만큼은 1인당 간담회비가 꽤 높게 책정되어 있어서 다들 이 자리에 오고 싶어 한다. 일본인은 스스로에겐 엄격하지만 남에게는 지나치리만큼 관대해서 이런 간담회 날은 규정에서 허용하는 최대인원을 꽉 채워서 나와 평소 갖지 못했던 회식을 즐기는 셈이다"

다들 아시다시피 1980년대 초반의 일본과 한국은 엄청난 경제적 격차를 갖고 있었다. 자전거도 그렇고 전자제품이나 사회 전반적 문화에서도 일본에 꽤나 뒤지고 있어 일본 출장은 '한 수 배우러 간다'는 느낌이 강했던 것이 사실이다. 그런 마음을 갖고 첫 해외출상을 나온 젊은 신입사원에게 일본 진흥회 젊은 실무자의 고백은 나름 충격이었다.

이후 십여 년이 넘게 해마다 박람회 시즌이 되면 도쿄 행 비행기를 탔고, 여지없이 성대한 환영과 외국 손님 접대를 빙자(?)한 진흥회의 회식은 계속 되었다. 물론 필자도 그 다음 해부터는 그들의 그런 사정을 충분히 이해하며 간담회에 참석했고, 그에 따라 일본 진흥회 사람들과의 친목은 꽤 깊어져만 갔던 것으로 기억한다. 어쩌면 이 같은 접대문화는 1980년대 일본 버블 경제의 훈장과도 같

일본의 자전거는 취미나 레저거기보다는 생활 그 자체다

은 것이었고, 1990년대 중반 그 거품을 급속히 터뜨리게 만든 장본인이 아니었나 하는 생각도 든다.

장면 #2 모든 사람이 자전거를 타고 있었다

정말 모든 사람이 자전거를 타고 있었다.

하네다 공항에서 내려 숙소로 가는 버스 안에서도 길거리마다 자전거 행렬이 눈에 띄었다. 전철역 앞에는 어마어마한 규모의 자전거 주차장이 마련되어 있었고 역 부근의 자투리 공간에도 어김없이 자전거들이 세워져 있었다.

아케이드라고 하는 현대화된 재래시장에도 자전거를 타고 움직이는 사람들이 줄을 이었고 조금 번화한 곳이면 어디에나 있는 파친코 가게 앞에도 수백대의 자전거가 가지런히 줄을 서서 주인을 기다리고 있었다. 명색이 대한민국 대표 자전거 회사의 사원이었지만 그 정도로 많은 자전거의 행렬을 본 것은 그때가 처음이었다.

일본인들은 우산을 쓰고도 자전거를 타고(지금은 우산을 쓰고 자전거를 타면 불법이다), 담배를 피우면서도 자전거를 탔고 짧은 치마를 입고서도 자전거를 탔다. 일본에서는 자전거를 '안 타는 사람'은 있을지 몰라도 '못 타는 사람'은 없다는 말이 실감이 났다.

일본의 자전거 보유대수는 10년 전인 2013년에 조사한 바에 따르면 7천만 대가 넘었다. 당시 일본 전국의 자동차 대수인 약 8천만 대와 맞먹는 숫자였다.

일본의 자전거는 우리가 생각하는 레저나 취미의 영역이 아니다. 집에서 전철역, 집에서 시장까지 이동하는 '근거리 생활 이동 수단'으로 기능한다.

이에 비해 한국은 맘먹고 주말에 한강 둔치까지 나가 자전거 도로를 따라 하루 종일 라이딩을 즐기는 '스포츠 레저의 아이템'으로 활용도가 더 높다. 일본인에게 자전거가 '생필품'이라면 한국인에게 자전거는 '기호품'이라 할 수 있겠다. 이런 쓰임새의 차이는 주로 판매되는 자전거의 모델과 스타일, 가격 등에서도 다르게 나타난다.

일본에서 팔리는 자전거의 상당수가 단순한 기어구조와 알루미늄 프레임을 가진 생활형 자전거라면 한국에서 팔리는 자전거는 전문적인 로드 바이크와 MTB가 꽤 큰 비중을 차지하고 있다.

핸들바에 꽂은 양산과 편안한 탑승자세,
마마차리의 미덕

세계 유수의 자전거 메이커를 생각해 낼 때 쉽게 일본 브랜드가 생각나지 않는 것도 생활 자전거 중심의 일본 자전거 문화에 기인한 탓이 크다. 일본인들은 자전거로 회사에 가고, 학교에 가고, 장을 보러 가고, 파친코에 간다. 그러다보니 회사나 학교, 마트와 상업시설에 자전거 전용 주차장은 필수적으로 따라붙게 된다. 혹시 회사에 공간이 없어 자전거 주차장을 마련하지 못했다면 인근의 전용 주차장을 계약해 월주차를 지원해주기도 한다. 심지어 아르바이트생들에게도 주차시설이 제공된다니 가히 자전거 천국답다.

장면 #3 한 시간 동안 단 한 번의 '끌바'도 없었다

일본에 이렇게 자전거가 광범위하게 보급되고 생활화 된 것은 무슨 이유에서일까.

몇 가지 추론이 가능한데, 필자는 그 가운데 첫째로 쾌적한 도로 환경을 꼽고 싶다. 이십여 년 전쯤 도쿄에 놀러 갔을 때의 일이다. 에도가와 강 근처의 신코이와라는 동네에서 지인의 자전거를 한 대 빌려 슬슬 산책을 나갔다. 날씨가 너무 좋아 슬슬 페달을 밟다보니 꽤 먼 거리까지 가게 되었는데 1시간 쯤 지났을까 저 멀리 도쿄 디즈니랜드가 보여 내친김에 테마파크 정문 앞까지 다녀왔던 적이 있다. 출발지에서 디즈니랜드까지는 일반도로로 13km 정도의 거리였는데 재미있는 것은 자전거를 타고 디즈니랜드까지 가는 동안 단 한번의 '끌바(자전거에서 내려 끌고 가는 짓)'를 한 적이 없었다는 것이다.

인도에서 차도로 내려가는 길엔 단차가 없었고 도로의 연결부도 부드럽고 편안했다. 눈에 보이지는 않지만 사회 전반에 탄탄히 자리 잡혀 있는 일본의 자전거 인프라를 그때 처음으로 체험했다.

개인적으로 생각하는 두 번째 이유는 비싼 대중교통 요금이다. 일본은 택시비나 전철요금이 비싸기로 유명한 나라다. 택시 기본 요금은 우리돈 5천원 부터고 가장 가까운 전철구간의 요금도 대략 2천원 이상이다. 게다가 전철은 각각 운영사가 달라서 환승도 쉽지 않고 요금 할인도 없다. 그나마 최근엔 우리나라의 대중교통 요금도 꽤 올라서 격차가 크게 느껴지지 않지만 1980년대엔 한국 대비 대여섯 배 가까운 요금 때문에 일본을 여행하는 여행자들도 대중교통을 편하게 탈 엄두를 내지 못했다.

　교통비가 비싼데 자전거 도로가 잘 되어 있으면 사람들은 당연히 자전거를 타게 된다. 전철역 계단을 오르내리는 수고도 덜고 목적지 바로 앞까지 갈 수 있으니 비슷한 시간이라면 자전거를 타는 쪽이 훨씬 이득이기 때문이다.

　세 번째 이유로 생각하는 것은 단독주택과 소규모 공동주택 중심의 도시환경이다. 일본은 우리나라의 주공 아파트 단지처럼 집단적인 대규모 공동주택 시설이 흔치 않다. 중계동이나 개포동처럼 몇만 세대가 들어온 매머드급 주택단지에는 수요가 넉넉하니 어김없이 버스정류장과 전철역이 빈틈없이 들어선다. 원래 대단지 개발도 전철역 위주로 이루어지니 걸어서 몇 분 정도의 거리에 사는 사람은 대중교통까지 연계할 자전거가 필요치 않게 되는 것이다.

　하지만 단독주택과 소형 공동주택이 주택가의 상당수를 차지하고 있는 일본의 경우는 그렇지가 않다. 주거 타운의 인구밀도가 빼곡하지 않고 오밀조밀한 소형 단지들이 넓게 퍼져 있기 때문에 동네 전체를 커버할 만한 대중교통이 잘 연계되지 않는 것이다. 도쿄나 오사카와 같은 대도심도 전철역은 민자 노선을 포함해서 웬만큼 잘 갖추어져 있지만 그 전철역까지 가는 대중교통이 부족하다. 또 철도 운영회사가 달라서 환승 할인이 되지 않는 것도 특징인데, 집에서 가장 가까운 전철역으로 가서 비싼 환승요금을 지불하며 출근을 하는 것보다 자전거를 10여분쯤 타고 최종 목적지로 가는 노선을 타는 것이 경제적으로나 시간으로나 이득이 된다.

　이처럼 일본의 자전거는 레저 취미활동의 도구처럼, 선택 가능한 아이템이 아닌 생활을 위해 반드시 이용해야 하는 필수품으로 발전해 왔기 때문에 오늘의 자전거 천국 일본이 있게 된 것이다.

기본요금 300엔의 일본의 자전거택시

전국민이 자전거를 이용하다보니 자전거에 관한 법령이나 관리 제도도 잘 갖추어져 있다. 일본은 자전거 등록제를 실시하고 있는 나라다. 아무나 자전거를 살 수는 있지만 구입한 자전거는 반드시 경찰서에 등록을 해야 한다. 지역에 따라서는 자전거 보험을 의무적으로 가입해야만 하는 경우도 있다. 2020년 4월부터는 도쿄의 모든 자전거 이용자는 책임보험에 가입해야만 한다.

자전거 등록은 어떻게 할까? 간단하다. 새 자전거를 사는 경우라면 자전거 매장 직원이 등록을 도와준다. 마치 신차를 살 때 영업사원이 서비스로 차량 등록을 해주는 것과 비슷하다. 그럼 중고 자전거를 사거나 인터넷 쇼핑몰에서 살 때는 어떻게 할까. 본인이 직접 경찰서에 가서 등록을 해야 하는데 비용은 500엔(우리돈 5천 원) 정도로 크게 부담이 가지 않는 수준이다. 자전거 보험 가입도 생각보다 간단하다. 새 자전거를 살 때는 역시 매장 직원에게 매장에 준비된 보험가입서를 적어서 건네주면 끝. 가입서를 받아든 직원은 자전거 프레임에 바로 부착할 수 있는 보험가입완료 스티커를 준다.

몇 년 전 자전거 해외여행 상품을 만들어 약 40여명의 일행과 함께 일본 대마도에 자전거 투어를 다녀온 적이 있다. 자전거로 떠나는 해외여행은 삼천리자전거와 참좋은여행의 콜라보레이션이 가능한 숙원사업이었기 때문에, 첫 투어에 손님인척 하고 따라갔는데 그 준비과정이 간단치 않았다. 가장 안타깝고 불안했던 것이 자전거 여행은 여행자보험 가입이 안 된다는 것. 아무리 안전에 만전을 기한다 해도 만에 하나 생길지 모르는 불상사에 대비하고 싶었는데 국내 보험사들은 모두 고개를 저었다. 결국 꽤 비싼 별도 특약을 만들어 진행을 했다. 모든 자전거가 보험에 자유롭게 가입할 수 있는 일본이 부럽게 느껴지는 순간이었다.

장면 #4 치마를 입고 자전거를 탄다고?

일본 여행을 다녀온 사람들이 이구동성으로 이야기하는 신기한 광경이 있다. 여학생이나 직장여성, 때로는 주부까지 치마를 입고 자전거를 씽씽 타는 장면을 심심치 않게 볼 수 있다는 것이다.

대부분이 삼각형 프레임에 일자형 탑튜브와 안장까지 높은 우리나라의 일반 자전거로는 상상도 할 수 없는 일이다.

일본의 여성들이 치마를 입고 자연스럽게 자전거를 탈 수 있는 것은 바로 '마마챠리'라는 자전거의 대중화 덕분이다.

탑튜브가 U자 형태로 낮게 굽어 있어 가운데 걸리적거리는 것이 없고 안장도 편안하게 낮은 위치에 자리한 속칭 '아줌마 자전거'다. 원래 이런 형태의 자전거 프레임이 개발 된 것도 유럽에서 자전거가 발명되었을 당시 치마를 입은 여성들이 타고 내리기 좋게 하기 위해서였다고 하니 태생부터 여성을 위한 자전거가 맞다.

우리나라에서는 속칭 '철티비'라고 불리는 저가형 유사 MTB가

잘 꾸며놓은 마마챠리 자전거. 디자인은 확실히 여성취향이다

가장 흔하게 보이는 자전거라고 한다면 일본에서는 이 마마챠리가 가장 많이 보인다.

마마챠리라는 이름은 자전거를 일본어로 부르는 챠린코チャリンコ에 엄마를 뜻하는 일본어 마마ママ를 붙인 것이다. 챠린코는 자전거의 벨소리가 '챠린'하고 들린다는 데서 나온 말로 우리말로 번역하면 '따릉이'정도가 된다.

별명도 아줌마 자전거이고 디자인도 여성취향이지만 사실 일본에서 이 마마챠리는 남녀노소를 가리지 않고 누구나 타는 국민자전거로 자리매김 하고 있다. 특히 앞바퀴 쪽에 커다란 바구니를 달아놓아 장을 보러 갈 때나 출퇴근 할 때 가방을 넣기에 편리해 대단히 실용적이기도 하다.

마마챠리는 스피드보다는 철저히 내구성과 실용성에 중점을 둔 제품이기 때문에 고가의 자전거에서 볼 수 없는 편의장치도 한 가득이다. 비 오는 날 웅덩이를 지나도 젖지 않도록 빗물 커버가 기본으로 달려있고, 앞서 얘기한 핸들바 바구니와 뒷바퀴 위에 커다랗게 자리한 짐받이, 푹신한 안장과 아무 곳에서나 세울 수 있도록 고안된 스탠드, 그리고 경쾌한 소리가 나는 벨까지.

스피드와 주행거리를 중시하는 레저 아이템으로써의 자전거에는 금물인 편의장치들이지만 철저히 생활형 자전거인 마마챠리에는 더없이 고마운 것들이다.

이 마마챠리 자전거를 가지고 자전거 경주대회도 열린다.

2008년부터 실시된 마마챠리 그랑프리가 그것. 물론 투르 드 프랑스나 지로 디탈리아처럼 국제 사이클 연맹의 공인을 받은 대회는 아니지만 나름 일본에서는 꽤 인기를 얻고 있는 재미난 대회라고 한다.

실제로 가서 본 것은 아니기 때문에 더 실감나는 정보는 적기 힘들지만, 인터넷으로 간접 체험한 바에 의하면 나름 흥미진진한 장면들이 많다.

먼저 경기장은 후지산이 가까이 보이는 시즈오카 현의 후지 스피드웨이. 원래 F1 레이스를 하도록 만들어놓은 경기장인데 극한의 스피드를 겨루는 이 공간에서 장바구니를 단 엄마들의 자전거가 레이스를 펼친다니 아이러니하다.

출전 자전거는 규격을 지켜야 한다. 프레임은 반드시 탑튜브가 낮게 배치된 형태여야하고, 휠은 26인치만 허용. 레이싱 타이어를 끼워서는 안 되고 안장 높이도 땅에서부터 85cm 이상 올라가면 안 된다. 그리고 핸들은 땅에서 95cm 이상이 되어야 하기 때문에 모든 참가자들은 순간적인 힘을 내기에 지극히 불합리한 아줌마 자전거 탑승 자세로 레이스를 해야 한다.

자전거 특성상 순간적 스피드를 겨루는 레이스가 아니라 10명의

대표적 국산 마마챠리,
삼천리자전거 루시아 모델

한 팀이 번갈아서 7시간동안 자전거를 타는 내구 레이스 스타일로 경기가 진행된다.

사실 자전거 대회라기보다는 자전거 축제의 성격도 많이 띠고 있어서 참가자들의 재미있는 복장도 눈길을 끈다. 초밥 모양 자전거도 있고 슈퍼마리오 복장을 한 참가자, 토토로의 유명한 고양이버스 장식을 씌운 자전거도 있다. 워낙 볼거리가 많아 우리나라의 동호인과 자전거 애호가들도 개인 신분으로 참여한 후 대회 후기를 인터넷에 올려놓기도 한다. 일상의 생활이 문화가 되고 그 문화가 다시 축제가 되고, 그 축제가 알려져 다시 새로운 문화를 만드는 모습은 참 부럽게 다가온다.

우리나라에서 가장 찾기 쉬운 마마챠리는 서울시의 공공자전거인 따릉이가 대표적이고. 삼천리자전거의 루시아 모델과 일명 한효주 자전거라고 불리던 삼천리자전거 앙드레김 AC 2603 모델을 꼽을 수 있다.

장면 #5 일본이 겪고 있는 문제들

자전거 천국으로 불리는 일본이지만 그에 따른 부작용도 오래전부터 곳곳에 드러나고 있다.

가장 크게 문제가 되는 것이 자전거 주차문제. 일본은 이를 꽤

일본의 자전거 주차장, 상상을 초월하는 규모다

엄격하게 단속 하고 있다. 우리나라야 전철역 자전거 주차장이 꽉
찼을 때 그 근처 나무나 철책에 자전거를 잠시 묶어 놓아도 아무런
제재가 없지만(자전거 도둑의 눈만 피한다면 말이다), 일본은 단속반이
주기적으로 순찰을 돌며 불법 자전거를 여지없이 수거해간다.

자전거를 찾기 위해서는 견인비용을 지불해야 하는데 2천엔(약
2만원) 정도로 만만치 않다. 다 낡은 자전거인데 견인비를 내느니
그냥 포기한다고 생각 할 수도 없다. 자전거 등록제 덕분에 누구
자전거인지 바로 확인이 가능하고 보관날짜에 따라 과태료까지 부
과되기 때문이다.

자전거 주차문제와 더불어 방치 자전거 문제는 사회문제까지 되
고 있는 실정이다. 워낙 많은 자전거가 보급되다보니 중고로도 팔
수 없을 만큼 낡아서 고철이 된 자전거가 늘어나는데 이를 적절히

수거하고 재활용 하는 시스템이 잘 되어 있지 않은 모양이다. 아예 등록 태그까지 떼어버려 소유권 포기 불법투기를 한 자전거라면 법적 조치를 취하겠지만 무료 주차장에 보관도 아니고 주차도 아닌 상태로 오랜 기간 자리만 차지하고 있는 자전거는 도시 미관까지 해치는 골칫덩어리다. 소유자가 분명히 있기 때문에 사유재산이라 수거업체에서도 쉽게 손 댈 수도 없다. 도난 방지와 불법행위를 막기 위해 도입한 자전거등록제가 폐자전거를 치우는 데는 걸림돌로 작용하고 있는 것이다.

자전거 운행이 많아지면 자연스레 사고도 많아진다. 아무리 도로사정이 잘 되어 있다 해도 자전거를 타는 사람이 법을 위반하면 사고를 피하기는 힘들다. 일본 자전거 사고의 64%가 자전거 운행과 관련한 법과 규칙을 지키지 않아 일어난 사례라는 통계도 있다.

줄어들지 않는 자전거 사고와 관련해 일본 경찰은 '자전거 운행과 관련한 법을 3번 이상 위반할 때는 전과로 등록한다'는 조치를 취하기도 했다. 실제로 2020년 10월에는 나루시마 아키히코라는 남자가 자전거를 사용해 위협운전을 하다 경찰에 체포되기도 했다.

2013년 한 해 일본의 자전거 총 사고건수는 12만 건이 넘는다. 일본 전체 교통사고 발생 건수의 약 20%에 해당하는 놀라운 수치다. 사망사고도 600건이나 되고, 부상자수는 12만 명을 넘어 전체 교통사고 사상자수의 15%에 달한다고 한다. 이쯤 되면 별도의 자전거 안전을 위한 대책기구라도 두어야 하는 상황이 아닐까 싶다.

일본의 자전가 사고가 이렇게 많은 것은 1970년대 자동차와 자전거의 사고를 줄이기 위해 자전거를 인도로 통행하도록 허용한 법률 때문이다. 자동차와 자전거의 사고가 줄어든 대신 사람과 자전거의 사고는 늘어난 것.

결국 2007년 들어 일본은 자전거 사고를 감소시키기 위해 전국 98개 도시를 모델지역으로 차도에 자전거 전용차로를 설치하는 '자전거 도로 모델지구 시범사업'을 실시했다. 대부분의 라이더가 자전거 전용도로를 이용하는 우리나라의 경우 아직 자전거 사고가 사회문제화 될 만큼 광범위하게 일어나지는 않고 있으니, 뒤늦은 자전거 대중화와 레저와 스포츠로써 자전거 문화가 자리 잡은 것이 나름 다행으로 느껴진다.

사고가 빈번하다보니 일본의 자전거 운행과 관련한 법률은 상당히 엄격하다.

자전거는 반드시 지정된 자전거 도로에서만 타야하고, 상황에 따라 인도를 통행할 수 있지만 시속 10km의 속도 제한이 있다.

자전거 전용도로일지라도 횡대로 주행하는 것은 금지, 역방향 주행도 금지다. 2013년 개정된 도로교통법에 따르면 역주행 자전거에 대해서는 30일간의 구금 또는 2만엔(약 20만원)의 벌금이라는 강력한 처벌을

자전거 보유대수만큼이나 법적 규제도 많은 일본의 자전거 도로

실행중이다. 자전거 음주 운전에 대한 처벌도 상당히 세다. 1회라도 적발 되었을 경우 5년 이하의 징역이나 100만엔(약 1천만원)의 벌금을 맞는다. 외국인이 음주 운전을 하다가 걸렸다면 추방까지 당할 수 있다고 한다.

이 외에도 휴대폰 사용하면서 자전거 타기, 헤드폰을 끼고 자전거 타기, 우산을 든 채로 자전거 타기도 모두 불법으로 금지되어 있다. 밤에 라이트를 부착하지 않고 자전거를 타는 경우에도 불법으로 벌금을 물도록 하고 있다.

사실 일본의 자전거 문화는 처음 일본을 찾았던 1984년만 해도 우리가 영원히 따라잡지 못할 것만 같은 '넘사벽(넘을 수 없는 사차원의 벽)'이었다.

그런 커다란 벽이 40년 가까운 세월을 거치면서 대중문화의 양국 간 역전현상과 마찬가지로 아주 많이 낮아졌다는 느낌이다.

어쩌면 자전거를 즐기는 문화는 우리 쪽이 일본보다 더 성숙할 수도 있고 그 부럽던 자전거 도로도 이제 한반도 곳곳에도 잘 정비된 모습으로 갖추어져 있다. 생존을 위해 자전거를 탄다기보다, 좀 더 나은 삶, 더 가치 있는 삶을 가꾸기 위해 자전거를 타는 사람들도 늘어나고 있다.

중년의 대표적 취미인 골프를 그만두고 자전거로 넘어오는 사람들도 꽤 많다는 소식은 무척 반갑다.

코로나가 지구를 덮치기 몇 년 전에 일본인 관광객이 자전거를 타기 위해 해마다 한국을 찾는다는 소식을 들었다. 바로 북한강 자전거 길을 라이딩 하기 위해서였단다.

해외에 나가 이국적인 풍경 속에서 라이딩을 하는 것은 모든 자전거 마니아들의 로망이다. 일본인의 자전거 마니아들은 북한강 자전거 길을 세계에서 가장 아름다운 자전거 도로로 손꼽는다고 한다. 기분 좋은 일이다.

특이하고 신기한 자전거들

　신대륙을 발견한 것으로 잘 알려진 이탈리아의 항해가, 크리스토퍼 콜럼버스Christopher Columbus. 그의 복귀 환영연에서 많은 사람들이 그의 업적을 찬양했지만 몇몇은 '누구나 할 수 있는 일'이라며 시샘 가득 볼 멘 소리를 한다. 이 말을 들은 콜럼버스는 '이 둥근 달걀을 탁자 위에 세워보라'고 하고, 아무도 세우지 못하자 달걀을 살짝 깨뜨려 불가능한 미션을 성공시킨다. 이 광경을 본 투덜이들은 다시 '그건 누구나 할 수 있는 일'이라고 불평했다. 콜럼버스는 그들에게 이렇게 말했다.

　"누구나 할 수 있는 일을 처음 하는 것은 무척이나 어려운 것이다."

　자전거는 콜럼버스의 달걀과 같다. 콜럼버스가 달걀을 깨뜨려 세우기 전에는 아무도 둥근 달걀이 혼자 힘으로 설 수 없다고 여겼지만, 그것이 눈앞에 증명된 이후 다들 '그건 당연한 것'이라 말한다. 자전거가 신기할 것이 하나도 없는 탈 것이라 말하는 사람이 있다면 그건 자전거가 있기 전의 시절을 상상할 수 있는 지적능력을 가지지 못한 사람이다.

　누구나 할 수 있는 일, 누구나 가지고 있는 것을 처음 만든 사람들을 우리는 선구자 또는 발명가라 부른다. 운송수단의 혁명인 자전거를 과연 이 신기한 것을 좋아하는 발명가들이 과연 그냥 두었을까?

보는 것만으로도 즐거운 이색 자전거들

지면과 닿아 있는 몇 개의 바퀴, 그리고 이 바퀴를 연결시켜주는 프레임, 프레임 위에 몸을 얹어 오로지 사람의 힘으로만 움직이도록 만든 탈 것.

게걸음으로 가는
사이드웨이 바이크

이 조건을 충족시킨 자전거를 남들과 다르게 만들고 싶은 발명가들의 본능적 욕망은 꽤 많은 신기하고 해괴한 자전거를 만들어냈다.

두 바퀴가 운전자와 같은 방향의 수직으로 일직선을 이루며 앞으로 가야 한다는 통념을 깬 사이드웨이 자전거. 운전자와 자전거가 수평으로 배치되어 있어서 게걸음처럼 옆으로 가는 방식의 신기한 자전거다. 타는 형태가 스노보드와 같아서 스노보드 자전거라고도 불린다.

페달이 없는 자전거도 있다. 바퀴와 프레임만 있을 뿐 구동계라고 할 만한 것이 보이지 않는 이 자전거는 몸을 자전거 프레임에 매단 채 두 다리로 땅을 딛고 움직이는 방식이다. 페달리스 바이크라고 편의상 부르고 있다. 체인과 페달이 없으니 과연 동력이 제대

페달리스 바이크,
구동계 없이 사람이 발을
굴러 움직인다

로 전달이 될까 궁금하긴 하지만 평지나 내리막에서는 꽤 편안한 속도내기가 가능한 모양이다. 물론 오르막을 만나면 엉금엉금 기어야 할 테지만.

이 페달리스 바이크가 조금 더 발전해서 스트리트 플라이어라는 행글라이더 자전거가 된다. 앞쪽 바퀴가 2개라는 것이 특이한 점인데 땅을 힘차게 구른 후 행글라이더 탑승자세로 앞으로 누워 타는 것이 특징이다. 물론 페달리스 바이크와 마찬가지로 오르막에서는 타기 힘들다.

전동 워킹머신을 자전거와 결합시킨 자전거도 있다. 네덜란드에서 개발된 로피핏이라는 자전거인데, 페달대신 자전거 프레임 하단에 장착된 워킹패드 위를 슬슬 걸어가면 자전거가 움직이는 방식이다. 회사 홈페이지에 실제 탑승영상이 올라와 있는데 천천히 걸어도 자전거가 꽤 속도가 난다. 사실 사람이 걷는 힘은 보조적인 것일 뿐, 대부분의 구동에너지는 자체 장착된 전기모터에서 나온다. 디자인도 나름 미려해서 꽤 인기가 있는지 상용화에 성공, 현

행글라이더를 타는 느낌의
스트리트 플라이어

전동 워킹머신을 자전거에 결합시킨
네덜란드 로피핏

재 2,600유로(약 350만원) 정도에 판매되고 있다. 배터리의 힘을 빌리는 탈 것이니 순수한 자전거라고 보기엔 좀 힘들다.

이외에도 프레임의 형태를 바꾸거나 자전거 몇 대를 이어붙이거나 기존 구동계의 개념을 바꾼 자전거 발명품들이 줄잡아 수백 종은 넘는다.

자전거라 말하기 민망한 상징적인 예술품부터 팻 바이크처럼 실용적이면서도 멋진 자전거도 있다. 이 중 어느 정도 대중에게 알려지고 상용화 된 신기한 자전거 몇 가지를 소개해본다.

누워서 타는 리컴번트 자전거

누워서 타는 리컴번트 자전거,
장단점이 명확하다

대부분의 사람들이 자전거는 앉아서 상체를 약간 숙이고 타는 것이라는 고정관념을 갖고 있다. 이들에게 뒤로 누워서 타는 리컴번트recumbent 자전거는 신기하게 보일 수밖에 없다. 기존 자전거 탑승 자세의 틀을 깬 혁신적인 자전거지만 주말에 한강에서 자전거를 타면 어렵지 않게 한두 대는 볼 수 있을 정도이니 특이한 자전거치고는 보급률이 상당히 높은 편이다. 사실 누워서 자전거를 타는 것은 생각보다 긴 역사를 갖고 있다. 자전거 산업 초창기인 1860년대에 이미 누워서 또는 누운 듯 앉아서 타는 자전거가 개발되기 시작했으며 1893년에 독일에서 출간된 풍자 잡지 플리겐데 블래터Fliegende Blätter에 실린 삽

리컴번트의 아버지
프란시스 포레가 자전거를 타는 장면

화가 가장 오래된 기록이다. 안장의 위치가 낮고 편안한 자세를 유지하면서도, 공기 저항이 적기 때문에 일반 자전거와 비교할 수 없을 정도로 빠르다. 1933년 프랑스의 자전거 선수 프란시스 포레Francis Faure는 리컴번트 자전거를 타고 대회에 참가했다. 평소 신통한 성적을 내지 못했던 그가 난생 처음 보는 독특한 자전거를 타고 대회에 참가하자 그를 손가락질하면 조롱했던 관중들은 대회 결과에 경악을 금치 못했다. 평속 45km/h. 지금처럼 자전거 제조기술이 발달하지 않았을 때였던지라 그의 기록은 그 후 20년 동안 깨지지 않았다.

안타까운 것은 그의 그 놀라운 기록이 자전거 제조사의 압박을 받은 국제사이클연맹(UCI)에 의해 무효가 되었다는 가실. 연맹이 그의 기록을 무효화하기 위해 '안장코에서 시작되는 수직선과 페달이 달린 크랭크축의 거리는 12cm 이내여야 한다'는 어거지 조항을 만들었기 때문이다. 페달이 안장에서 앞으로 멀리 떨어져 있는 리컴번트는 자전거의 그 기준에서 벗어났고 그 후 지금까지도 리컴번트 자전거는 UCI와 관련된 대부분의 국제대회에 참가하는 것이 금지되고 있다. 그 만큼 압도적인 속도를 낼 수 있지만, 구조적으로 다소 복잡하며, 페달의 상하 운동을 이용하지 못하고, 일어서서 타기 등 자세를 바꾸기 어려운 만큼 오르막에서는 제 성능을 내기 어렵다는 단점이 있다.

리컴번트 자전거는 여러 가지 형태로 나뉜다. 특이한 탑승자세에서 오는 장점을 더욱 극대화하기 위해서 또는 태생적 단점을 보완하기 위한 점차 개선되어 왔기 때문이다. 빠른 속도에 집중하기 위한 로우 레이서Low Racer는 차체를 극단적으로 낮춰 공기 저항을 최소화, 평지에서 80km/h 까지도 속도를 낼 수 있다. 이지라이더&이지레이서Easy Rider&Easy Racer는 절충형이라 할 수 있는데, 앞바퀴보다 큰 뒷바퀴를 이용해 누워서 탄다기보다는 기대고 앉아서 타는 형태다. 리컴번트 입문용으로 적합하며, 평지에서 힘들이지 않고 50km/h의 비교적 빠른 속도를 낼 수 있기 때문에 장거리 여행용으로도 많이 이용된다. 탑승자의 위치가 높은 하이 레이서High Racer는 차체가 낮아 시인성이 좋지 않다는 단점을 보완한 형태다. 일반적으로 리컴번트는 차체가 낮기 때문에 일반 도로에서 자동차 운전자의 시야에서 잘 보이지 않는 큰 단점을 갖고 있다. 깃발이나 팔랑개비 등으로 시인성을 높이기도 하는데 하이 레이서 형태로 차체를 높이는 쪽이 보다 효과적이다.

누워서 타는 리컴번트 자전거와 완전히 반대 자세로 타는 자전거도 있다.

버드 오브 프레이(Bird of Prey, 맹금류)라는 자전거인데 페달이 뒷바퀴에 있는 것이 특징이다. 자전거를 타는 동작이 독수리의 모습을 닮았다 해서 맹금류라는 이름이 붙여졌다.

엉덩이를 올리던 안장에 골반을 대고 핸들 옆 패드에 팔꿈치를 올리고 페달을 밟는 방식이다. 무게중심이 낮아 리컴번

리컴번트와 반대로 엎드려 타는 방식의 버드 오브 프레이

트와 마찬가지로 대단히 빠른 속도를 낸다. 상용화 되어 시판되고 있으며 가격은 약 500만 원 정도로 저렴한 편은 아니다.

작게 더 작게, 스트라이다

삼각형 프레임에 작은 바퀴가 달린 스트라이다는 접이식 미니벨로에 속한다. 하지만 일반적인 미니벨로는 자전거 기본 모양은 그대로 두면서 프레임과 바퀴 크기를 줄이는데 집중한 반면 스트라이다는 형태 자체를 바꾸어 속칭 '대박' 히트를 쳤다. 정삼각형 모양의 프레임에 안장도 그 삼각형에 살짝 얹어두었고, 핸들도 이 프레임의 범위에서 크게 벗어나지 않는 독특한 형태를 갖고 있다. 자동차 디자인으로 유명한 영국의 왕립예술 학교의 학생인 마크 샌더스Mark Sanders가 학위를 받기 위한 프로젝트로 개발한 것이 최초의 스트라이다 모델로 알려져 있다. 대중교통과 연계할 수 있도록 쉽게 접었다 펼 수 있으면서도 누구나 쉽게 옮길 수 있는 가벼운 자전거를 만들기 위해 기존의 자전거와는 전혀 다른 모습으로 고안된, 휴대용 자전거의 혁명으로 1989년 첫 상용 제품이 출시되었다. 10초 이내에 펴고 접을 수 있으며, 대부분의 폴딩 자전거와 달리 펴고 접은 후 안장의 위치를 조절할 필요도 없다. 많은 사

휴대용 자전거의 대명사 스트라이다,
디자인 면에서도 완성도가 높다

람이 오가는 대중교통과의 연계를 기본으로 고려했기 때문에 체인의 기름이 묻어나는 것을 방지하기 위해 체인 대신 전용 고무벨트를 이용한다. 덕분에 체인 특유의 소음도 해결되어 보다 정숙한 주행이 가능한 것도 장점이다. 이 벨트는 자동차 엔진용으로 사용되는 것과 동일한 소재로 5만km 주행을 보장하기 때문에 내구성도 걱정할 필요가 없다.

대중교통과 연계하거나 승용차를 이용해 이동하며 단거리 주행을 하는 것에 최적화된 만큼 단점도 존재한다. 변속을 할 수 없는 고정 기어이기 때문에 평지 외의 지형에서는 주행이 어려우며, 단순한 구조로 탑승자와 적재물의 무게가 110kg 이상인 경우 구조적 문제가 발생할 수 있다. 마지막으로 안장 앞에 프레임이 있기 때문에 급정지 또는 충돌 사고 발생 시 남성 탑승자의 경우 돌이킬 수 없는 부상을 입을 수도 있다.

이처럼 명확한 장단점에도 우리나라에서 스트라이다의 인기는 한 때 픽시 자전거 열풍만큼이나 대단했던 적이 있어서 당시 자전거를 좀 타는 사람들은 재미용으로 스트라이다 한 대 씩을 집에 갖추어 놓기도 했다.

누구나 만들 수 있는 나무 자전거

2021년 9월 서울 동대문디자인플라자(DDP)에서 열린 서울도시건축비엔날레는 도시 건축의 미래 비전을 제시하며 '친환경'을 큰 주제로 삼았다. 이곳에 참가한 작가 중 스페인의 건축 스튜디오

'아르키마냐Arquimana'는 도시의 탄소 배출량을 최소한으로 줄이기 위해 많은 사람들이 자전거를 탔으면 하는 바람으로 '나무 자전거'를 전시했다. 건축 박람회에 자전거가 전시되는 것도 흥미로웠지만 그 자전거 자체도 독특했기 때문에 관람객들의 큰 관심을 끌었다. 이 아이템의 가장 큰 특징은 '누구나 만들 수 있는 DIY 자전거'라는 것. 도면에 따라 밀링머신으로 잘린 나무 합판에서 장난감을 만들 듯 부품을 떼서 만드는 방식이기 때문이다. 프레임은 나무 합판으로 만들고 안장과 핸들은 3D 프린터로 만든다. 자전거와 바퀴는 가장 대중적인 부품을 구입해서 달 수 도 있고, 오래된 자전거의 부품을 재사용할 수도 있다. 단순히 나무로 만든 자전거라면 그다지 독특하지 않을 수도 있는 아이템이 사람들의 이목을 끈 것은 그 개방성 때문이다.

누구나 만들고 제안할 수 있는 오픈소스형 자전거 오픈바이크

이 자전거의 이름은 오픈바이크. 누구나 참고해서 재가공하고 유포할 수 있는 컴퓨터 프로그래밍의 오픈 소스처럼 이 자전거의 도면도 누구나 쉽게 다운 받아서 설계 도면을 수정해 제작하거나 공유할 수도 있다. 아르키마냐의 오픈 바이크 프로젝트 홈페이지

https://openbike.cc에 가보면 2015년부터 꾸준히 오픈 바이크를 공개하고 있으며, 지금까지 4가지 모델이 나왔으니 단발성 프로젝트가 아니라는 것을 알 수 있다.

물위를 떠다니는 자전거, 오리배 스완보트

여느 때처럼 주말을 이용해 한강에서 자전거를 타던 어느 날, 평화롭게 떠 있는 오리배를 보고 문득 호기심이 발동했다. 사람의 힘으로 페달을 굴러서 스스로 움직이게 하는 탈 것이라는 조건에는 부합하니 자전거라고 할 수 있을까? 물론 수레나 차車가 아닌 배이기 때문에 자전선自轉船이라 부를 수도 있겠지만 말이다. 하지만 많은 사람들은 이것을 오리배라 부르고 있다.

오리배도 자전거의 일종이라
할 수 있을까

고대부터 중세까지 배는 돛을 달아 바람을 이용하거나 사람의 힘으로 노를 저어 갔다. 19세기 후반 체인을 이용한 자전거가 등장하면서 이를 배에도 이용하려는 시도가 계속되었다. 우리나라뿐 아니라 많은 나라의 유원지에 가면 어김없이 볼 수 있는 즐거운 탈 것 오리배의 원조는 자전거 산업이 발달한 일본이다. 1970년대 초반까지 일본 전국의 호수와 연못에는 불법 개조한 모터보트를 관광 레저용으로 사용하면서 환경오염과 소음 등의 문제가 일어나기 시작했다. 일본 정부는 사태가 심각해지자 1974년, 전국 호수와 연못에 모터보트 이용을 법적으로 금지하는 특단의 조치를 내린다. 호수 유람의 즐거움을 뺏긴 일본인들은 다른 방법을 궁리하기 시작했고 '스완 보트Swan boat'라는 이름의 무동력 자전선, 즉 세계 최초의 오리배가 1978년 군마현의 스나가라는 선박회사에 개발되었다. 사실 페달을 이용해 움직이는 배가 그동안 없었던 것은 아니다. 1930년에 스웨덴 스톡홀름에서 시범운행에 성공한 '페달로Pedalo'는 2개의 카누 위에 자전거 프레임을 얹어 2명의 탑승자가 페달을 돌리도록 고안된 첫 자전선이다. 페달의 회전력을 측면의 노와 뒷면의 스크류에 전달하는 방식이었는데, 카누에 비해 힘이 더 들고 물결이 세면 전복위험이 있다는 단점 때문에 상용화되지는 못했다.

스나가사의 오리배는 사실 기계공학적으로 대단한 발명은 아니었다. 하지만 모터보트가 사라진 호수에 귀여운 백조모양의 머리와 지붕을 얹은 배가 등장하면서 그 디자인에 일본인들은 열광했고, 이내 전세계로 퍼져나간 히트 상품이 되었다. 현재까지도 일본의 오리배 90% 이상을 이 스나가 사에서 만들고 있다고 한다.

자동차보다 오랜 역사를 가진 레일바이크

오리배 이야기를 하고나니 이것보다 더 자전거의 원형에 충실한 놀이기구 겸 탈 것이 하나 떠올랐다. 오리배가 '자전거+보트'라면 기차와 자전거를 결합한 레일바이크Rail bike가 그것이다.

우리에게 너무도 익숙한 이름인 레일바이크는 사실 철로 위를

바다를 보며 달리는 정동진 레일바이크

달리는 자동차 모양의 자전거를 부르는 보통명사가 아니다. 코레일관광개발이 고안해 낸 이름으로 외국에서는 이 같은 탈 것을 드라이지네Draisine라고 부른다. 독일의 발명가 칼 폰 드레Karl Baronvin Drais가 만든 세계 최초의 자전거의 이름이 우리말 발음으로는 똑같은 드라이지네Draisienne이니 여기에서 따온 것이 틀림없어 보인다.

　여기엔 그럴만한 이유가 있는데, 레일바이크의 역사가 1885년 발명된 자동차보다 먼저 시작되었기 때문이다. 1804년 영국에서 증기기관차가 첫 선을 보였으니 철로의 역사도 이와 같다. 자동차가 도로에 깔리기 전 주요 물자의 운송은 대부분 기차를 통해 이루어졌으며 평탄하고 미끈하게 깔린 철로에 자전거를 자연스럽게 결합하게 된 것. 최초의 자전거인 드라이지네가 개발 된 것이 1817년이니, 당시 철로 위에 올린 자전거는 바이시클Bicycle이 아니라 드라이지네였던 것.

　지금에야 레저용으로 폐선로 또는 전용선로만을 이용해 다니지만, 초기의 레일바이크는 멀쩡히 기차가 다니는 길을 이용했다고 한다. 멀리서 기차가 경적을 울리면 레일바이크를 떼서 치워놓고 기차가 지나가면 다시 선로에 올려 가던 길을 가는 방식이었다니, 상상해보면 그 장면이 조금은 코믹하고 낭만적이기까지 하다.

우리나라 최초의 레일바이크는 2005년 7월 1일 폐역사인 강원도 정선군 북면 구절리역에서 아우라지역까지 7.2km 거리의 운행을 시작했던 정선 레일바이크로 알려져 있다. 당시 정선군이 폐광지역의 경기 활성화를 위해 추진했던 사업으로 바이크 기기 개발에는 삼천리자전거가 주도적으로 참여한 바 있다.

레일바이크는 어쩌면 철도 현대화의 유산이라 할 수도 있다. 전국 철도망이 고속화되고 수도권 전철의 범위가 경기도 전역, 충청도와 강원도까지 확대되면서 더 이상 운행을 하지 않는 폐역이 늘어나게 되었고. 일부 구간은 노선 자체가 폐지되는 운명을 맞기도 했다. 이 애물단지가 되어버릴 운명의 폐선로를 이용한 훌륭한 레저 아이템 정선 레일바이크는 공전의 히트를 기록하게 된다. 넘어질 염려가 없으니 자전거보다 안전하고 가족이 함께 탈 수 있으며 지나는 구간의 경치가 수려했기 때문이다.

정선 레일바이크의 성공을 바탕으로 강원도 정동진, 삼척시, 원주, 춘천, 정선의 폐선로에 레일바이크가 놓이게 되었고 전라남도 곡성과 여수, 전라북도 군산, 인천 영종도, 제주도, 경상도의 문경, 진주, 김해, 하동까지 거의 전국토의 주요 관광지에서는 어김없이 이 재미난 탈 것을 만날 수 있게 되었다. 인기 있는 노선은 며칠 전에 예약하기도 힘들 정도로 사람이 몰려든다고 한다. 하지만 지자체마다 너도 나도 경쟁적으로 레일바이크 사업에 뛰어들다보니 차별성이 없어져 관광객 유치효과도 떨어진다는 비판의 목소리도 나오는 것이 사실이다.

클래식카 천국 쿠바의 비시택시

미국의 경제 제재로 외국의 물자를 원활하게 수입할 수 없는 쿠바는 아직도 1950년대의 자동차가 현역으로 운행되고 있다. 외국인 관광객들에게는 클래식카 체험이라는 매력적인 관광 자원이지만, 한편으로는 쿠바인들의 어려운 삶을 엿볼 수 있는 대표적인 풍경이기도 하다. 정부에서 마차 이용을 장

클래식카와 함께
쿠바의 명물로 꼽히는 비시택시

려할 정도로 연료난까지 겪고 있는 쿠바에서 자전거는 훌륭한 교통수단이다. 여행객들도 도시 내에서 이동할 때 비시택시bicitaxi라 불리는 자전거 택시를 많이 이용하게 된다.

스페인어 그대로 해석하면 '자전거 택시'인 비시택시는 3륜 또는 4륜 인력거에 1~3명의 승객을 태우고 페달을 굴러 목적지까지 이동한다. 기어가 있을 리 만무하고, 도로포장 상태 역시 좋지 않은 쿠바에서 비시택시 기사는 상당히 고단한 일이다. 언덕길에서는 내려서 끌고 가기도 하고, 비 오는 날은 비에 젖고, 무더운 날은 땀에 젖는다. 하지만 쿠바 여행 중 비시택시를 타 보았던 대부분의 여행자들은 그 고단한 드라이버(?)들이 언제나 흥겹게 노래를 부르며 신나게 페달을 밟아주어서 여행이 즐거웠다는 경험을 한 목소리로 이야기한다.

여기엔 다소 '웃픈(웃기지만 한편은 슬픈)' 이유가 있다. 보통 비시

택시 1회 탑승 요금은 5유로 정도. 우리 돈으로 6천700원 정도이니 모처럼 쿠바로 여행을 간 여행자 입장에서야 큰돈이 아니지만 사실 쿠바의 물가를 생각하면 엄청난 요금이다. 쿠바 의사의 한 달 월급이 50유로 정도라는 이야기를 들으면 비시택시 기사들이 즐겁게 일하는 원동력이 무엇인지 쉽게 짐작이 간다.

사실 이런 자전거를 이용한 대중교통 수단은 대표적으로 베트남의 씨클로Cyclo가 있다. 비시택시와 다른 점은 씨클로의 승객 좌석은 운전자 앞쪽 2개의 앞바퀴 사이에 있다는 것. 비시택시는 뒷바퀴가 2개이고 씨클로는 반대다.

비시택시와 거의 똑같이 생긴 자전거 택시가 우리나라에도 운행된 적이 있다. 아니, 과거형이 아니라 지금도 어느 지자체에서는 똑같은 모양의 자전거 택시가 손님을 태우고 있을지도 모른다. 몇 년 전 '아띠 인력거ARTEE Pedicab'라는 회사에서 서울 경복궁과 북촌 한옥마을 등 주요 관광지를 중심으로 외국인을 대상으로 인력거 영업을 하는 것을 본 적이 있다. 젊은 친구들이 아주 좋은 취지와 열정으로 만들었던 회사인데, 걸어서 관광하기에 좀 벅찬 거리

참좋은여행이 후원했던 아띠 인력거, 예쁘게 잘 만들어졌다

를 숙달된 드라이버가 운전하는 인력거 형태였다. 직접 자전거 택시를 보니 신기하기도 하고 한국관광의 중요한 아이콘이 될 것도 같아서 참좋은여행이 1년간 이 자전거 택시 4대에 대한 스폰서를 진행한 적도 있다. 후원기간이 끝나고 나서 잠시 잊고 있었는데 이 글을 다시 정리하며, 코로나가 전세계를 덮친 지금 혹시나 아직 운영을 하고 있을까 궁금해졌다.

홈페이지를 찾아가보니 마지막 글이 몇 년 전에 올라온 것으로 보아 안타깝게도 폐업을 한 모양이다. 진파랑색 바탕의 차체와 베이지색 캐노피가 너무도 예뻤던 자전거 택시였는데 좀 더 버텨주었으면 성공하지 않았을까 하는 아쉬움이 생긴다. 그런 아이디어와 열정을 가진 친구들이면 또 다른 분야로 도전하고 성공하겠지만, 언젠가는 다시 서울 관광 자전거 택시가 부활하지 않을까 하는 기대를 해본다.

나는 단순히 건강을 위해 자전거를 타는 것이 아니다.
일상에 생기를 더하기 위해 자전거를 탄다.
기분이 울적할 때,
암울해 지는 날,
일이 단조로워질 때,
거의 희망이 없어 보일 때,
자전거에 올라 거리를 달리기 위해 나가보라.
아무 것도 생각하지 말고
오직 자전거 타는 것만 생각하라.

When the spirits are low,
when the day appears dark,
when work becomes monotonous,
when hope hardly seems worth having,
just mount a bicycle and go out for a spin down the road,
without thought on anything but the ride you are taking.

Arthur Conan Doyle

수없이 반복된 영욕榮辱,
랜스 암스트롱

자전거와 관련된 책을 읽고 계신 귀하께 돌발 질문 하나 드린다. '암스트롱'이라는 이름을 가진 사람을 빠르게 3명만 머릿속에 떠올려 보시라.

어떤가, 장담컨대 대부분 '달 착륙한 암스트롱'과 '흑인 재즈 뮤지션 암스트롱', 그리고 '자전거 괴물 암스트롱'을 생각하셨으리라 믿는다.

닐 올던 암스트롱Neil Alden Armstrong.

루이 대니얼 암스트롱Louis Daniel Armstrong.

랜스 암스트롱Lance Edward Armstronge.

역사는 1등만을 기억한다는 1990년대 초반 삼성의 광고 카피. 배경 화면으로는 인류 최초로 달에 발을 내디뎠던 '닐 암스트롱'이 나온다. 아폴로 11호의 선장이자 6.25 전쟁당시 제트기 조종사로 활약했던 1930년 8월 5일생의 남자가 바로 첫 번째 암스트롱이다. 풀 네임은 앞의 문장 그대로 닐 올던 암스트롱. 인류 최초의 달 착

랜스 암스트롱만큼 많은 사람들의 사랑을 받은
자전거 선수가 또 있을까

룩은 20세기를 통틀어 최고의 뉴스였고 대한민국에도 위성 중계되었기 때문에 그 이름을 모르는 사람은 없다.

두 번째 암스트롱은 '왓 어 원더풀 월드What a Wonderful World'로 너무도 유명한 미국의 전설적인 재즈 뮤지션 루이 대니얼 암스트롱이다.

완전히 새까만 피부와 커다란 눈동자, 외모에 어울리는 걸걸한 목소리와 트럼펫 연주자로도 전설이 된 그는 1901년생으로 3명의 암스트롱 중 가장 나이가 많다. 루이 암스트롱은 첫 번째 암스트롱이 달 착륙에 성공하고 2년 뒤인 1971년 7월, 향년 69세의 나이로 고인이 되어 레전드로 등극했다.

두 번째 암스트롱이 고인이 된 2달 후 세 번째 우리가 지금부터 얘기하려는 자전거 황제 랜스 암스트롱이 태어난다.

지옥에서 천국으로 다시 지옥으로, 또 다시 천국으로 그리고 다시 지옥으로. 수없이 반복된 영욕의 세월을 거쳐 이제야 겨우 평안을 찾은 것만 같은 랜스 암스트롱의 얘기를 지금부터 하려고 한다. 먼저 그는 자전거 역사상 최초로 세계 최고의 자전거 대회인 투르 드 프랑스를 7회나 연속 우승을 한 기적과도 같은 라이더로 가장 잘 알려져 있다.

게다가 그 우승들은 모두 고환암을 이겨낸 직후부터였으며, 이후 암 환자 및 가족들에게 희망을 주는 상징적인 존재가 되어 전 세계적인 인기를 얻었다. 하지만 이 전설과도 같은 그의 기록과 선행들은 어떤 일을 계기로 모두 없던 일이 되었는데 그의 자전거 인생에 관한 이야기부터 천천히 알아보자.

철인3종경기로 시작한 선수생활

1971년 미국 텍사스 주의 플레이노에서 태어난 랜스 암스트롱은 부부 관계가 좋지 않아 모친에 의해 자랐으며, 3세가 되던 해에 모친이 재혼하고, 생부가 친권을 포기하면서 '암스트롱'의 성을 사용하게 되었다.

하지만 모친이 다시 이혼했고 결국 그는 편모 가정에서 어렵게 운동을 시작할 수밖에 없었다. 이 고난 속에서 살아남기 위해 몸부림치던 어머니의 생활력을 어린 암스트롱은 두 눈으로 똑똑히 지켜보았고, 이 자립정신은 이후 그가 전설적인 선수가 되는데 큰 영향을 주었다고 나중에 여러 매체를 통해 밝힌 바 있다.

그가 어린 시절부터 운동을 계속할 수 있던 것 역시 어머니의 헌신적인 지원 때문이었다고 한다. 아메리칸 풋볼, 미식축구의 인기가 하늘을 찌르던 때였지만 스스로 재능이 없다고 생각한 암스트롱은 운동의 목표를 수영 쪽으로 잡게 된다. 집에서 멀리 떨어진 수영장에 홀로 다니면서 자전거를 타기 시작했는데 이때부터 자연스레 트라이애슬론 경기에도 관심을 갖게 되었다. 12세에 수영선수로 첫 대회에 나가 텍사스 주 4위를 차지하는 가능성을 보였지만 이미 자전거에 재미를 느낀 암스트롱은 더 이상 수영대회에 참가하지 않게 된다. 대신 수영과 사이클, 마라톤의 3종목을 연이어 정복해야 하는 트라이애슬론을 본격적으로 시작한다.

수영에는 이미 재능이 있었고 자전거에는 흥미가 있었던 암스트롱은 철인 3종을 시작한지 얼마 안 된 15세에 전 미국 트라이애슬론 경기 19세 이하 부문에서 1위로 주목받기 시작했다. 프로 선수로 전향하자마자 2년 연속 전 미국 스프린트 코스 트라이애슬론 챔피언이 되었을 때의 나이가 불과 18세였다. 이후 자신의 재능이 무엇인지 정확히 파악한 그는 자전거 경기에만 집중하기 시작했으며 아마추어 사이클리스트로서 1991년 미국 챔피언이 되었으며, 1992년 바르셀로나 올림픽에 출전해 14위를 기록했다.

2004년 투르 드 프랑스 6연패에 도전중인 랜스 암스트롱, 그의 최전성기였다

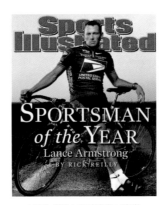

스포츠 일러스트레이티드 잡지는
2002년 올해의 스포츠맨으로 랜스 암스트롱을 선정했다

완전히 전문 사이클리스트가 된 암스트롱은 올림픽을 마친 후 모토로라 프로팀 소속으로 세계 사이클 무대 진출을 위한 경험을 쌓기 시작했으며, 1993년 국제사이클연맹UCI, Union Cycliste Internationale 세계선수권 도로 부문에서 프로 데뷔 후 첫 우승을 하게 되었다. 이는 UCI 세계선수권 역대 최연소 우승 기록이기도 했다. 같은 해 투르 드 프랑스 스테이지 8구간 우승과 1995년 스테이지 18구간 우승 등 자전거 대회의 본고장이라고 할 수 있는 유럽에서도 주목받는 신인으로 점점 인지도를 높여가기 시작했다.

세계에서 가장 촉망받는 자전거 선수로 주가가 치솟던 그에게 첫 번째 고난이 찾아왔다. 전성기에 막 진입하기 시작한 1996년, 당시로는 희소 암이자 생존율이 극히 낮았던 고환암이 그의 몸에서 발견된 것이다.

병원의 진단 결과 암세포가 이미 폐와 뇌까지 전이되어 항암치료가 성공적이더라도 자전거 선수로의 재기는 불가능하다는 판정까지 받게 되었다. 당연히 모든 사람들은 그의 선수 생명은 끝났다고 생각했으며, 주목받던 신인에서 곧 잊혀져버릴 안타까운 선수가 되었다.

고환암 말기를 이겨낸 인간승리의 주인공

하지만 암스트롱은 생존율 3% 이하라는 의료진의 설명에도 굴하지 않고 항암치료를 시작했다. 편모 가정에서 자라면서 모친에게 강한 생존 의지를 배웠던 그는 삶과 죽음에 대해 많은 생각을 했고, 그 과정에서 암의 영어 철자 CANCER에 의미를 부여하기도 했다.

C는 용기, Courage를 뜻하며, A는 태도 Attitude, N은 포기하지 말 것 Never give up을 뜻한다. 두 번째 C는 치료할 수 있음 Curability, E는 계몽 Enlightenment, R은 동료 환자를 기억할 것 Remembrance of fellow patients 이었다.

폐와 뇌까지 전이된 암세포에 맞서 3번에 걸친 큰 수술을 견뎌낸 그는 불과 2년 후인 1998년부터 다시 자전거를 탈 수 있을 만큼 기적적으로 회복해 냈다. 그의 예정된 죽음을 안타깝게 지켜보던 팬들과 자전거 애호가들은 환호했으며 인간승리를 일궈낸 암스트롱에게 쏟아지는 관심은 전성기의 몇 배 이상이 되었다. 그에게 쏟아졌던 관심은 단지 그가 암을 이겨냈기 때문만은 아니었다.

암스트롱은 암과 맞서는 외롭고 힘든 싸움 속에서도 어려운 처지에 놓인 다른 사람들을 위한 일을 벌여냈다. 암 치료 중이었던

1997년 암 환자 및 가족을 격려하고 필요한 정보와 지원을 제공하는 리브스트롱Livestrong 재단을 설립한 것이 그것이다. 2017년 개봉한 우리나라 다큐영화 '뚜르 내 생애 최고의 49일(2009년 촬영)'는 주인공 이윤혁이 희귀암 투병 중 랜스 암스트롱의 투병 경험을 담은 책 '이것은 자전거 이야기가 아닙니다'를 보고 투르 드 프랑스의 코스를 직접 완주하는 내용을 담고 있다. 다큐멘터리 내에서 실제 랜스 암스트롱과 만나 대화를 나누는 장면도 있으며, 랜스 암스트롱이 쓴 책이 자신의 투병 생활에도 큰 도움이 되었다는 내용이 나오기도 할 만큼 많은 사람들에 좋은 영향력을 전해주었다.

누구도 예상치 못할 만큼 1998년 빠르게 복귀를 선언한 랜스 암스트롱이 처음으로 참가한 대회는 60년이 넘는 역사를 가진 파리~니스Paris~Nice 대회였다. 하지만 이전처럼 움직이지 못하는 자신의 몸에 한계를 느껴 중도 포기를 했으며, 화려한 복귀를 기대했던 팬들의 바람과는 달리 이제 그의 선수 경력도 끝을 맞이하는 듯 했다.

하지만 암스트롱은 이 슬럼프까지 이겨내고 말았다. 잠시 미국으로 돌아가서 암투병 환자를 위한 자선 대회를 개최하기도 했으며, 이후 투르 오프 룩셈부르크Tour of Luxembourg 우승, 스페인의 부엘타 에스파냐Vuelta a España 4위 등 좋은 성적을 거두면서 다시금 관심을 모으기 시작했다.

투르 드 프랑스 7연패의 전설, 그러나

드디어 1999년, 암 투병 이전에도 이루지 못했던 투르 드 프랑스 종합 우승을 차지하고 만다. 더욱 놀라운 것은 그가 이후 무려 7년 연속 종합 우승을 하는 전무후무한 기록을 달성하게 되었다는 사실이다. 이전까지의 투르 드 프랑스 최다 우승 기록은 '식인종' 이란 별명으로 불렸던 벨기에 출신의 에디 메르크스Eddy Merckx이 며 통산 5회, 4연승이었다. 투르 드 프랑스 7연승을 달성한 그는 "이제 다 이루었다"고 생각 한 것인지, 2005년 암환자를 위한 자선 활동에 집중하기 위해 은퇴를 선언한다. 인생 최고의 절정의 순간, 아름다운 퇴장을 선택한 그에게 박수가 쏟아졌다.

어쩌면 여기서 끝냈더라면 좋지 않았을까 싶다.

2009년 은퇴를 번복하고 다시 사이클계로 돌아온 암스트롱은 2 년간 더 프로선수 활동을 한다. 이후에도 트라이애슬론과 마라톤 등 다양한 활동을 하며 암환자 및 가족을 위한 자선 행사도 꾸준히 진행했는데 호사다마好事多魔라고 했 던가 아니면 과유불급過猶不及이었던 것인가 참혹한 그의 불명예의 역사가 여기서 시작된다.

압도적인 성적을 보이는 랜스 암스 트롱에 대해 꽤 오래전부터 약물 복 용, 도핑 의혹이 있었지만 사람들은 이를 미국 선수들을 시기한 유럽 쪽의 시기와 질투 정도로 여기며 대수롭지 않게 생각해왔다. 하지만 은퇴 직후부 터 도핑 의혹이 본격화되었는데, 결정 적으로 팀 동료들이 도핑 사실을 폭로

암스트롱의 도핑 의혹을 다룬 영화
〈챔피언 프로그램〉의
한국판 포스터

하기에 이른다.

여론에 밀린 암스트롱은 결국 2012년 8월 스스로 도핑 사실을 시인했다. 이로 인해 미국 반도핑기구USADA에서 1998년 8월 1일 이후의 기록을 모두 말소하였고, 랜스 암스트롱을 스포츠계에서 영구 추방했다.

도핑으로 인한 타격은 명예만 반납하면 되는 것이 아니었다. 그가 그동안 벌어들였던 우승 상금과 후원금의 반환 소송이 이어진 것이다.

결국 '전설적인 자전거 영웅'에서 '몰락한 사기꾼'이라는 나락으로 한 순간에 떨어져 버린 암스트롱은 인생의 마지막 지옥과도 같은 시기를 보내게 된다. 그의 도핑 행태를 본격적으로 파헤치는 영화도 만들어졌다. 2015년에 개봉한 영화 챔피언 프로그램The Program은 암스트롱을 의심하는 스포츠 기자를 등장시켜 끈질긴 추적을 통해 그의 도핑이 치밀했으며, 본인 혼자가 아닌 팀원들에 강요하고, 이를 거부하는 팀원들을 사이클계에서 쫓아내려고 했다 등의 행각을 알리기도 했다.

랜스 암스트롱만큼 인생에서 천국과 지옥을 수 없이 오간 사람이 또 있을까.

이혼 후 생존을 위해 몸부림치던 어머니와 함께 살았던 어려운 시절을 운동의 재능으로 이겨내고, 철인3종 경기의 촉망받던 유망주가 세계적 사이클리스트가 되었다가 젊은 나이에 청천벽력같이 찾아온 고환암. 온 몸으로 전이된 암세포를 기적적으로 이겨내며 다시 세계 정상에 올랐던 전설. 그리고 세웠던 영원히 깨지지 않을 투르 드 프랑스 7연속 우승의 기록. 하지만 그 영광이 약물에 의한 것임을 밝히고 모든 명예와 부를 한 순간에 잃어버리게 된 비극의 주인공이 바로 랜스 암스트롱이다.

그래도 사라지지 않는 것들

아직도 '세계 최악의 도핑 스캔들' 사례에서 벤 존슨과 함께 손꼽히는 불명예의 대명사로 일컬어지고 있지만 그는 요즘 평온하게 사는 듯하다.

꽤 오래전 그의 근황이라며 올라온 인터넷 동영상에는 자전거 정비사로 변신한 암스트

도핑 혐의를 시인하고 모든 징계를 달게 받을 것이라 밝힌 랜스 암스트롱의 회견 모습

롱이 다소 수척한 얼굴로 자전거 펑크 튜브 교체 강의를 하는 모습이 공개된 것. 그리고 일설에는 그가 아직 죽을 때까지 다 쓰지 못 할 만큼의 재산을 가진 부자라는 이야기도 돌아다닌다. 그가 전성기 때 우버Uber에 10만 달러를 투자했는데 당시 우버의 가치가 370만 달러였기 때문에 상상도 할 수 없는 배당금을 받았다는 것이다. 우버는 상장 초기 1천200억 달러의 기업 가치를 인정받았고, 거품이 다소 빠진 2022년 현재도 700억 달러의 시가총액을 갖고 있는 세계적인 초우량기업이다. 700억 달러면 우리 돈으로 85조원 정도인데 잘 상상이 가지 않는다.

이처럼 많은 논란에도 불구하고 암스트롱에 대해 모든 이들이

딱 하나 이견 없이 긍정적으로 평가하는 부분이 있다. 그가 암 투병을 하며 자전거를 통해 많은 사람에게 희망을 전하려 했던 것만큼은 여전히 아름다운 모습으로 남고 있다. 그가 설립한 리브스트롱 재단www.livestrong.org은 2007년에만 30억 달러(약 3조5천억원)를 암 연구 및 예방 프로그램에 지출했으며, 의료 격차가 큰 미국의 건강보험제도 개혁의 주요 제창자로도 알려져 있고, 현재도 활발하게 암 환자들을 위한 지원 사업을 진행하고 있다.

비싼 자전거는 저절로 가나요?

봄볕 따사로운 날 자전거 도로를 달리다 합수부 벤치쯤에서 잠시 쉬고 있노라면 어김없이 들려오는 대화가 있다.

"와 이런 건 얼마나 합니까"

"한 천이백 정도 합니다. 프레임만 팔백입니다"

"이런 건 발 안 굴러도 저절로 갑니까?"

자전거를 처음 타는 사람이나 한 이삼년 타서 슬슬 장비병이 무엇인지 알게 된 중급 라이더나 비슷하게 갖는 의문이 있다. 비싼 자전거는 뭐가 편할까. 정말 농담처럼 그냥 발만 얹어도 굴러가는 것일까. 정밀하게 잘 만들어진 부품으로 이루어진 자전거 쪽이 주행성능에 유리한 것은 당연한 일인데 이걸 잘 이해하지 못한다. 그래도 똑같은 자전거인데 왜 다르냐는 것. 아마도 '그래봤자 사람 다리 힘으로 움직이는데 부품 차이가 체감이 되겠느냐'는 의문일 것이다. 그런 분들에게는 필자는 이렇게 대답한다.

"동네 잠깐 라이딩은 똑같아요. 근데 3시간 이상 타면 차이가 확 납니다. 자전거가 장애물이 되느냐 도우미가 되느냐 수준의 느낌입니다"

비싼 자전거가 저절로 가는 것은 아니지만
라이딩에 도움이 되는 것은 사실이다.
물론 그보다 더 중요한 것은
허벅지 근육으로 대표되는
인간 엔진이지만 말이다.

비운의 자전차왕 엄복동

"떴다 보아라 ♪ 안창남의 비행기 ♫,
내려다 보아라 ♩ 엄복동의 자전거 ♪"

대한민국 국민들에게 엄복동의 이름 세 글자가 처음 알려지게
된 것은 1983년이었다. TV가 가정 오락의 유일한 도구였던 시절
MBC에서 광복절 특집 드라마로 '엄복동'을 방영한 것이다. 당시
최고 인기 PD였던 고석만 프로듀서가 연출을 했으니 흥행은 당연
한 것.

일제 강점기 자전거 실력 하나로 일본인들의 콧대를 여지없이
꺾어놓았던 자전차왕의 일대기를 그린 드라마는 예상대로 성공했
고, 사람들은 그의 이름을 기억해 놓았다. 이후로도 엄복동은 일제
에 저항했던 상징적인 운동선수라든가, 자전거를 탔던 사람 중에
서는 가장 유명했던 한국인으로 회자되어 왔다.

그리고 36년이 지난 2019년, 엄복동의 이름이 다시 한 번 많은
사람들의 입에 오르내리게 되는데, 가수 '비'로 유명한 정지훈이
주연을 맡은 영화 '자전차왕 엄복동'이 개봉했기 때문이었다.

암울했던 일제 치하에서 자전거라는 멋진 탈 것으로 억압받는
국민들에게 희망을 주었던 엄복동의 이야기는 충분히 흥행 가능한

것이었으나, 안타깝게도 이 영화는 17만 명이라는 초라한 관객동원 성적을 거두며 막을 내렸다.

사실 이 영화는 2017년에 제작이 완료되었으나 개봉은 2년이 지난 2019년에 했다. 아마도 제작진이나 투자자가 실패를 예감했던 것은 아닐까. 참혹했던 관객동원 성적과 함께 세간의 평도 처참했다. 네이버 영화의 기자와 평론가들은 10점 만점에 4.17점을 주었고, 네티즌들은 10점 만점에 3.88으로 평가했다. 영화가 실패한 이유에 대해서는 여러 가지 해석이 많지만, "결국 자전거 도둑으로 몰락한 자를 독립투사로 만든 것은 지나친 설정이었다"거나 "어린이 위인전 수준의 유치한 이야기와 개연성도 부족했다"는 평이 지배적이었다.

1983년 드라마의 성공과 2019년 영화의 참패.

이 양극단의 평가는 자전차왕 엄복동의 영광 뒤에 찾아온 쓸쓸한 말로와 너무 닮아 있다.

2019년 개봉된 자전차왕 엄복동의 포스터, 관객 17만 명과 네티즌 평점 3점대라는 불명예 기록을 갖고 있다

대한민국 최초의 스포츠 스타가 된 21살의 엄복동

엄복동의 일생은 두 번의 커다란 자전거 경기대회 우승으로 정점을 찍고 말년에 들어 전문 자전거 도둑으로 사람들의 손가락질

을 받으며 바닥을 쳤다. 천국과 지옥을 수없이 오간 랜스 암스트롱만큼이나 기구하고 다이내믹한 운명이다. 인터넷 백과사전 '나무위키'가 정리한 그의 생애 연표를 보자.

1892 탄생. 아버지 엄선양, 어머니는 김씨.

1910 자전거 경기 우승.

1913 전조선자전차경기대회 우승, 본격 선수생활 시작.

1918 장충단공원 자전거 경기 우승.

1920 경성시민대운동회 자전거 부분 우승.

1922 장충단 자전차경주대회 우승.

1923 마산 전조선자전차경기대회 우승.

1925 상주 조선팔도자전거대회 우승.

1926 자전거 절도 장물 사보죄로 징역 1년 6개월에 벌금 50원 판결.

1949 대한자전거경기연맹주최 제1회전국 자전차 급종별 경기대회 노장 3천 미터 1위.

1950 자전거 절도로 체포 후 기소유예.

1951 사망 추정.

엄복동은 고종 29년인 1892년 서울 중구의 평범한 집안에서 태어났다. 이후 어떠한 연유에서인지 성인이 되기 전에 평택의 수입 자전거 대리점 '일미상회'에서 일하게 되는데 여기서 자전거를 배우고 선수의 길을 걷게 되었다고 한다.

연표에 나온 1910년의 자전거 경기가 어떤 규모인지 어디서 열린 대회인지 나와 있지는 않지만 그의 인터뷰(1921년 11월 매일신보) 중 발언 "17세에 자전거를 배워가지고, 금년 28세가 되기까지 한 번도 실패한 적은 없다"을 참고하면 자전거를 배운지 2년 만에 쟁쟁한 선수들을 꺾고 정규 대회에서 우승한 것임을 알 수 있다.

엄복동 실물 사진. 1923년 마산체육회 주최 전조선자전차경기대회 우승 직후 찍은 사진이다

엄복동이 대한민국 최초의 스포츠스타로 등극한 것은 1913년 전조선자전차경기대회에서 우승을 거두고 난 이후다.

서울의 용산 연병장에서 열린 이 대회는 경성일보와 매일신보사가 공동 주최하고 서울과 인천, 평양의 3곳에서 벌어진 전국 규모의 대회였다. 관객만 해도 10만 명이었다고 하니 그 스케일을 짐작할 수 있다. 일제시대의 자전거 경기대회는 지금의 프로야구 정도의 인기를 누린 최고의 엔터테인먼트이자 스포츠 이벤트였다.

당시만 해도 자전거는 신문명의 총아와 같은 탈 것으로써 자전거 판매상의 마케팅 목적과 일본 정부의 식민지 우민화 정책이 잘 맞아떨어졌기 때문이다.

이런 전국적 이벤트에 21살의 청년 엄복동은 허름한 중고 자전거를 타고 나와 가볍게 우승을 차지했고, 이후 십년이 넘도록 출전한 자전거 경기대회마다 1위 시상대를 휩쓰는 역사를 쓰기 시작했다.

조선의 자전차왕, 일본의 자전거 고수를 꺾다

엄복동의 일생을 가장 드라마틱하게 만든 것은 7년 후, 1920년에 열린 경성시민대운동회의 자전거 경기다. 1983년의 드라마도 2019년의 영화도 이 에피소드를 가장 비중 있게 다루고 시청자와 관객들은 여기에 분노하고 열광했다.

대회가 열리기 1년 전인 1919년은 3.1 만세운동이 전국적으로 펼쳐져 조선 민중의 항일 정신이 한창 뜨겁게 달아오르고 있을 때였다. 여기에 일본 정부는 그대로 두어서는 안 될 것만 같은 조선인들의 분위기를 꺾고자 그들의 상징, 스포츠 스타 엄복동을 '밟아주기 위한' 계략을 꾸민다.

일본에서 자전거를 가장 잘 탄다는 모리 다카히로 선수를 초청해서 경성시민대운동회의 자전거 경기에 출전시킨 것이다. 아무리 엄복동이 자전거를 잘 탄다고 해도 아마추어일 뿐, 체계적으로 훈련

장충단에서 열린 자전거대회 사진, 구름같이 몰려든 관중이 보인다. 당시 자전거대회는
지금의 프로야구만큼이나 인기 있는 스포츠 이벤트였다

받고 잘 피팅된 자전거로 단련된 전문 선수에게는 이기지 못할 것이라는 계산이었다. 가장 인기 있는 스포츠 이벤트에서 가장 인기 있는 선수를 몰락시켜 기를 꺾겠다는 속셈. 하지만 엄복동은 이 경기에서 모리 다카히로를 크게 이긴다. 아니, 크게 이기는 중이었다.

동아일보는 이 날의 경기를 마치 생중계하듯 다음날 신문(1920년 5월 3일자)에 다루었는데 그 기사를 보면 당시의 생생함을 잘 알 수 있다.

> 여덟 사람이 용기를 다 바쳐 주위를 돌 때, 다른 선수들은 불행히 중도에서 다 뒤떨어지고, 오직 선수 엄복동嚴福童과 다른 일본 선수 한 사람만 그나마 승부를 겨루게 되었는데, 그것도 엄복동은 삼십여 바퀴를 돌고, 다른 일본 사람이 엄 선수보다 댓 바퀴를 뒤떨어져, 명예의 일등은 의심없이 엄 선수의 어깨에 떨어지게 되었는데, 어찌된 일인지 심판석에서는 별안간 중지를 명령함에 엄 선수는 분함을 이기지 못하여
> "이것은 꼭 협잡으로 내게 일등을 아니 주려고 하는 교활한 수단이라!"
> 부르짖으며 우승기가 있는 곳으로 달려들어
> "이까짓 우승기를 두었다 무엇하느냐"!
> 고 우승 깃대를 잡아꺾으매, 옆에 있던 일본 사람들이 일시에 몰려들어 엄 선수를 구타하니 마침내 목에 상처가 나고 피까지 흘리게 되매, 일반 군중들은 소리를 치며 엄복동이가 맞아 죽는다고 운동장 안으로 물결같이 달려들어서, 욕하는 자, 돌 던지는 자, 꾸짖는 자 등 분개한 행동은 자못 위험한 지경에

이르렀으나, 다행히 경관의 진압으로 군중은 헤치고, 대회는
마침내 중지가 되고 말았는데, 자세한 전말은 추후 보도하겠
으나 우선 이것만 보도하노라.　　　　〈동아일보 1920.05.03〉

엄복동이 스포츠 스타를 넘어 항일의 상징과도 같은 존재가 된
것은 바로 이 대회에서부터였고, 이 대회의 우승기를 꺾어버리는
세리모니가 없었더라면 드라마도 영화도 없었을 것이다.

자전거 영웅에서 자전거 도둑으로 몰락하다

출전하는 모든 자전거 대회에서 우승대에 오르던 전설적인 자전
차왕 엄복동은 1926년 자전거 도둑이 된다.

이름도 생소한 절도 장물 사보죄는 '도둑이 훔친 자전거를 맡아
서 팔아주었다'는 것을 말한다. 벌금 50원은 지금으로 치면 수백만
원에 달하는 거액이다. 당시 직장인들의 한 달 월급은 약 30원 선.
수백만 원 상당의 벌금을 맞았다는 것은 자전거 몇 대를 우연히 훔
치거나 판 것이 아니라는 얘기다.

아시다시피 일제시대의 자전거는 지금의 승용차와 맞먹을 정도
의 고가품이었다. 그 자전거를 최소 수십 대 이상 훔쳐서 장물로
팔았으니 1년 6개월의 실형을 선고받은 것이 이상하지 않다.

그의 절도 행각이 처음으로 보도된 것이 1926년이었고 마지막으
로 알려진 것이 1950년이었으니, 그가 사망하기 직전까지 24년간
계속 자전거 도둑 겸 장물아비로 활동해왔다고 의심할 수도 있다.

그가 자전거 도둑으로 체포되었다는 소식은 당시 엄복동을 스포츠 영웅으로 여겼던 조선 민중들에게는 엄청난 충격이었고, 이를 눈엣가시로 여기던 일본 정부에게는 기쁜 소식이 되었다.

1926년의 첫 재판결과를 동아일보는 7월 10일자 3면에서 이렇게 보도하고 있다.

> 조선의 유명한 자전거 선수인 엄복동이 절도 공범으로 징역을 선고받았다. 경기도 부천군 다주면 장의리에 본적을 두고 시내 병목정 229번지에 거주 중인 이효진(35)은 절도 전과 2범으로, 올해 2월 25일부터 시내 곳곳에 있는 타인의 자전거 십여 대를 훔쳐다가 시내 초음정 111번지에 본적을 두고 병목정 129번지에서 자전거 매장을 운영 중인 엄복동에게 팔아달라고 의뢰하였다. 엄복동은 이효진과 함께 훔친 자전거를 수차례 원산에 가서 판매하다가 발각되어 두 명 모두 원산 경찰

엄복동이 생전에 타던 자전거 실물. 1920년 경기 당시 영국 러지사에서 홍보를 위해 그에게 기증한 것이다. 고정기어에 강철 프레임을 썼다. 등록문화재 466호

서에 체포되어 함흥지방법원에서 이효진은 절도죄로, 엄복동은 장물취급죄로 지난 9월 20일에 각각 징역 4년, 징역 1년 6월에 벌금 50원의 판결을 받았으나 두 명 모두 판결에 불복, 항소하여 며칠 전 경성 고등법원으로 이관되었다. 한때 조선의 자전거 선수로서 당할 자가 없다고 여겨지던 용감한 엄복동은 지금도 서대문 형무소의 철창 안에서 신음하고 있다.

〈동아일보 1926.07.10〉

엄복동은 이후 자전거 선수로써도 몰락의 길을 걷고 만다. 절도사건이 있은지 2년 후, 출소 직후 참가했던 첫 경기였던 1928년 6월 25일 평양 조선인 윤업조합 주최 제2회 전조선 자전차대회에서 예선 1위를 거두었지만 그게 끝이었다.

그 뒤로 1935년 전주 자전거경기회와 함흥자전거경기, 38년 경북 안강 윤업조합 주최 경기 등의 참가가 기사화되었으나 등수에 들지 못한 것으로 알려져 있다. 1947년에는 런던 올림픽출전자격을 놓고 벌이는 자전거대회를 원로자격으로 관람하고 기념품을 받았다는 사실 정도만 전해져 내려오고, 1949년 7월 대한자전거경기연맹주최 제1회 전국 자전차 급종별 경기대회에서 노장 3천 미터 부문에서 1위를 차지한 것이 마지막 공식 경기 기록이다.

그리고는 마지막 피날레를 끝내 버리지 못한 자전거 도둑질 버릇으로 장식하는데 이 사건을 동아일보는 1950년 4월 1일자에 이렇게 보도하고 있다.

비행사 안창남 씨와 더불어 우리나라의 은륜계에 명성을 날리던 엄복동(61) 씨는 그 옛날의 명성도 어디로 생활에 궁한 나머지 남의 자전거를 훔치려다 구속되었으나 인정검사의 따뜻한 온정으로 석방된 사실이 있다. 즉 왕년에 자전거 선수로 천하에 용명을 날리던 엄복동은 세월이 흘러 어느덧 육순이 넘은 노인이 되어 지금은 경기도 양주군 회천면 덕계리에서 농사를 짓고 있었는데 그날 그날의 끼니에 어려워 지난 22일 시내 종로구 청진동 575번지 박연이씨 댁 앞을 지나다 훌륭한 자전거 한 대가 박씨 문전에 놓여 있는 것을 발견한 순간 그 자전거가 대단히 훌륭한 데에 욕심이 나서 그 자전거를 훔치려고 하였으나 그만 사람들에게 발견되어 체포되었다고 한다. 그 후 서울지검에 송치되어 안희경 검사의 담당하에 취조를 받아왔는데 안 검사는 엄의 과거지사와 현재의 사정에 동정하는 바 있어 30일 기소유예로 석방하였다.

〈동아일보 1950.04.01〉

이때 훔쳤던 자전거의 가격이 3만원이었다. 당시 공무원 월급이 1만원이 안 되었을 때였으므로 지금 돈으로 따지면 약 1천만 원 쯤 되는 고가의 물건을 훔친 셈이다.

한국전쟁이 일어나기 몇 달 전의 절도 기록을 마지막으로 생전의 엄복동에 대한 언론 보도는 끝난다. 위의 절도 기사만 보더라도 엄복동의 말년이 얼마나 비참했는지 추측할 수 있다. 자전거 경기대회 우승으로 벌었던 돈을 어디에 다 썼는지, 끼니마저 걱정하며 농사를 짓는 신세가 되었던 것이다.

엄복동은 이듬해인 1951년 사망한 것으로 알려져 있다. 훗날 그

의정부종합운동장 앞에 있는 엄복동의 동상,
자전거 도둑으로 말년을 보냈지만 그의 전설적인 기록은 기념해야하지 않을까

의 증손자가 말한 바에 따르면 전쟁이 일어나자 가족들을 먼저 피난시키고 홀로 피난길에 나섰다가 지금의 동두천 야산에서 폭격을 맞아 사망했다고 한다.

드라마보다 더 극적인 엄복동의 삶은 어떤 면에서 고환암을 이겨내고 투르 드 프랑스 7회 연속의 대기록을 세웠다가 도핑 의혹으로 한 순간에 나락으로 떨어진 랜스 암스트롱과 닮아 있다.

한국과 미국의 자전거 영웅이 왜 이리도 기복이 심한 삶을 살았던 것인지, 필연적으로 오르막과 내리막을 반복해야 하는 자전거라는 오브젝트의 운명과 닮아 있는 것은 아닌지 안타깝기만 하다.

"자전거를 타면 그 지역의 지리를 가장 잘 파악할 수 있다.
힘들여 언덕을 오르고 내리막을 질주해보라.
자전거를 타고 가는 것보다
그 지역을 더 정확히 기억할 수 있는 방법은 없다"

It is by riding a bicycle that you learn the contours of a country best,
since you have to sweat up the hills and coast down them.

Ernest Miller Hemingway

자전거보다 멋진 자전거 경기대회

때로는 패션 아이템이 되기노 하고 희귀성에 따라서 컬렉터의 수집품이 되기도 하지만 자전거의 본질은 무엇보다도 '오직 사람의 힘만으로 빠르게 멀리 가는 것'이다.

외부 동력의 도움을 받지 않고 기계적 구조의 탈 것을 이용해 가장 빠르게 가는 발명품, 자전거는 그 태생부터 레이스Race의 숙명을 타고 났는지 모른다. 자전거의 발명과 동시에 수많은 자전거 경기대회가 열렸고 그 대회들이 아직까지도 이어져 오는 것은 그래서 당연한 일이다.

현재까지 기록에 남아 있는 가장 오래된 자전거 경기는 1868년 5월 31일 프랑스 파리의 생클루드Saint-Cloud 경마장에서 열린 1천 200미터 레이스로 알려져 있다. 피에르 미쇼가 고안한 최초의 양산형 자전거인 '미쇼의 자전거'만 참가할 수 있었던 만큼 대회의 주목적은 자전거 판매를 위한 것이었다. 사실 자전거가 발명된 이래 열린 무수한 자전거 경기대회의 목적은 대부분 상업적인 것이었다.

이듬해인 1869년 11월에는 최초의 장거리 로드 레이스가 열린다. 프랑스의 파리~루앙Paris~Rouen 두 도시를 잇는 123km의 거리에서 여러 대의 자전거들이 속도 경쟁을 펼쳤는데 당시의 최고 기록은 10시간 45분이었다. 요즘 시대라면 서울시 공공자전거 따릉이로 도심을 샤방샤방 타도 나올 만큼인 평균시속 12km에 불과한 기록이었지만 당시로서는 사람의 이동 속도를 2배 이상 증가시킨 놀라운 기록이었다.

군사무기의 발달과 함께 과학기술이 발달하듯, 자전거 경기대회의 발전과 함께 자전거도 개발과 혁신의 길을 걸었다. 1885년 세이프티 자전거, 1888년 공기주입 타이어가 발표되었고 이처럼 자전거 제작 기술이 빠르게 발전하면서 다시 자전거 판매촉진을 위한 다양한 자전거 경기가 늘어나게 된다.

현대의 자전거가 보급되기 시작한 지 채 10년이 지나지 않아서 개최된 1896년 제1회 아테네 올림픽에는 자전거 경기 중 로드 레이스, 트랙 레이스가 정식 종목으로 채택되었다. 놀라운 것은 이후

자전거 경기대회는 자전거보다 멋지다

2021년 도쿄 올림픽까지 단 한 번도 자전거 경기가 올림픽 정식 종목에서 제외된 적이 없었다는 사실이다. 100년이 넘는 올림픽 기간 동안 처음부터 끝까지 자리를 지킨 종목은 모두 5개, 육상과 수영, 체조, 펜싱 그리고 사이클 뿐이다.

1900년에 국제사이클연맹(Union Cycliste Internationale, UCI)이 창설되면서 자전거 경기대회는 보다 조직적으로 관리, 발전하게 되었으며 일반 도로에서 진행되는 로드 레이스, 전용 경기장에서 진행되는 트랙 레이스 등 각 경기 특성에 맞게 세분화되기 시작했다. 현재는 MTB월드컵, 로드 월드 챔피언십, 흔히 묘기 자전거로 불리기도 하는 BMX프리스타일, 장애인 선수를 대상으로 하는 패럴사이클링 등을 주관하고 있으며, 올림픽 주관 연맹도 겸하고 있다.

사진으로 남은 가장 오래된 자전거 대회, 1890년 미국의 페니파딩 레이스

세계 최대의 로드 레이스 대회, 투르 드 프랑스

100년 이상의 역사를 자랑하며 FIFA월드컵, 올림픽과 함께 세계의 3대 스포츠 행사로 꼽히는 투르 드 프랑스le Tour de France는 매년 7월 첫째 주부터 셋째 주까지 21일 동안 프랑스와 주변국에서 개최된다. 해마다 루트가 바뀌는 총 길이 3천500km가 넘는 코스에는 연간 1천200만 명 이상의 관람객이 이 장엄한 경기를 직관한다. 전 세계 190개국 100여 개의 채널에서 경기를 중계해 약 35억

세계 최대의 자전거 축제 투르 드 프랑스의 압도적인 레이싱 장면

명이 관람하는 세계 최대의 자전거 대회가 바로 투르 드 프랑스다.

1903년 투르 드 프랑스가 개최된 것은 자전거 제조사의 판매 증진을 위한 마케팅 목적이 아니었다. 스포츠 신문인 로토L'auto에서 판매 부수를 늘리기 위해 동명의 자동차 경주에서 힌트를 얻어 대회를 개최한 것이다.

첫 대회에는 60명의 선수가 참가해 19일 동안 2천300km의 거리를 달려야 했다. 현재는 자전거, 의류 등 다양한 기업의 지원으로 팀 단위로 참가하며 중립 차량을 통해 자전거 수리, 교체 등을 쉽게 할 수 있지만, 대회 초기에는 '누구의 도움을 받아서도 안 된다'는 규정이 있었다. 자전거 수리를 직접 하는 것은 물론이고 부품, 수리 공구까지 직접 들고 자전거를 타야 했다.

또, 당시 자전거에는 변속 기어가 없었기 때문에 오르막을 오르기 위한 바퀴까지 따로 챙겨야 했으니 현대의 3천500km보다 과거의 2천300km 쪽이 훨씬 더 험난한 여정이었을 것이다. 심지어 대회 중 이용하는 숙소도 선수가 직접 찾아야 했기 때문에, 숙소를 구하지 못한 선수는 도로가에서 쪽잠을 자는 경우도 있었다고 한다. 투르 드 프랑스를 주관한 로토사의 신문 판매 부수는 1903년 2만5천 부에서, 다음 해 6만5천 부, 1933년에는 85만 부를 돌파할 만큼 크게 늘어났으며 이에 따라 대회의 규모도 점차 커지게 되었다. 신문 판매를 목적으로 처음 개최되었지만 100년이 넘는 기간 동안 계속 되어오면서 투르 드 프랑스는 자전거 산업 발전 전반에 큰 영향을 주었다. 3천500km에 이르는 장거리 대회이다 보니 빠른 속도만큼이나 튼튼하고 선수들이 편하게 탈 수 있는 자전거가 필요했으며, 헬멧, 안장, 페달, 복장에 이르기까지 당대의 최신 기술을 선보이는 자리가 되었다. 특히, 우승한 선수가 이용한 제품은 해당 업종에서 선두에 설 수 있기 때문에 자전거 관련 업체는 선수들만큼이나 투르 드 프랑스에 자사의 제품이 이용되길 바랐고, 자사 제품을 이용하는 선수가 우승하기를 누구보다 응원했다.

투르 드 프랑스 관람할 때 알아두면 좋은 것들

투르 드 프랑스 코스와 일정은 해마다 바뀌지만 약 3주간 프랑스와 인접 국가(주로 산악구간이 포함되는 스위스)에서 20~21개의 스테이지 경주가 펼쳐지는 것이 일반적이다. 각 스테이지의 기록 합산으로 종합 우승이 결정되며, 스테이지는 크게 개인 독주Individual Time-Trial, 평지Flat, 언덕Hilly, 산악Mountain 구간으로 구분한다. 개인 독주를 제외한 모든 스테이지는 20~23개의 팀이 참가하며, 각 팀은 8~9명으로 이루어져 있다. 각 팀에는 주력 선수의 우승을 위해 직접 순위 경쟁을 하지 않는 페이스메이커 겸 도우미 역할을 하는 선수가 있는데 이들을 도메스티크Domestique라 부른다. 이들의 주요 임무는 팀 지원 차량에서 물과 식량을 전달하거나, 상대 팀의 공격에서 팀원을 보호하기도 하며, 팀원의 장비에 문제가 생길 경우에 도움을 주는 것이다.

심지어 자신의 자전거를 팀 리더 또는 주력 선수에게 양보하는 경우도 있다. 우승한 선수의 명예를 함께 갖는 것은 아니지만, 소속 팀의 영광스런 우승을 위해서는 반드시 필요한 존재이기 때문에 그 중요성은 리더 못지 않다. 경우에 따라서는 도메스티크가 스테이지 우승을 하는 경우도 있다.

2021년 투르 드 프랑스 개막전의 첫 번째 스테이지는 최종 우승자가 결승점을 통과하는 순간 이상으로 큰 화제가 되었다. 자전거 행렬이 통과하기 직전 관중 한 명이 '할아버지, 할머니 가자! Allez! Opi, Omi라고 쓰여진 플래카드를 들고 도로에 난입하면서 100여 명의 선수들이 뒤엉켜 쓰러지는 사고가 발생한 것이다. 이 사고로 대회 첫날 21명의 선수가 의료 지원을 받고, 4명의 선수가 대회를 포기하기까지 했다. 별도의 경기장이 아닌 일반 도로에서 펼쳐지는 대회인 만큼 선수들끼리의 사고 외에도 관중, 중계진과 사고 위험에도 노출되어 있기 때문에 일어난 해프닝인데, 이 정도 규모의 대형사고는 흔치 않았다.

투르 드 프랑스에서는 이 같은 극악의 사고를 방지하기 위해 다소간의 안전장치를 마련해두고는 있다. 180여 명 선수들이 좁은 도로에서 경쟁해야만 하고, 특히 결승전 도착 직전에는 위험을 감

2021년 투르 드 프랑스 첫 스테
이지에서 나온 사상 최악의 해프닝
발생 순간과 그 직후

수하고서라도 1위로 테이프를 끊기 위해 치열하게 경쟁하기 때문에 자전거 한 대의 길이 이하로 뭉쳐진 그룹에 속한 채로 구간을 끝냈다면 모두 같은 기록으로 인정해준다.

다닥다닥 붙은 그룹 내에서는 간발의 속도 경쟁이 필요 없으니 대단히 합리적인 안전장치라는 느낌이다. 최종구간의 과열경쟁으로 인한 불상사를 방지하기 위한 조치도 있다. 일반 구간의 마지막 3km에서 사고가 있었을 경우 최종 3km에 진입했을 때 같은 그룹에 속한 선수들은 동일한 기록을 부여받도록 하고 있다.

투르 드 프랑스의 상징, 리더의 저지

투르 드 프랑스에서 가장 돋보이는 선수는 '마이요 존느'를 입고 있는 선수다. 프랑스어 마이요Maillot는 저지, 존느Jaune는 노란색을 뜻한다. 이 노란색 저지는 대회 전체 기록에서 구간 종합 선두 및 종합 우승자만 입을 수 있다. 각 스테이지의 소요 시간을 더해 총 소요 시간이 가장 적은 선수가 마이요 존느를 입을 수 있으며, 당연히 최종 스테이지 종료 시점에서 마이요 존느를 입는 선수가 종합 우승자가 된다. 누가 선두인지 한눈에 알 수 있도록 하는 노란색 저지, 그런데 왜 하필 노란색일까? 여기엔 두 가지 가설이 있는데 첫 번째는 투르 드 프랑스의 주최자인 로토의 지면이 노란색이었기 때문이라는 추측이다. 두 번째 가설은 주최자가 컬러를 지정하지 않고 눈에 잘 띄는 화려한 저지를 주문했는데 당시 재단실에 노란색 천밖에 없었기 때문에 마이요 존느가 탄생했다는 설이다. 진실이 어떻든 둘 다 흥미롭다.

현재의 마이요 존느는 프랑스의 의류 브랜드 르꼬끄에서 제작하며, 메인스폰서인 크레디료네 은행의 약자인 LCL이 크게 프린트되어 있다.

투르 드 프랑스에는 마이요 존느 외에도 3개의 특별한 저지가 있다. 포인트 구간에서 가장 많은 점수를 획득한 선수가 입는 초록색 저지 마이요 베르Maillot Vert는 주로 평지 구간에서 빠른 속도를 낼 수 있는 스프린터가 차지하며, 산악 코스에서 가장 뛰어난 선수는 빨강 물방울 저지 마이요 아푸아 루주Maillot a Pois Rouges, 25세 이하의 선수 중 가장 빠른 선수는 흰색 저지 마이요 블랑Maillot Blanc을 입게 된다.

대회에 참가하는 선수들은 산악 코스에 특화된 클라이머, 짧은 거리에서 최고 속도를 내는데 특화된 스프린터, 그리고 클라이머와 스프린터 모두에 능숙한 올라운더로 구분되며 대회는 전략적인 팀플레이에 기반 하기 때문에 4가지 저지를 동시에 수상하기는 쉽지 않은 일이다.

이 책에서도 몇 번이나 언급되었던 사이클링계의 '식인종' 에디 메르크스Eddy Merckx가 1969년 노란색 저지, 초록색 저지, 빨강 물방울 저지를 동시에 획득했다. 게다가 당시에는 25세 이하 선수가 입는 흰색 저지가 없었는데, 당시 메르크스는 만 24세였기 때문에 현재 기준으로는 4개를 동시에 획득한 것이 된다. 이후 약 50년 만인 2020년 21세의 사이클리스트 타데이 포가차Tadej Pogacar가 노란색 저지, 빨강 물방울 저지, 흰색 저지를 획득하며 메르크스와 동일한 3개 저지를 획득했지만, 녹색 저지는 다른 선수가 획득했기 때문에 메르크스의 전설적인 업적에는 이르지 못했다고 평가받는다.

참고로 투르 드 프랑스 공식 홈페이지의 온라인 숍에서 노란색 저지를 포함한 4종의 특별한 저지의 레플리카replica를 구입할 수도 있다. 원래 레플리카의 사전적 의미는 미술품 등에서 '원작자가 손수 만든 사본'을 뜻한다. 일반적으론 복제품 모조품 등의 뜻으로 쓰이기도 하는데 스포츠 유니폼에서는 라이센스가 있는 공식 복제품을 의미한다. 디자인을 복제한 것이며 가짜라는 뜻은 아니다.

세계에서 가장 유명한 자전거 대회의 가장 유명한 사이클 복장이니 국내의 라이더들도 이를 많이 입고 다닐 것만 같은데, 아직까지 한강 자전거 도로 등에서 투르 드 프랑스의 상징 저지를 입은 사람은 본 적이 없다. 어쩐지 이 저지를 입는다면 누구보다 빨리 앞서가야 할 것 같으며, 뒤처지면 안 될 것 같은 압박감이 있기 때문은 아닐까 상상해 본다.

굳이 레플리카가 아니어도 리더의 상징인 노란색 저지는 아무리 예뻐도 구입을 망설이게 되기도 한다. 사족으로 한마디 덧붙이면 필자가 가장 애용하는 저지가 바로 노란색이고 자전거도 옐로 컬러다. 용기가 너무 과한 것 아니냐고? 사실 노란색 저지를 장만할 때까지만 해도 투르 드 프랑스 팀 리더의 상징이란 것을 몰랐다는 사실을 고백한다.

유럽의 3대 자전거 대회, 그랑투르

자전거 경기대회는 프랑스에만 있는 것이 아니다. 투르 드 프랑스 말고도 이와 필적하는 세계의 자전거 대회들이 있다. 유럽 사이클 3대 그랜드 투어라 부르는 대회인데, 투르드 프랑스와 지로 디탈리아Giro d'Italy, 부엘타 에스파냐Vuelta a España가 그것이다. 이를 현지에서는 그랑투르Grand Tour라 부른다. 매년 5월에서 6월 중 약 3주간 이탈리아에서 개최되는 지로 디탈리아는 투르 드 프랑스의 성공을 본 이탈리아의 스포츠 신문사가 1909년부터 개최했다. 신문의 판매 촉진을 위해서 시작되었다는 점과 이탈리아 전국에서 20여 개의 스테이지 경주로 진행되는 점까지 유사하다.

같은 저지를 맞춰 입고 역주하는 레이싱 팀의 모습은 한 폭의 그림을 보는 듯 예술적이다
아스타라 레이싱팀(좌)과 BMC 레이싱팀(우)

지로 디탈리아도 리더 저지가 있는데 신문사의 로고 색상인 핑크 저지 말리아 로자Maglia rosa는 종합 선두에게 주어지며, 산악왕 녹색 말리아 베르데maglia verde, 포인트 경쟁 선두에게는 연보라색 저지 말리아 시클라미노Maglia ciclamino가 수여된다.

흔히 이탈리아 사람들은 '세계 최대最大의 자전거 대회가 투르 드 프랑스라면, 지로 디탈리아는 세계 최고最高의 자전거 대회다'라는 말을 할 만큼 산악 스테이지가 많은 편이다. 최고最古가 아닌 최고最高에 유의하자. 5월이면 이탈리아 북부의 돌로미티를 비롯한 알프스 산맥과 아펜니노 산맥 코스에는 아직 눈이 남아 있기 때문에 가혹한 추위와 악천후를 견뎌야 한다.

그랜드 투어 중 가장 늦게 시작된 부엘타 에스파냐는 1935년 처음 열렸으며, 전쟁 및 내전 등의 이유로 매년 개최된 것은 1955년부터다. 예전에는 4월에서 5월 사이에 치러졌지만 지로 디탈리아와의 간격이 짧고, 일정이 중복되어 지로 디탈리아에 참가하거나 투르 드 프랑스를 위해 컨디션을 조절하려는 선수들이 참가를 기피하면서 1995년부터는 9월에 개최하고 있다. 내륙의 건조한 대륙성 기후, 남부의 뜨거운 지중해성 기후와 함께 평지 코스에도 난도 높은 언덕이 나올 만큼 산악코스가 많아 그랜드 투어 중 가장 험난한 경주가 펼쳐지는 경우가 많다.

다행인 것은 스테이지 당 거리가 평균 150km 정도로 다른 두 대회에 비해 20km 정도 짧은데, 선수들은 줄어든 거리만큼 더 빠른 속도를 내기 때문에 경주의 평균 속도는 더 빠른 편이다. 2010년대 이후 최근 대회에서는 3연속 산악 스테이지를 넣는 등 산악 부분에 집중하며 다른 대회와의 차별성을 강조하고 있다.

그랑투르를 정복한 사이클 선수

투르 드 프랑스, 지로 디탈리아, 부엘타 에스파냐 중 어느 한 스테이지에서 승리를 하는 것만으로도 자전거 선수는 큰 업적을 남겼다고 할 수 있는데 이 그랑투르를 모두 제패한 선수들도 있다. 같은 해에 3개의 대회 중 2개의 대회에서 우승하는 것을 더블투르 Doublé Tour라 하는데, 현재까지 10명의 선수가 더블투르를 달성했다. 그 영광스러운 10인의 명단은 다음과 같다.

파우스토 코피Fausto Coppi _ 1949, 1952

자크 앙게티Jacques Anquetil _ 1963, 1964

에디 메르크스Eddy Merckx _ 1970, 1972 , 1973, 1974

베르나르 이노Bernard Hinault _ 1978, 1982, 1985

지오반니 바타그린Giovanni Battaglin _ 1981

스테판 로슈Stephen Roche _ 1987

미구엘 인두라인Miguel Indurain _ 1992, 1993

마르코 판타니Marco Pantani _ 1998

알베르토 콘타도르Alberto Contador _ 2008

지로 디탈리아의 상징,
리더가 입을 수 있는
말리아 로자 Maglia rosa

크리스 프룸Chris Froome _ 2017

이 중 에디 메르크스의 경우 1974년 더블투르 달성 후 UCI 세계 자전거 선수권 대회에서 우승하면서 3관왕을 뜻하는 트리플 크라운Triple Crown을 달성했다. 또 하나 특이한 점은 7번의 투르 드 프랑스 우승을 거둬 사이클링계의 전설로 남은 랜스 암스트롱의 경우 더블투르는 고사하고 지로 디 이탈리아와 부엘타 에스파냐에서 단 한 번의 우승 기록도 없다는 사실이다. 암스트롱은 '투르 드 프랑스 바라기'였을지 모른다.

학산배로 불렸던 삼천리자전거 산악자전거대회

투르 드 프랑스나 지로 디탈리아만큼은 아니지만 우리나라도 꽤 오래된 자전거 경기대회의 역사를 갖고 있다. 1900년대 초 일본으로부터 전문가용 사이클이 도입되면서 자전거 경기대회는 태동하기 시작했다. 국내에서 레이스가 처음으로 열린 것은 1906년 4월 동대문운동장 훈련원에서 열린 대한제국 군인과 일본인의 시합이었다는 기록이 있다. 안타깝게도 이 경기의 기록이나 우승자는 언론보도에서 찾아볼 수가 없다. 본격적으로 자전거 대회가 시작된 것은 경성일보사와 매일신보사가 주최한 1913년 전조선자전거경주대회 부터라고 할 수 있다. 프로 스포츠가 없던 시절, 일본제국주의 치하에서 조선 민중들은 이 자전거 경주대회에 열광했다. 이 본격적인 첫 자전거 대회에서 중고 자전거를 타고 나온 21세의 젊은 한국인이 우승을 거두었으니 그의 이름이 엄복동이다. 비운의 자전차왕 엄복동에 대한 이야기는 앞에서 차고 넘칠 만큼 했으니 생략하고 이후 해방 때까지 자전거 경기대회가 한반도의 가장 인기 있는 스포츠 이벤트였다는 사실만 확인하고 넘어간다.

해방 직후인 1946년 드디어 대한자전거경기연맹이 발족하였으며 이듬해인 1947년 국제사이클연맹(UCI)에 가입하기도 했다. 독립된 국가의 독립된 연맹이니 올림픽도 이제 대한민국의 이름으로 참가할 수 있게 되었다. 1948년 런던 올림픽 대회부터 사이클 종목 정식 참가를 시작했다. 이후 1960년대까지 전국일주 자전거 대회가 개최되는 등 최고의 전성기를 누리다 이후 권투와 축구, 고교 야구 등 다른 인기 스포츠의 등장과 함께 자전거는 서서히 대중들의 관심에서 멀어지고 만다.

1980년대 중반 이후 국내에 MTB가 소개되면서 다시 한 번 자전거에 대한 관심이 높아지기 시작했다.

이때 몰락했던 국내 자전거 경기대회의 역사에 부활의 깃발을 꽂은 곳이 바로 삼천리자전거다. 1993년, MTB를 즐기는 사람의 숫자가 아직은 적었던 시기에 삼천리자전거는 국내 최초의 산악자전거대회를 개최한다. 이 대회가 계기가 되었는지 이후 국내에서 MTB는 빠르게 보급되기 시작했고 대회는 횟수를 더하며 그 참가 열기가 높아져만 갔다. 국내 자전거 문화의 발전에도 큰 역할을 했던 이 대회는 삼천리자전거를 창립한 학산 김철호 회장의 호를 따 '학산배' 대회라 불리기도 했다. 아직도 많은 라이더들에게는 학산 배라는 이름이 더 익숙하다.

국내 자전거 경기대회의 역사에 커다란 발자취를 남겼던 이 대회는 2017년 제25회 대회를 끝으로 25년의 역사를 마무리 했다. 아직까지 우리나라에서 가장 오랜 역사를 가진 산악자전거인의 축제로 기록되고 있는 이 대회의 주종목인 크로스컨트리XC는 선수의 실력과 나이를 기준으로 부문별 경기가 진행되었고, 파생 종목인 XC 엘리미네이터XCE와 팀 경기인 XC 릴레이 경기도 열렸다. 그래비티 종목은 다운힐DH와 슈퍼다운힐SD, 4크로스4X로 총 6개 종목의 레이스가 진행되었다.

삼천리자전거 내회가 사라진 이후 현재 우리나라에서 개최되는 가장 큰 규모의 대회는 투르드코리아Tour de Korea다. 국제사이클연맹(UCI) 2.2클래스의 대회로 세계선수권 출전을 위한 포인트 획득을 위해 20여 개의 프로, 내셔널 팀이 참가하는 엘리트 경기와 아마추어 중 일정 기준을 충족하는 스페셜 경기로 구성된다. 2011년 1회 대회로 2019년까지 개최되었으며, 코로나 19로 인해 2020년 대회부터는 잠정 중단된 상태다.

자전거 동호인들을 대상으로 하는 대회 중 가장 인지도 높은 대회는 설악 '그란폰도'다. '위대한 경주'를 뜻하는 이탈리아어grande fóndo에서 대회 이름을 그대로 따 왔으며, 최소 125km 이상의 장거리 사이클링 대회로 널리 알려져 있다. 그란폰도 선수들은 자전거에 시간 기록용 칩을 부착하고 대회에 참가하며, 다른 선수와의 경쟁이 아닌 자신과의 경쟁, 완주에 목표를 둔다. 제한 시간에 결승점에 도착하면 완주로 기록되기 때문에 참가 자격에 큰 제한이 없으며, 초보 동호인들에게는 자신의 한계를 시험하고, 자전거 실력을 확인하는 무대가 되기도 한다.

1993년부터 2017년까지 25년간
국내 자전거 경기대회 역사의 한 획을 그은
삼천리자전거배 전국 산악자전거대회

　설악 그란폰도 외에도 무주, 가평, 저수령 등 다양한 지역에서
그란폰도 대회가 진행되며 우리나라뿐 아니라 본고장 이탈리아,
미국 등 세계 각지에서 펼쳐진다. 국내에서는 개최되지 않지만 센
츄리 라이드Century Ride도 그란폰도와 비슷한 비경쟁 사이클링 대
회이다. 센츄리 라이드는 100km 또는 100miles(161km)를 기준으
로 하며, 대부분 시간 계측 없이 완주에 의미를 두는 경우가 많다.

지갑은 그대로인데
왜 자전거만 사라질까

인터넷에서 자료를 찾다가 무릎을 탁 치게 하는 4컷 만화 하나를 발견했다.(나중에 알고 보니 인스타그램에서 저명한 이숨 작가의 작품이라고 한다)

제목은 '양심'. 아침 6시 편의점 앞 풍경이 첫 번째 컷이다. 해가 뜨기 전 편의점 파라솔엔 쇼핑백과 휴대폰, 노트북이 올려져 있고 편의 점 옆 전신주엔 자전거 한 대가 온전히 묶여 있다. 2번째 컷은 오후 1시, 자전거 뒷바퀴가 사라진다. 3번째 컷 오후 5시, 자전거 앞바퀴만 남았다. 마지막 컷 오후 8시, 앞바퀴 마저 사라진 자전거 자리에 주인이 우두커니 서 있다. 우스운 것은 4컷 모두 쇼핑백과 휴대폰, 노트북은 그대로라는 것.

왜 지갑은 훔쳐가는 사람이 없는데 자전거는 사라지는 것일까.

혼자만의 의문이 아니었는지 이데일리의 박한나 기자가 2020년 1월 11일에 [왜?]라는 코너를 통해 이 미스테리에 접근했다.

박 기자가 수집한 누리꾼들의 의견은 ▶'물, 지갑, 휴대전화 같은 생계형 물건은 건드리지 않는 'K-양심'이 있다'를 비롯해 ▶자전거를 유독 좋아하는 엄복동의 후손 ▶실외와 달리 실내에 CCTV가 많아서 ▶자전거 전문털이

범 문제 등이었다. 결국 기자도 특별히 다른 해답을 찾지는 못한 것 같다.
영원히 풀리지 않는 미스테리인 자전거 도난 문제, 라이더들이 이를 이겨
내는 방법은 단 한 가지다.
"내 눈에 보이지 않는 자전거는 더 이상 내 자전거가 아니다"라는 마음가
짐을 가지면 된다.

자전거에만 유독 집착하는 우리나라 좀도둑들,
그 이유가 정말 궁금하다.

모든 길은 자전거로 통한다, 세계의 자전거도로 이야기

　지금은 이탈리아의 수도이자 관광도시인 로마가 세계의 중심이었던 시절이 있었다. 수천 년 전이다. 그때 로마인들은 지금으로 치면 고속도로와도 같은 길을 냈다. 진흙땅을 파서 자갈을 채워 넣고 그 위에 널빤지처럼 생긴 돌을 깔았다. 비가 와도 다닐 수 있도록 길 양 옆에는 배수로까지 파놓았다. 그때 로마의 공병대가 닦은 길의 길이만 해도 8만5천 킬로미터에 달한다.

　로마군대는 이 단단하고 평평한 길을 따라 진군을 거듭했고 이탈리아 반도는 물론 유럽 대륙의 대부분을 점령할 수 있었다.

　그때 생긴 이야기가 '모든 길은 로마로 통한다'는 말이다. 로마군이 점령한 곳이 너무도 많았고 여기엔 어김없이 로마 스타일의 길을 깔았기 때문에 나온 말이었겠지만 이후 다른 쓰임새로도 많이 쓰는 관용어가 되었다.

　엉뚱한 상상을 하나 해보았다. 만약 로마 군대에게 자전거가 있었다면 어땠을까. 말이 끌어주는 전차군단이 다닐 만큼 단단한 길이었으니 훨씬 더 기동력이 좋아졌을까. 아니면 병사의 개인이동이 허용되지 않는 군대였으니 무용지물이었을까.

우리나라도 세계가 부러워할 자전거 도로가 있다. 국토종주 자전거도로 새재길 전망대에서 기념사진

자전거와 도로는 떼려야 뗄 수 없는 관계다. 다운힐이나 올마운 틴 MTB처럼 길이 아닌 곳으로도 가는 자전거도 있지만 대부분의 자전거 길은 평평하고 매끈하다. 눈에 보이지 않는 조금의 단차에도 로드 사이클의 바퀴는 쉽게 미끄러지기 때문이다.

곱게 쭉 뻗은 길을 따라 한없이 질주하고 싶은 것은 모든 라이더들의 로망이리라. 세계의 유명 자전거 길을 모아보았다.

유럽 대륙을 횡단하는 유로벨로 EuroVelo

유로벨로는 유럽자전거연맹(ECF)이 공식적으로 추천하는 전유럽 자전거 도로망이다. 유럽 전역을 16개의 장거리 루트로 연결하는 어마어마한 프로젝트인데, 사람들에게 자동차보다 자전거를 이용한 이동을 권유하기 위해 시작된 것이라고 한다. 자전거로 유럽 대륙 횡단이라는 꿈같은 버킷 리스트를 이룰 수 있는 환상적인 길이지만, 하루에 100km를 타도 2년에 가까운 시간이 필요한 긴 여정이기 때문에 대부분의 라이더들은 현지에서 짧은 거리, 일부 구간을 즐기는 것으로 만족하고 있다.

2007년 12개의 루트로 시작된 유로벨로는 2021년까지 5개가 추가되어 17개의 루트가 설정되었으며, 각 루트의 총연장은 무려 9만5천959km에 이른다. 루트 중에는 중복되는 구간도 있는데 중복되는 구간을 제외하더라도 8만5천328km라는 경이적인 길이를 자랑한다. 아직 진행중인 프로젝트라 모든 구간이 완성된 것은 아니고 2022년 현재 전체 루트의 약 60%인 5만1천500km가 완성되었다고 한다. 프로젝트를 시작할 당시의 목표는 12개 루트를 2020년까지 완성하는 것이었지만, 계속해서 루트가 추가되면서 2030년 완성을 목표로 하고 있으며, 향후 루트가 추가될 확률이 높기 때문에, 끝없는 프로젝트가 될 수 있다는 이야기도 있다.

유로벨로 자전거 도로의 개발은 유럽 각 국가 정부 예산, 지방 자치단체의 예산, NGO의 예산으로 실시된다. 또 예산 집행에 정치적인 명분이 필요한 경우 유럽자전거연맹은 아낌없는 지원을 하여 서포트를 받을 수 있도록 기획에 나서기도 한다.

단, 유로벨로 명칭을 사용하기 위해서는 유럽 자전거 연맹의 승인이 필요한데 비교적 까다로운 조건을 만족시켜야 한다. 먼저 6% 이내의 도로 경사, 2대 이상의 자전거가 병렬 주행할 수 있는 폭, 평균 하루 1000대 이상의 오토바이 통행이 없는 곳, 루트의 80% 이상이 포장되어 있을 것, 연간 통행이 금지되는 기간이 없어야 하며, 30km마다 서비스 설비, 50km마다 숙박 시설, 150km마다 대

유럽 대륙에 거미줄처럼 얽혀 있는
유로벨로 루트들. 총 17개 루트에 총
연장 10만km의 가공할만한 노선이다

중교통으로 연계가 가능한 곳이어야
한다.

유로벨로에서 가장 유명한 루트는
대서양 연안 루트Atlantic Coast Route
다. 노르웨이의 노스케이프에서 포
르투갈의 사그레스까지 무려 8천
186km, 노르웨이, 스코틀랜드, 아
일랜드, 웨일스, 잉글랜드, 프랑스,
스페인 및 포르투갈의 8개국을 통
과하는 유로벨로 최장거리 루트다.
2007년 처음 설정될 당시에는 노르
웨이에서 스코틀랜드까지 선박으로 이동할 수 있었지만, 현재는
항공편을 이용해야하며, 영국에서 2번, 영국에서 프랑스까지 1번
의 선박 이동이 필요하다. 계절에 따라 극심한 온도 차이까지 고려
해야 하기 때문에 한 번의 여정으로 루트를 완주하기 위해서는 많
은 준비가 필요하다.

또 하나의 대표적인 루트인 라인 사이클 루트Rhine Cycle Route는
스위스 안데르마트의 라인강 상류에서 시작해서 라인강을 따라 프
랑스, 독일을 지나 네덜란드의 후크 오브 네덜란드의 하구까지 이
어지는 1천230km의 노선이다. 2021년 기준 가장 개발이 많이 된
루트이면서, 가장 인기 있는 코스이기도 하다. 스위스의 바젤, 프
랑스의 스트라스부르, 독일의 쾰른, 슈파이어, 네덜란드의 로테르
담 등 수많은 유네스코 세계 문화유산이 있는 도시를 지나며, 매력
적인 유럽의 시골 풍경을 즐길 수 있다.

일본 시마나미 해도 사이클링 로드 しまなみ海道サイクリングロード

일본을 이루고 있는 네 개의 섬 중에서 가장 큰 혼슈와 가장 작은 시코쿠를 연결하는 자전거 전용 도로다. 에히메현 이마바리시 今治市를 시작으로 여섯 개의 작은 섬을 지나 히로시마현 오노미치시尾道市까지 이르는 약 70km의 자전거 도로에는 9개의 다리가 있으며 다리마다 전망 스폿이 있어 자전거를 타고 가다가 마음에 드는 장소에 내려, 우리나라의 다도해 해상공원만큼 아름다운 세토내해의 아름다운 풍경을 감상할 수 있다. 뿐만 아니라 사이클링 로드를 따라 절, 신사, 미술관, 온천, 공원 등 볼거리와 즐길거리도 풍부하다.

일본의 자전거 전용 도로가 생겨난 것은 자연스러운 현상이었다. 1970년대에 들어 대학생 등을 중심으로 자전거 전국일주 붐이 일었는데, 이 시기에 자동차도 급격히 증가했기 때문에 자전거와 자동차의 교통사고가 빈번히 일어나면서 자전거 전용 도로의 필요성이 대두된 것. 일본 본섬에서 여섯 개의 섬을 지나 시코쿠까지 연결하는 계획은 1968년부터 시작되어 일부 구간은 자전거 전용 도로가 아닌 일반 도로를 이용하지만, 1970년대부터 설계된 다리는 대부분 자전거 전용도로가 있다.

일본 최초의 해협을 횡단하는 자전거 도로면서, 일본에서 처음으로 차도 왼쪽에 도선으로 블루 라인을 그린 자전거 도로가 되었다. 자전거를 타기 좋은 환경에 이러한 상징성까지 더해져 론리플래닛, 미슐랭 가이드와 같은 해외 유수의 여행 안내서에도 자전거 도로로는 일본 최초로 소개되었으며, 2014년 CNN에서 선정한 세계 7대 사이클링 루트에도 포함된 일본 자전거 여행의 성지로 불린다.

시마나미 해도 사이클링 로드의 가장 큰 매력 중 하나는 자전거를 가지고 가지 않아도 이용할 수 있다는 것이다. 많은 사이클리스트가 본인의 자전거를 타고 사이클링을 즐기고 싶어 하지만, 해외 여행을 준비하면서 자전거까지 운반하기란 그 비용과 부담이 크며, 여행 중에도 많은 제약을 받게 된다. 시마나미 해도 사이클링 루트에는 총 13개의 자전거 대여소가 있으며, 일반 자전거, 산악 및 크로스 바이크, 전기 자전거, 2인용 자전거, 카본 로드 자전거 등 폭넓은 선택을 할 수 있다.

물론 13개의 자전거 대여소는 모두 서로 제휴되어 있어 대여와 반납을 원하는 곳에서 할 수 있으며, 사고로 인한 자전거 고장 및 부상을 입은 경우 에히메현에서 운영하는 사이클링 구조대, 자전거 대여점 등을 통해 수리 및 픽업 서비스 등 상황에 맞는 지원을 받을 수 있다.

자전거 대여도 손쉽고 숙소 잡기도 편리한 자전거 도로의 천국,
일본 시마나미 해도 사이클링 로드. 사진의 해협 구간을 다리위로 지난다

자전거로 미국을 여행하는 6가지 루트

우리나라 자전거 국토종주 코스의 총연장은 1천853km나 된다. 몇 만 킬로미터에 달하는 유럽의 자전거 도로에는 비교할 수 없지만 서울에서 부산까지 직선 거리가 450km 남짓인 좁은 국토를 생각하면 이만해도 대단하지 않나 싶다. 비교적 짧은(?) 코스인지라 국내 자전거 도로를 전부 완주한 그랜드 슬램 메달을 따낸 이들의 수도 적지 않다.

이렇게 우리나라의 자전거 도로를 완전정복하고 나면 자연스레 해외 자전거 투어로 눈이 가게 된다. 가장 가깝고, 배를 타고 갈 수도 있고, 자전거 인프라가 잘 갖추어진 일본은 가장 쉬운 선택지가 된다. 하지만 시간 여유가 있고, 도전 정신이 있는 젊은 층은 미국 자전거 횡단에 더 많은 관심을 갖고 있는 듯하다.

일본 최남단 가고시마에서 최북단 와카나이까지 거리라고 해봤자 3천km가 채 되지 않기 때문에 우리나라 국토종주를 한 사람들에게 큰 동기부여가 되지 않는 것이다. 하지만 미국 횡단은 전혀 다른 이야기가 된다. 자동차를 이용해도 열 시간 넘게 이어지는 일직선 도로, 인적이 드문 내륙의 사막, 해발 2천미터가 넘는 고원지대 등 비교할 수 없는 환경적 제약이 있고 이는 그대로 모험과 도전의 이유가 된다.

미국을 횡단하는 자전거 루트는 크게 6개로 볼 수 있다. 1976년 미국 독립 200주년 기념 이벤트로 2천여 명의 20대 젊은이들이 자전거로 횡단하면서 개발한 최초의 미국 횡단 자전거 루트, 트랜스 아메리카 바이시클 트레일Trans America Bicycle Trail, 7천445km이 가장 대표적이다. 플로리다주 세인트 어거스틴에서 캘리포니아까지의 서던 티어 바이시클 트레일Southern Tier Bicycle Trail, 4천908km은 대서양과 태평양을 연결하는 가장 짧은 루트이며, 노던 티어 바이시클 트레일Nothern Tier Bicycle Trail, 6천830km 일부 구간이 캐나다를 지나는 코스에 해발 2,000m의 고지대까지 지난다.

　동쪽의 대서양 연안을 따라 달리는 대서양 연안 바이시클 트레일Atlantic Coast Bicycle Trail, 4천828km, 서쪽 태평양 연안의 태평양 연안 바이시클 트레일Pacific Coast Bicycle Trail, 2천982km은 아름다운 바다의 풍경과 내륙 횡단에 비해 쉽게 도시를 지날 수 있기 때문에 비교적 편안한 사이클링을 즐길 수 있다. 대표적인 6개 코스 중 마지막 그레이트 디바이드 트레일Great Divide Trail은 미국 뉴멕시코주 앤텔로프 웰스에서 캐나다 앨버타주 재스퍼까지의 4천828km의 루트로 로키산맥을 오르고 내리면서 누적 상승 고도 60km에 달하며, 대부분의 루트가 비포장으로 세계에서 가장 긴 오프로드 자전거 도로로 유명하다. 미국 횡단 루트의 이름만 열거해도 가슴이 뛰는 마니아들이 있다면 꼭 한 번 도전해볼 것을 권한다. 필자의 버킷리스트이기도 하니 말이다.

　미국 자전거 횡단을 위해 우리나라에서 출발하면 대부분 항공편이 있는 로스앤젤레스에서 66번 국도를 따라 일정을 시작하게 된다. 미국 66번 국도는 미국의 동서를 횡단하는 주요 도로였지만, 1950년대 중반 고속도로 사업으로 교통량이 줄면서 1985년대에 국도 지정에서 해제되기도 했다. 냇 킹 콜의 리듬 앤 블루스 명곡 Route 66으로도 잘 알려져 있으며, 마더 로드Mother Road라는 별명이 있을 만큼 미국인들의 옛 향수를 자극하는 정서적 영감, 문화적 가치로 2000년대에 복원되었다.

세계에서 가장 위험한 자전거 다운힐, 데스로드 Death Road

해발 3천345m, 총 64km의 다운힐. 시속 60km로 내려가도 한 시간이 걸리는 이 도로는 데스로드Death Road라는 이름으로 불리기에 전혀 손색이 없다. 게다가 원래는 자전거 도로도 아니었던 길이다. 1930년대에 개설되고 2000년대 초반까지 올리비아 북부의 아마존 삼림지대와 대도시 라파스를 연결하는 몇 안 되는 길 중 하나였는데 버스와 트럭의 왕래가 빈번했던 자동차 전용 도로였다.

미국 자전거 횡단은 책의 소재로도 아주 좋은 아이템이다.
신정훈 지음,
〈청춘이라면 미국 자전거여행〉 표지

평균 도로 폭이 2.5m로 차 한 대 정도가 지날 수 있으며, 거의 대부분 구간에 가드레일이 없고, 코너 구간을 벗어나면 수백 미터의 낭떠러지로 떨어지게 된다. 게다가 이 지역은 비와 안개가 많은 다우림多雨林에 있어, 시야가 현저하게 저하되는 일도 자주 있으며, 비포장 도로는 쉽게 진흙투성이가 되고, 낙석에도 충분한 주의를 해야 한다. 볼리비아의 자동차 도로는 우측 통행이지만 이 도로는 예외적으로 좌측 통행이다. 좌측의 도로가 절벽 쪽의 도로인 경우가 많아서인데, 절벽 쪽의 도로로 주행하는 운전자는 전방의 시계를 필수적으로 확보해야 하기 때문이다.

이 세계에서 가장 위험한 길을 자동차로 지나기 위해서는 법적으로 몇 가지 규제를 지켜야 한다. 내려가는 차 보다 올라가는 차가 우선이 되며, 동시에 교차할 수 없고, 반드시 멈춰 서서 올라가는 차량에 길을 양보해야 한다. 구급차와 소방차와 같은 응급 차량이나 군용 차량을 포함하여 모든 차량의 추월을 절대로 금지하고 있다. 이러한 안전 규정에도 매년 200여건의 교통사고가 발생하며 100여명의 사망사고가 나기도 했던 세계에서 가장 위험한 도로였던 것이다.

더 이상의 사망사고를 막기 위해 2006년 이 도로를 크게 우회하는 안전한 새 도로가 생겼다. 당연히 버스와 트럭들은 위험한 도로를 피해 새 도로로 다니게 되었고, 이 죽음의 도로에는 관광과 레저를 위해 방문하는 이들이 모여들기 시작했다. 새로운 도로가 생기면서 비교적 한가해진 도로 사정으로 익스트림 스포츠를 즐기기 위해 아웃도어 차량 운전자, 오토바이, 산악자전거 매니아 들의 방문이 크게 증가했다. 자전거의 경우는 정상까지 자전거를 운반해 주고 다운힐을 즐기는 투어로 진행되는 경우가 많은데, 스카이다이빙이나 번지점프 등과 유사하게 '사고에 대한 책임은 전적으로 투어 참가자에게 있다'는 서약서를 작성하게 된다. 높은 고도에서 시작하는 다운힐이기 때문에 내려가는 도중 큰 기온 차이도 견뎌야 하며, 갑자기 쏟아지는 비로 인해 비포장도로의 상태가 나빠지

9천700km의 미국횡단을 90일만에 해내고 이를
유튜브에 올려 경험을 나누는 라이더도 있다
〈유튜버 '드론라이더' 영상 캡처〉

기도 하고, 안개로 시야의 제한을 받는 경우도 비일비재하다. 1998
년 이후 자전거로 다운힐 중 사고로 사망한 사람은 18명이나 되지
만, 익스트림을 매니아들에게 핫플레이스로 알려지면서 매년 2만
명이 넘는 사람들이 이곳을 찾고 있다.

대한민국을 자전거로 연결하는 국토종주 자전거길

국토종주 자전거길은 이명박 정부가 한반도 대운하 사업의 대
체 공약으로 발표한 4대강을 중심으로 만들어진 자전거 길이다.
그 시작은 국토 대역사를 통해 경제 활성화를 꾀한다는 것이었지
만 결과적으론 세계에서 유사한 사례를 찾아보기 힘들 정도의 길
고 쾌적한 자전거 전용 도로가 탄생했다.

4대강인 한강, 낙동강, 금강, 영산강이 국토종주 자전거길의 큰
축이 되고 아라 자전거길, 한강 종주자전거길, 동해안 자전거길 등
총 12개의 자전거길이 더해져 총연장이 1천853km에 이른다.

각 자전거길 중간 중간에는 인증센터가 설치되어 있으며, 2012년 4월부터 인증제를 시행해서 정해진 구간의 도장을 모두 찍으면 인증 메달과 인증서를 받을 수 있다. 인증은 크게 4가지로 구분할 수 있는데 12개 구간 각각의 구간별 종주 인증, 한강, 금강, 영산강, 낙동강의 4대강 종주 인증, 인천 서해갑문에서 낙동강하구까지 한강, 남한강, 새재길, 낙동강 구간을 연결하는 총 633km의 국토 종주 인증, 제주를 포함한 전체 구간 1천853km, 총 85개의 인증센터에서 모두 도장을 받으면 그랜드슬램 인증을 받을 수 있다. 처음 인증제가 시작되었을 때 여권과 유사한 디자인에 표지 색깔도 동일한 녹색이어서 해외여행 갈 때 실수로 국토종주 수첩을 가지고 가는 웃지 못 할 일이 발생하기도 했다. 이러한 혼선을 방지하고자 인증수첩을 진한 파란색 표지로 변경했는데, 2021년 12월부터 여권 표지가 남색으로 변경되어 앞으로 인증수첩의 색깔이 다시 바뀌지 않을까 한다.

인증을 받는 것은 기간에 제한을 두지 않기 때문에, 대부분의 경우는 1년 내외의 기간을 두고 국토완주 그랜드슬램을 달성한다. 국토완주 그랜드슬램을 위한 총 12개의 구간은 크게 다섯 가지로 나뉘어 인증을 받는다. 아라뱃길-한강-남한강-새재-낙동강 종주 633km, 오천-금강 종주 280km, 섬진강-영산강 종주 300km, 동해안(강원-경북) 종주 500km, 제주 종주 234km 루트가 그것이다.

라이딩 경력과 빨리 달리는 것에 중점을 두는지, 천천히 풍경을 즐기는지 등의 주행 스타일에 따라 기간은 천차만별이지만 장거리

국토 종주에 나설 때는 단단히 준비를 하고 떠나자, 수도권 자전거 도로보다 형편이 열악할 가능성이 있기 때문이다. 준비가 충분치 않다면 이런 모습이 된다

라이딩인 만큼 준비는 철저히 하는 것이 좋다.

주말에 한강 자전거 도로를 따라 수십 킬로미터 정도는 무리 없이 타는 실력이라고 자만하다가는 낭패를 당하기 십상이다. 수도권을 벗어나면 의외로 생각지 못한 곳에서 문제가 발생할 가능성이 많기 때문. 지방의 경우는 자전거 전용 도로 관리가 다소 부실한 곳도 있고, 가로등이 없거나 표지판이 훼손되어 있는 곳도 있다. 또한 가로등은 고사하고 민가의 불빛도 전혀 없는 산길 구간이 꽤 길게 이어지는 곳도 있다. 겨울철 해가 일찍 질 때 어중간한 시간에 산길로 접어들었다가는 완벽한 칠흑 속에서 오로지 자전거 라이트에만 의지해 한 시간여 가까이 내리막을 가야만 하는 끔찍한 상황을 만날 수도 있는 것이다. 실제 필자가 겪은 일이기도 하다. 그 이후 겨울철엔 오후 4시가 넘으면 새 코스에 접어들지 않는다는 원칙을 세우기도 했다.

국토종주 자전거길이 모두 자전거 '전용' 도로는 아니라는 것도 명심하자. 농로 겸용 도로나 차도 갓길을 주행해야 하는 구간도 있으니 평소 주행 속도보다 낮은 평균 속도로 주행하는 것을 감안해서 여유롭게 일정을 짜는 것이 좋다.

그런 위험과 불편함을 무릅쓰고 이 길을 가는 이유는 뭘까.

답은 간단하다. 기계 동력을 빌리지 않고 오로지 나의 두 다리만으로 인간의 힘으로는 엄두도 내지 못할 코스를 정복했다는 기쁨 때문일 것이다.

나도 스마트라이더,
괜찮은 자전거 APP 4가지

자전거를 한 대 산다는 것은 '개미지옥에 빠지는 것'이라고 한다. 자전거만 샀으니 바로 탈 수 있을까, 아니기 때문이다. 헬멧도 준비하고 라이트도 사고 물통도 장만해야 하고 조금 욕심을 내면 전용 복장과 신발까지 갖춘다. 그러다보면 자전거 한 대 값이 훌쩍 넘어가는 수가 다반사.

그렇게 딱 갖추고 달리면 끝난 것일까. 아니다 한 두어 달 자전거를 타고 달리다보면 '나의 능력을 수치화'하고 싶은 욕망이 생긴다.

속도계 욕심이 난다는 것. 요즘은 꽤 저렴한 2만~3만 원대 속도계도 많이 나오지만 예전엔 그렇지 않았다. 괜찮은 속도계 하나가 자전거 한 대 값에 육박할 때도 있었다. 가격만 문제일까, 아니다 제대로 속도를 측정하기 위해서는 뭘 주렁주렁 달아야만 했다. 그 것도 조금이라도 어긋나면 실패, 결국 전문가의 힘을 빌어서 장착하고 나서야 만족스럽게 라이딩을 할 수 있었다.

물론 운동을 위해서 자전거를 타는 것이니 속도를 아는 것은 중요한 일이다. 자전거는 동력의 도움 없이 오로지 사람의 힘으로만 달리기 때문에 어느 정도의 힘으로, 어느 정도의 속도가 얼마나 유지되었는지를 안다면 보다 효율적인 운동을 할 수 있기 때문이다.

속도와 주행거리라는 객관적 데이터를 바탕으로 페이스를 조절하며, 심리적 안정을 느낄 수 있는 것도 속도계의 장점이다. 더 중요한 것은 친구, 지인, 동호회원들과 정보를 공유하거나 은근 슬쩍 경쟁도 할 수 있다는 것.

앞서 예를 든 전통적인 자전거 속도계는 바퀴의 회전수에 바퀴의 둘레를 곱해서 주행거리를 계산하고, 주행 시간으로 나눠서 평균 속도를 냈다. 이후 페달의 회전수를 뜻하는 케이던스, 페달을 밟는 힘을 측정하는 파워미터 등의 기능이 추가되고 GPS 기능이 들어가면서 요즘은 내비게이션 용도로 이용되기도 한다. 외국에서는 보통 사이클링 컴퓨터라 부르는데 우리나라에서는 흔히 브랜드 중 하나인 가민GARMIN이라 부르기도 한다. 해충 스프레이를 에프킬라로, 일회용 밴드를 대일밴드로 부르는 것과 비슷한 이치다.

사이클링 컴퓨터로 가장 인지도 높은 가민의 경우 보급형 모델도 30만원 후반대이며, 최상급 모델은 80만원을 넘는 등 어지간한 보급형 자전거보다 비싸다.

고가에 고급품 일색이었던 속도계 시장에 대중화 바람이 불기 시작한 것은 스마트폰 덕분이다. GPS 기능이 아예 기본으로 내장되어 있고 크기마저 깜찍하면서 사람들이 늘 가지고 다니는 스마트폰은 자전거 속도계로 최적의 요건을 갖춘 디바이스다.

이런 좋은 기회를 스마트폰 어플리케이션 개발자들이 놓칠 리가 없었던 것은 당연한 일이다. 기존 속도계가 갖지 못했던 풀컬러 대화면에 보조배터리를 이용한 간편한 수시충전까지.

자전거 속도계에 내비게이션 기능까지 대신하는 어플리케이션이 꽤 많이 나왔고 사용자들은 그 중에 몇몇 우수한 프로그램을 선택해 대표 어플로 만들었다. 대부분 무료 어플리케이션이며, 스마트폰의 지도 기능과 연동해서 전문 사이클링 컴퓨터에 버금가는 기능을 제공하고 있다. GPS를 이용하기 때문에 터널에 들어가는 경우 등 데이터 통신 상황에 따라 부정확할 수도 있지만, 대부분의 어플리케이션이 블루투스를 이용한 속도계 센서와도 연동할 수 있기 때문에 약간의 추가 비용만 들이면 고가의 사이클링 컴퓨터 기능을 구현할 수 있다.

단, 배터리 소모가 빠르기 때문에 보조 배터리 등의 추가 장비가 필수라는 점과 소형화에 한계가 있다는 점은 여전히 단점으로 남는다. 그래서 자전거 무게 단 100g을 줄이기 위해 몇 백만 원을 부담없이 지출하는, 진짜 속도를 중시하는 '꾼'들은 스마트폰 어플리케이션을 포기하고 전용 사이클링 컴퓨터를 쓴다.

자전거 생활을 두 배로 즐겁게 해주는 괜찮은 자전거 어플리케이션의 대표선수 4종을 소개한다.

스트라바 STRAVA

2009년부터 서비스를 시작해 전 세계적으로 가장 많은 사용자가 있는 운동 기록 어플리케이션이자 소셜 네트워크 서비스다. 자전거를 시작으로 사용자를 확보하기 시작한 이후 달리기, 등산, 테니스 등 다양한 운동으로 확대

가상 구간에서
커뮤니티 레이스

되고 있다. 기본적으로 스마트폰의 GPS 정보와 직접 입력한 신체 정보를 바탕으로 거리, 상승고도, 소모 칼로리, 소요 시간 등을 기록하며, 가민 등의 사이클링 컴퓨터와 연동되며, 심박계, 스마트워치 등의 장비와도 동기화된다. 단순히 운동 기록을 저장하는 데 그치지 않고 소셜 네트워크 기능이 더해져, 전 세계 모든 사용자와 운동 기록을 공유하며 운동 구간의 사용자별 순위가 측정된다.

사용자의 주행이 많은 자전거 코스를 수백미터~수십킬로미터 단위로 쪼개서 같은 시간에 달리지 않았던 사람들과도 기록을 비교하고 경쟁한다는 것이 가장 큰 매력이다. 각 구간의 1위에게는 트로피가 주어지며, 한 달에 한두 번 정도 주어진 도전과제를 달성하면 챌린지 달성 스티커를 받을 수 있다.

하지만 2020년 유료 사용자 우대 정책으로 무료 사용자는 자신의 구간 속도 분석과 상대방과의 순위 비교를 할 수 없게 되었다. 연간 7만3천 원을 부담하면서까지 경쟁을 하는 것이 필요한지에 대해 많은 사용자가 의구심을 갖고 있지만, 개인 기록 보관용으로는 여전히 많이 사용하고 있다.

오픈라이더 OPENRIDER

스트라바와 유사한 자전거 라이딩 기록 어플리케이션으로 우리나라 스타트업인 쿠핏Cufit Inc.에서 2013년부터 서비스하고 있다. 스트라바와의 가장 큰 차이점은 실시간 길 안내 기능으로 국내의 자전거 도로까지 반영해 보다 쾌적한 라이딩을 즐길 수 있으며, 속도와 거리는 물론 날씨 등의 자전거 주행에 필수적인 요소를 지도, 음성 안내와 함께 표시하고 있다는 점이다.

과도한 경쟁을 유발하는 스트라바의 구간 기능 등은 제외되어 있지만, 스트라바와 연동해서 그 매력적인 기능도 함께 이용할 수 있다. 2022년 현재 회원수 170만 명으로 명실상부 국내 최대 자전거 어플리케이션이라 할 수 있는데, 2022년 4월 교육 중심 메타버스 기업 (주)야나두에 인수되면서 기존 야나두 회원 300만 명과 더해져 2022년 말까지 500만 회원을 확보하며 온오프라인이 결합된 메타버스 서비스를 구축한다는 계획을 갖고 있다.

리라이브 RELIVE

구글 플레이스토어 누적 다운로드 500만회 이상으로 꾸준한 인기를 얻고 있는 운동 기록 어플리케이션이다. 자전거와 관련된 운동 기록에 집중하고 있는 스트라바, 오픈라이더와 달리 하이킹, 마라톤, 걷기 등의 사용자도 많은 편이다.

자전거 관련 기록은 운동 시간, 이동 거리, 평균 속도 정도이지만 리라이브가 인기 있는 이유는 운동 경로를 동영상으로 제작해

준다는 것이다. 구글 지도를 기반으로 이동 경로가 3D그래픽으로 표시되며 중간중간 직접 찍은 사진, 영상을 추가할 수 있으며 FHD 화질로 별도 저장할 수 있다. 소셜 네트워크 기능까지 있어 제작된 영상을 어플리케이션 내에서 공유할 수 있으며, 페이스북, 트위터 등의 다른 소셜 네트워크 서비스와도 연동된다.

카카오맵 KAKAO MAPS

카카오맵은 현재 다른 스마트폰의 지도 어플리케이션과 달리 자전거 이용자를 위한 내비게이션 서비스를 운영하고 있다.

2017년부터 자전거 길찾기 서비스를 오픈했는데, 이동 경로, 예

상 시간, 오르막과 내리막 안내는 있었지만 당시엔 자동차 길찾기처럼 내비게이션 기능이 없다는 것이 가장 큰 아쉬움이었다. 그저 자전거에 스마트폰을 거치하고 지도를 보면서 가는 것이 일반적인 사용법이었다. 하지만 의외로 지도를 보는 데 어려움을 느끼는 사람이 많았고 2021년 5월, 이러한 불편함을 해소하고자 자동차 내비게이션과 유사한 UI의 자전거 내비게이션 BETA를 오픈했다.

음성 안내도 지원되며 애플워치를 통해 길안내 알림과 주행 정보를 확인할 수도 있다. 이동 시간, 거리, 최고 속도, 평균 속도, 상승 고도 등의 주행 기록도 저장되며, 통계 자료까지 제공되기 때문에 스트라바, 오픈라이더의 입지를 위협하고 있다.

자전거로 낼 수 있는 최고 스피드

네이버 지도 길 찾기에서 자전거를 선택하면 시속 15km로 계산해 시간을 알려준다. 멈춤 없이 자전거를 계속 달린다면 평속 20km/h가 그리 어려운 것은 아니지만 도심 길 찾기에서는 횡단보도도 있을 테고 신호대기도 있을 테니 납득이 가능한 속도다.

자전거를 조금 탄다는 동호인들 사이에서는 자전거 전용도로를 기준으로 평속 20km/h 이하는 샤방샤방 라이딩, 평속 30km/h까지는 나름의 동호인, 그 이상은 '괴수'로 인정해주는 것이 상식이다. 사실 자전거 평속은 2시간 이상 장거리를 탈 때 그 가치를 인정받게 된다. 아주 잠깐 폭발적인 스피드를 내는 라이더도 2시간 평균을 내보면 꾸준히 쉬지 않고 라이딩을 하는 60대 중년 여성을 따라가지 못하는 경우도 보았다.

세계에서 가장 빠른 자전거는 어느 정도 스피드일까.

놀라지 마시라. 시속 296km다. 2018년 미국 보네빌 소금사막에서 여성라이더 데니스 뮐러 코르넥이 세운 기록이다. 특별히 만들어진 자전거와 특별한 조건에서 가능했던 기록이다. 극강의 기어비로 페달 1회전에 약 40미터를 가도록 설계했고, 드래그머신 모양을 한 차의 뒤쪽에 착 붙도록 해 슬립스트림을 이용했다. 처음 출발때는 자전거와 차를 밧줄로 묶고 시속 80km부터 떼어내기도 했다. 물론 세계 신기록을 세웠던 그 순간의 동력은 오로지 그 여성의 두 다리 뿐이었다.

보네빌 소금사막에서 역주하는 데니스 뮐러 코르넥. KTX와 맞먹는 순간 최고 시속 296km를 기록했다.

40가지의 이야기, 자전거를 말하다

"갈 때의 오르막이 올 때의 내리막이다. 모든 오르막과 모든 내리막은 땅 위의 길에서 정확하게 비긴다. 오르막과 내리막이 비기면서, 다 가고 나서 돌아보면 길은 결국 평탄하다. 그래서 자전거는 내리막을 그리워하지 않으면서도 오르막을 오를 수 있다."

김훈 작가가 쓴 '자전거여행'의 한부분이다. 자전거를 소재 또는 주제로 삼은 책 중에서 개인적으로 가장 좋아하는 책이다. 워낙 사유가 깊고 지식의 끝을 알 수 없는 작가인데 글이 참 쉽고 간결하다. 그래서 더 멋지다.

자전거는 수많은 이야기를 해준다. 인간의 뇌가 최적의 휴식을 얻는 시간은 근육이 혹사당할 때라고 했던가. 그래서인지 자전거 위에 오르면 머릿속이 맑아진다. 힘차게 페달질을 하고 가다가 힘이 들면 다리에 힘을 빼고 천천히 주변을 감상한다. 그럼 다시 생각이 떠오른다.

그때 떠오르는 생각들은 참 맑고 깨끗한 아이디어들이다. 기분 좋은 적당한 피로함과 앞에서 살랑대며 불어오는 바람, 내 옆을 스쳐가는 아름다운 풍경들 속에서 어찌 잡스러운 생각이 섞이겠는가.

자전거를 타는 사람들은 저마다 이 놀랍고도 신비로운 발명품에 대해 한마디씩 하고 싶어지는 본능을 느낀다. 필자도 자전거에 대해 명언은 아니지만 감상 몇 마디를 적어본 적도 있다.

위대한 과학자 아인슈타인부터 미합중국의 대통령, 셜록홈즈와 괴도루팡을 창조해 낸 소설가들, 투르 드 프랑스를 석권한 라이더와 산악자전거의 고수까지. 그들이 생각한 자전거 이야기를 모아 보았다. 누가 했는지 확인하기 힘든 명언들은 그대로 작자미상으로 두었다. 또 어떤 위인이 실제로 그런 말을 한 것인지를 크로스 체크하지도 못했다. 어쩌면 인터넷에 누군가 무심코 올린 사실이 퍼지고 퍼져서 기정사실화 된 것일 수도 있을지 모른다. 그러니 그냥 재미삼아 참고로만 보시길 바란다.

도보 여행은 지겨울 때가 있고, 자동차 여행은 빠르게 지나쳐서 모든 풍경을 보지 못한다. 여행을 하기에는 자전거의 속도가 제일 알맞다.

이상호

자전거 안장에 오르면 평소보다 시선이 높아진다. 매일 지나던 길도 자전거로 지날 때는 다른 시선에서 새로운 모습을 발견할 수 있다.

이상호

인생은 자전거를 타는 것과 같다. 균형을 잡으려면 움직여야 한다.

알버트 아인슈타인 _ 위대한 과학자

04

자전거를 타는 이 단순한 즐거움에 비할 수 있는 것은 없다.

존 에프 케네디 — 미국의 대통령

05

나는 단순히 건강을 위해 자전거를 타는 것이 아니다. 일상에 생기를 더하기 위해 자전거를 탄다. 기분이 울적할 때, 암울해 지는 날, 일이 단조로워질 때, 거의 희망이 없어 보일 때, 자전거에 올라 거리를 달리기 위해 나가보라. 아무 것도 생각하지 말고 오직 자전거 타는 것만 생각하라.

아서 코난 도일 — 명탐정 셜록 홈즈를 만든 작가

06

언젠가 우리 모두의 사유재산이 한대의 자전거로 집약할 때가 오리라. 모든 기쁨과 건강, 열정, 젊음의 원천인 자전거. 이 영원한 인간의 친구에게로 말이다.

모리스 르블랑 — 괴도 루팡을 창조해 낸 작가

07

자전거를 타면 그 지역의 지리를 가장 잘 파악할 수 있다. 힘들여 언덕을 오르고 내리막을 질주해보라. 자전거를 타고 가는 것보다 그 지역을 더 정확히 기억할 수 있는 방법은 없다.

어니스트 헤밍웨이 — '노인과 바다'의 작가

08

한 지방의 모습을 가장 잘 알 수 있는 방법은 자전거를 타고 가는 것이다. 자전거를 타고 가면 언덕을 힘들게 올라가야 하고 내리막길을 내려가야 하기 때문에 그 지방을 있는 그대로 기억한다. 반면 자동차를 타고 가면 높은 언덕만이 인상에 남는다.

어니스트 헤밍웨이

09

집에 자전거를 타고 가지는 않을 겁니다. 그건 확실해요.

메리 제인 리오크 __ 미국의 자전거 선수

※ 자전거를 타고 병원에 가서 출산한 뒤 사람들에게 한 말

10

자전거를 사라. 살아 있다면 후회하지 않을 것이다.

마크 트웨인 __ '톰소여의 모험'을 쓴 작가

※ 당시는 자전거가 다소 위험한 물건으로 여겨졌다

11

나는 자전거를 타고 가는 어른을 보면서 인류의 미래가 어둡다고 생각하지는 않는다.

허버트 조지 웰스 __ '타임머신'과 '투명인간'을 쓴 영국의 작가

12

지폐 한 장만 건네면 자전거를 간단히 내 것으로 만들 수 있지만 내가 얼마나 대단한 물건을 소유했는지 깨닫는 데는 평생이 걸려도 부족하다.

장 폴 샤르트르 __ 프랑스의 철학자이자 소설가

13

아홉 살부터 열일곱 살까지 나는 대체로 자전거를 타면서 휴일을 보냈다. 이것은 내가 받은 최고의 교육이었으며 학교교육보다 훨씬 더 좋았다. 여행을 많이 하면 할수록 더욱 훌륭한 시민이 된다. 자국의 시민은 물론 세계의 시민이 된다.

프랭클린 루즈벨트 __ 미국의 대통령

14

진실은 아프다. 안장이 없는 자전거에 오르는 일만큼 아프지는 않겠지만 어쨌든 많이 아프다.

레슬리 닐슨 __ '총알 탄 사나이'의 영화배우

15

자전거는 이상한 탈것이다. 승객이 엔진이 된다.

존 하워드 __ 미국의 자전거 선수

16

필요한 것보다 11초가 더 많습니다.

자크 앙크틸 __ **최초의 투르 드 프랑스 5승 선수**

※ 12초 차이로 경기에 이긴 뒤 한 말

17

많이 타시오.

에디 메르크스 __ 525회 우승 기록을 가진 벨기에의 사이클 선수

18

돈 들여 자전거를 업그레이드 하지 말고, 타서 업그레이드 하라.

에디 메르크스

19

자전거를 타고 또 타고 또 타시오.

파우스토 코피 __ 이탈리아의 전설적 자전거 챔피언

※ 위대한 챔피언이 된 비결이 무엇이냐는 질문에 대한 대답

20

신은 인간이 힘든 인생길에서 수고와 기쁨을 함께 나눌 수 있는 도구로 자전거를 만들었다.

파우스토 코피

※ 기살로의 마돈나 성당에 있는 그의 흉상에 새겨진 글

21

다른 어떤 감정보다도 우울함은 자전거와는 전혀 어울리지 않는다.

제임스 E. 스타즈 __ 법의학자

22

분명히 자전거, 자전거는 언제나 소설가와 시인의 탈 것이 될 것이다.

크리스토퍼 몰리 __ 미국의 소설가

23

자전거 핸들 저편에 바로 세상이 있다.

다니엘 베어맨 __ '자전거를 사랑한 사람'의 저자

24

자전거는 자신의 생각대로 움직일 수 있지만 결코 다른 사람을 방해
하지 않는다.

이반 일리히 __ 오스트리아의 철학자

25

산악자전거는 사람들을 환경 보호론자가 되도록 도와준다. 산악자전
거는 자연을 이해할 수 있도록 해주는 수단이다.

네드 오버랜드 __ 미국 산악자전거 챔피언

26

길, 1마일의 왕국, 나는 기슭과 돌, 그리고 피어난 모든 것들의 왕이다.

패트릭 카바나 __ 아일랜드의 시인

※ 어느 여름날 저녁 알래스카 이니스킨의 길에서 남긴 말

27

자전거를 타고 있을 때는 나는 나이 같은 것은 잊어버린다.
그저 재미있을 뿐이다.

캐시 세슬러 __ 미국의 다운힐 선수

28

자전거타며 다리가 아파올 때 나는 내 다리에게 이렇게 말한다, "닥치
고 돌리기나 해 Shut up Legs!"

옌스 보이트 __ 독일의 사이클리스트

※ 그의 자전거에는 실제로 Shut up Legs!가 적혀있다.

29

세계 최정상급 대회에서는 장비의 차이가 승패를 가를 수 있다. 그러나 처음 시작할 때는 장비는 문제가 되지 않는다.

그렉 르몬드 __ 투르 드 프랑스 3회 우승한 미국의 사이클 선수

30

나는 자전거를 사랑한다, 나는 항상 자전거를 가지고 있었다. 나는 진실 되고 품위가 있는 사람이라면 남녀노소는 물론, 성스러운 사람이든 죄가 있는 사람이든 자전거를 반대하는 사람을 생각할 수가 없다.

윌리엄 사로얀 __ 미국의 소설가

31

자전거는 우리가 어릴 적 가장 먼저 익히는 기계다. 그리고 우리가 자동차의 유혹에 사로잡힐 때 가장 먼저 버리는 기계다.

콜먼 매카시 __ 미국의 평화운동가

32

산악자전거는 여가, 자유, 교통수단, 스포츠를 제공한다. 그리고 모든 것으로부터 벗어날 수 있는 기회를 준다.

찰리 켈리 __ 산악자전거의 창시자, 게리피셔의 동료

33

업힐에 도전하지 않는다면 스포츠의 정수를 놓치는 것이다. 오르막과 함께 역경은 시작되고, 역경이 없으면 도전도 없다.
도전이 없으면 발전도 없고, 성취감 그리고 마음 깊은 곳에서 느낄 수

있는 즐거움도 없다.

배티 킹 __ 미국의 로드레이서이자 사이클 코치

34

자전거로 여행하는 것은 그곳 사람들에게 아주 겸손하게 다가가는 방법이다. 이것은 정복하거나 침략할 생각이 없이 지나가겠다는 것을 말하는 방법이고, 길의 한 부분을 나누겠다는 단순한 의지일 뿐이다.

클로드 에르베 __ 자전거로 부인과 함께 세계일주를 해 낸 의사

35

자전거를 훔칠 수 있는데도 시계를 훔치는 사람을 이해할 수 없다.

플랜 오브라이언 __ 아일랜드의 소설가

36

내가 가장 좋아하는 두가지는 도서관과 자전거다.
이것들은 어떠한 낭비없이 사람을 전진시킨다.
가장 완벽한 하루는 자전거를 타고 도서관을 가는 것이다.

피터골킨 __ 미 앨링턴 도서관 공보담당관

37

눈물이 사랑의 일부인 것 처럼, 낙차(충돌)도 자전거 타기의 일부이다.

요한 뮤세우 __ 프로 사이클리스트

38

행복은 돈으로 살 수 없지만 자전거는 살 수 있다.

그리고 그것은 행복을 사는 것에 가깝다.

작자 미상

나는 내 삶에 며칠을 더하기 위해 자전거를 타는 것이 아니다. 하루의 삶에 활기를 더하기 위해 자전거를 탄다.

작자 미상

40

내가 죽은 뒤 가장 걱정되는 것은, 내가 말했던 가격으로 아내가 내 자전거를 파는 것이다.

작자 미상

※ 고가의 자전거를 눈치 보며 사야만 했던 중년의 애환이 느껴지지 않는가

Bicycle

대한민국
자전거의 역사

삼천리자전거
77년

₃₩

▪ **1930**년

| 03월 | 학산 김철호 회장, 일본에서 삼화제작소 창업 |

▪ **1941**년

| 10월 | 삼화정공 주식회사로 사명 변경 |

▪ **1944**년

"이 땅에서 가난을 추방하고 자주국가를 세우는 길은 오직 기계공업을 발달 시켜 조국의 공업화를 실현하는 것이다"　　　　　　　　　　　- 김철호 회장 어록 -

08월	창업주 김철호 회장 일본에서 귀국, 회사 설립 준비
09월	영등포구 도림동 603번지 일대에 토지 매입, 공장건설 착수
12월 01일	경성정공주식회사 창립총회 개최
	초대 대표취제역 사장에 김철호 선임
12월 11일	경성정공(주)법인설립 등기(자본금 50만원)

김철호사장, 경성정공 창업

▪1945년

01월   영등포공장 준공(연건평 255평), 자전거 부품 생산 시작

5월 31일   경성정공(주) 제1회 주주총회 개최

▪1946년

              일본 삼화공정팀 귀국

01월   청파동, 원효로, 인천 등 3개 분공장 설치

03월   경성정공(주) 자매회사 신한철물주식회사 설립

5월 25일   경성정공(주) 제2회 주주총회 개최(광복후 첫 주총)

▪1947년

04월 24일   경성정공(주) 제3회 주주총회 개최

06월 05일   자본금 1천만원으로 증자

12월 01일   자본금 3천만원으로 증자

▪1948년

05월 25일   경성정공(주) 제4회 주주총회 개최

■1949년

<u>08월</u>   자전거 안장 3,000개 홍콩에 수출

■1951년

<u>01월</u>   경성정공(주), 부산으로 피난

영도구 남항동 3가 21번지(대지 2,480평)에 부산공장 건설착수

영등포공장 시설 이설

<u>05월 25일</u>   경성정공(주) 제7회 주주총회 개최

부산에 임시본사(부산지점)를 개설

■1952년

<u>02월 15일</u>   경성정공주식회사를 기아산업주식회사로 상호 변경

<u>03월</u>   국산 자전차 첫 생산, 3000리호로 명명

<u>04월</u>   경성정공(주) 부산공장 준공(연건평 1,484평)

일본으로부터 16만5,000달러 생산시설 도입

04월 이승만 대통령, 본사 부산공장 시찰

05월 27일 제8회 정기 주주총회 개최. 자본금 5억원으로 증자

▪ 1953년

03월	부산공장, 자전거 월 300~400대 생산
03월	김철호 사장, 한국자전차공업협회 초대 이사장에 취임
05월	기아산소주식회사 설립(동양산소회사와 공동출자)
05월 30일	제9회 정기 주주총회 개최
09월	영등포공장 복구작업 착수

▪ 1954년

창립 10주년

06월	영등포 공장 복구 완료
07월	시흥공장 입지 매입
	(경기도 시흥군 동면 시흥리 514번지 일대, 1만2,712평)
12월 13일	부산 임시본사(부산지점) 폐쇄
	서울 중구 회현동 1가 64번지에 본사 사무소 설치

▪1955년

<u>10월</u>   시흥공장 건설 착수

▪1957년

가장 좋은 선전은 가장 좋은 제품을 만드는 것이다.　 - 5월, 김철호 회장 -

<u>02월</u>   김철호 사장, 서독 방문. 리커만 상사와 기계설비 구입계약 체결
<u>05월</u>   시흥공장 준공(연건평 2,883평)

        부산공장 자전거 생산시설 이설
<u>07월</u>   ICA 자금 39만9,000달러로 생산시설(파이프 등) 서독에서 도입.
        시흥공장 총규모 연건평 4,394평으로 확장
<u>9월</u>   시흥공장, 자전거용 파이프 첫 생산, 자전거 양산 돌입

■1958년

03월　　　시흥공장, 자전거 월 3,9000대, 파이프 월 400톤 양산

09월　　　시흥공장 도장기술개발반, 정전도장법 개발

11월 22일　자본금 1억2,000만원으로 증자

■1959년

기술이란 뿌리가 착실해야 꽃이 피게 마련이다. 그 뿌리를 착실하게 하려면 자력으로 소화할 수 있는 기술부터 흡수해야지 소화할 수도 없는 고급기술을 무턱대고 받아들인다고 해서 그것이 우리의 기술이 되는 것은 아니다. 먼저 우리의 능력을 알고 우리보다 한 걸음 앞서가는 기술을 모델로 해서 저위기술부터 한 계단 한 계단 올라가노라면 자연히 고급기술을 터득하게 되고, 그 기술은 우리의 것이 될 것이다. 기술이란 절대로 한 꺼번에 두 계단을 오를 수도 없고 올라서도 안된다.

- 4월, 김철호 회장 -

02월　　　김철호 사장, 일본 혼다기연공업(주)과 2륜 오토바이 제작 기술협력
　　　　　　계약 체결

04월　　　김철호 사장, 일본 동양공업(주)과 3륜 자동차 생산 기술협력 계약 체결
　　　　　　혼다 마쓰다와 오토바이, 3륜 자동차 생산 기술 제휴

■ 1960년

| 01월 | 김철호 사장, 서울상공회의소 의원 피선 |
| 9월 20일 | 대한노총 기아산업노동조합 결성 |

■ 1961년

05월	동양공업(주)에서 3륜차 제조설비 도입
06월	김철호 사장, 외원산업진흥회 회장 취임
09월 13일	상표 'KIAMASTER' 채택
10월	2륜 오토바이 C-100 첫 생산

■ 1962년

01월	경3륜 화물자동차 K-360 생산 개시
05월	2륜 오토바이 C-100 양산 개시
06월 10일	2차 통화개혁으로 자본금 총액 1,200만원 평가
10월	자동차제작공장 허가 취득

■ 1963년

| 03월 | 3륜 트럭 T-1500 생산 개시 |
| 06월 25일 | 자본금 6,000만원으로 증자 |

▪1964년

창립 20주년

<u>03월 01일</u>	튜브 매트 사업 준비위원회 발족
<u>09월</u>	자전거용 체인 생산 개시
<u>10월 5일</u>	사장 직속 자동차과 신설
	자동차 및 엔진 국산화 연구 착수

▪1965년

기업이란 경영자의 것이 아니라 사회의 것이다. 회사가 발전해야 기업도 발전하게 마련이다. 또한 주변의 모든 기업이 함께 발전하지 않고서는 그 기업도 결코 발전할 수 없다.   - 2월, 김철호 회장 -

<u>02월 08일</u>	김철호 사장, 경영인구락부 회장 취임(~1966.2)
<u>05월</u>	파이프, KS 표시 허가 획득
<u>06월</u>	국내 최초 자전거 수출 개시(미국)

▪1966년

<u>01월</u>	자전거용 체인 수출 개시
<u>3월 02일</u>	김철호 회장, 경향신문사 회장 취임
<u>3월 10일</u>	기아산업(주) 초대회장에 김철호 선임

1967년

<u>04월 01일</u>　박정희 대통령, 시흥공장 시찰

<u>08월</u>　일본 혼다기연공업(주)와 기술 제휴

1968년

자전거 최초 KS 마크 획득

▪1969년

연간 7만5천대 생산, 대미수출액 100만 달러 달성

<u>03월</u>　자전거 판매 전담 별도 회사 자전차판매(주)설립, 자동차와 판매업무 분리

▪1970년

종업원 한 사람 한 사람의 성장이 곧 회사의 성장이며, 종업원 한 사람 한 사람의 신용이 곧 회사의 신용이다. 따라서 회사의 성장은 종업원 한 사람 한 사람의 성장에 의해서 이룩되고, 회사의 신용은 종업원 한 사람 한 사람의 신용에 의하여 확보된다.　　　　　　　　　　　　　　　－ 10월, 김철호 회장 －

남보다 잘 사는 비결은 오직 남보다 더 많이 일을 하는 것이다. 패전국 일본이 급성장한 이면에는 다른 나라 사람들이 70% 일을 할 때 130%의 일을 하는 피나는 노력이 있었기 때문이다. 아무리 어려운 일 일지라도 하겠다는 의욕을 가지고 정성을 다한다면 안될 것이 없다.　　　　　　　－ 10월, 김철호 회장 －

▪1973년

<u>3월</u>　　　시흥공장 증설, 연간 40만대 생산능력 설비

일은 곧 삶이다. 나는 살기 위하여 일 하는 것이 아니라 일 하기 위하여 살아간다.
　　　　　　　　　　　　　　　　　　　　　　　　　　－ 김철호 회장 －

▪1974년

창립 30주년

■1979년

<u>02월 17일</u>　자전차법인 설립추진위원회 구성
<u>04월 01일</u>　삼천리자공(주) 설립, 자전거사업 분리(삼천리자전거공업(주)의 전신)

■1981년

국내 최초 품질관리 1등급 업체 지정, '품'자 마크 획득

1982년

삼천리자전거공업(주)로 사명 변경

골드윈 프로 출시

뉴델리 아시안게임에서 골드윈 모델 금메달

1983년

<u>02월 15일</u>　삼천리자전거공업(주), 양산공장(대지 1만평 연건평 500평)으로 이전

1984년

창립 40주년

▪ 1985년

삼천리자전거공업, 기아그룹으로부터 완전 분리 독립

04월   우수 체육용구 생산업체 지정

▪ 1986년

'86 아시아 경기대회 및 '88 서울올림픽대회 공식 업체 선정

05월   굿 디자인 마크 획득

11월   품질관리 표준화 최우수상 수상

▪ 1987년

12월   국내 최초 자전거 연간 생산
대수 100만대 돌파

탄소섬유 강화플라스틱(CFRP) 자전거 개발
1천만불 수출의 탑 수상

■ 1988년

'88 서울올림픽 공식 공급업체 선정

<u>11월</u>　철탑 산업훈장 수훈

■ 1990년

대구 검단공장 준공

■ 1991년

삼천리자전거 신규 C.I 및 B.I 발표
레스포 Lespo 브랜드 런칭

<u>06월 17일</u>　공업진흥청 아동용 이륜자전거 품질비교평가에서 대만제보다
　　　　　우수 판정

<u>09월 26일</u>　자전거 묘기팀 '사이클럽 BMX' 창단

1992년

05월 03일   국내 사이클대회 사상 처음 경기력 향상 지원금 명목의 상금을 지급하는
제1회 학산배 사이클선수권대회 후원, 360명 참가, 올림픽 벨로드롬
레스포 대축제 개최

05월   기아차 소하리 공장을 방문한 남북고위급회담 연형묵 총리 일행에
삼천리자전거 20대 증정

06월 23일   신용평가사들에 의해 신용등급 A등급으로 공시

11월   탄소섬유강화플라스틱(CFRP) 국산화 성공,
골드윈 브랜드 경기용 자전거 시판

11월   석탑산업훈장 수훈

1993년

05월   우수디자인 선정 상공자원부 장관상 수상
제1회 전국 산악자전거대회 개최

광고모델로 '서태지와 아이들' 발탁

1994년

창립 50주년

06월 29일   빅맨 모델, 산업디자인포장개발원 '94 산업디자인 성공사례'에서
동상 수상
기업공개, 코스닥 시장 상장(024950)

■ 1995년

02월   ISO 9001인증 획득

■ 1996년

01월   프리미엄 브랜드 첼로 런칭   

07월   SD마크 획득

08월   9월 13일 북한 나진 선봉 자유무역지대 국제투자포럼 참가하는
24개 기업 중 하나로 선정(참가 희망기업 150개 중 심사)

09월   LG 상사와 함께 북한에 자전거 합영공장 설립 추진
초기 1백만달러 투자, 생산규모에 따라 99년까지 3단계로 나눠
모두 500만달러 투자 예정. 북한에서 자전거 완제품 생산 후
제3국 수출 계획
진부 나진선봉 투자포럼 불참 방침 확정으로 무기한 연기

■ 1997년

건설업 면허 취득, 자전거 주차시스템 개발

04월 24일   제5회 학산배 마운틴바이크(MTB) 대회 개막, 전북 무주리조트
크로스컨트리, 다운힐, 트라이얼 등 3개 종목

05월 12일   제6회 학산배 전국사이클 선수권대회 개막,
서울 잠실 올림픽 벨로드롬. 대한사이클연맹과 공동주관,
6일간 트랙과 도로부문 72개팀 420명 출전

08월 24일   기아차 김상문 명예회장 퇴진

10월   LG 상사와 합작으로 북한 평양 또는 해주 지역에 800만 달러 투입하
여 자전거 공장 설립 추진, 통일원으로부터 남북 경제협력 사업자 승인

▪ **1998**년

01월
한국 금속협동조합 가입, 전문건설협회 가입
자전거 주차시스템(보관대) 개발, 도시 미관에 맞춘 10가지 모델 발표
시스템 개발을 계기로 자전거 주차장 건설업 진출 계획 검토

▪ **1999**년

01월 삼천리자전거공업(주)와 삼천리자전거(주) 합병
01월 기술경쟁력 우수기업 지정
04월 월드컵 관련 생산 유망중소기업 지정

▪ **2000**년

07월 미니자전거형 킥보드 '테크노 보드' 3종 출시, 2개월만에 3만대 판매
09월 전기 및 전동 스쿠터 개발
11월 전기 및 전동 스쿠터 수출 개시
11월 대한민국 기술대전 산업자원부 장관상 수상

▪ **2001**년

04월 6일
김석환 단독 대표이사 체제로 변경
첫 전기자전거 솔타e 출시

10월 옥천공장 이전

2003년

06월   문화관광부 선정 우수체육용구 생산업체 지정

2004년

창립 60주년

01월   인라인 스케이트 사업 진출

03월   삼천리자전거로 사명 변경

2005년

07월   논현동 신사옥으로 이전

2006년

신규 브랜드 아팔란치아 Appalanchia 출시

■ 2007년

01월	여성용 자전거 브리즈, 미니 사이클 팝콘 1.0, R7, 하이브리드 아젠타, 아동용 M-Story 등 110개 신모델 출시
02월	첼로 사업본부 분사
05월	온라인게임 '메이플스토리'에 삼천리자전거 아이템 출시 퓨전 마케팅
12월	국내최초 자전거 연간 판매대수 100만대 돌파

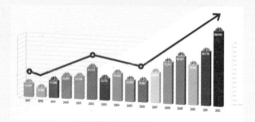

■ 2008년

여행사업 진출, 첼로스포츠(주)와 참좋은여행(주) 흡수합병으로
참좋은레져(주) 설립

■ 2009년

| 01월 | 패션디자이너 앙드레김과 협업, AC2207 모델 등 콜라보레이션 브랜드 자전거 12종 출시 |
| 05월 | 국내 첫 전기자전거 '삼천리 에이원 A-ONE' 모델 출시 전속 광고모델로 탤런트 한효주 발탁 삼천리자전거 의왕공장 기공식 |

2010년

03월 경기도 의왕시 오전동 150-10, 삼천리자전거 의왕공장 준공

07월 현대자동차와 협업, '쏘나타 미니벨로', '투싼 ix MTB' 모델 출시
07월 국산화율 71% 전기자전거 '그리니티' 출시

2011년

컬러커스텀 자전거 메트로 모델 출시

2012년

국민 MTB 칼라스 모델 출시

전속 광고모델로 유아인, 이세영 발탁

참좋은레져(주), 금산인삼쳌로 사이클팀 후원 협약

기아차와 협업, 피터슈라이어 디자인 '케이벨로 K Velo' 모델 2종 출시

■ 2013년

<u>03월</u>	PAS와 스로틀 동시 구현한 전기자전거 팬텀(시티24·26인치, 스포티, XC, 미니) 모델 출시
<u>04월</u>	유모차형 유아 자전거 '샘트라이크 300' 모델 출시
<u>04월</u>	하이브리드 자전거 '700C 솔로21' '700C 솔로W21' 모델 2종 출시
<u>07월</u>	크로몰리 소재 하이브리드 '바운스' 모델 2종 출시

■ 2014년

	창립 70주년
<u>05월</u>	부산국제 모터쇼 참가, 전기자전거 팬텀 등 50여 제품 전시
<u>05월</u>	월트 디즈니와 콜라보레이션, 아동용 자전거 '겨울왕국' 출시

2015년

03월	아팔란치아 TV CF 런칭, 13개 모델에서 30개로 라인업 확대
04월	서울모터쇼 참가, 팬텀 시뮬레이션용 팬텀 XC 모델 전시
06월	픽시자전거 'CRS 픽시' 모델 출시
08월	여성라이더 그룹 '첼로 606라이더스 W' 창단
10월	금산인삼첼로 사이클팀 제 96회 전국체전 사이클 부문에서 금메달 2개, 은메달 2개, 동메달 1개 획득

2016년

전속 광고모델로 배우 류준열 발탁

01월	유모차 제조업체 쁘레베베 지분 인수, 관계사로 흡수
03월	크로몰리 소재 픽시자전거 '아이리스' 모델 3종 출시
05월	로드사이클 아팔란치아 'XRS 16 블랙' 모델 출시
06월	전기자전거 팬텀제로 ZERO 모델 출시
07월	그룹 브랜드 전용 원스톱 매장 어라운드 3000 오픈

2017년

01월	신제품 발표회에서 브랜드 라인업 재정비, 200여 모델 전시
03월	전속 모델 류준열 기용 TV CF '라이더 가이드 3000' 공개
03월	서울모터쇼 참가, 즈위프트 시승실 운영

2018년

전속 광고모델로 배우 강소라 발탁

| 04월 | 공식 온라인 스토어 '삼바몰 Sambamall' 오픈 |

■ 2019년

	광고모델로 배우 조보아 발탁
03월	중저가 전기자전거 '팬텀 이콘' 모델 출시
05월	미니벨로타입 전기자전거 '팬텀제로 핑크 에디션' 모델 출시
06월	전동킥보드 '데프트' 모델 2종 출시
10월	금산인삼첼로 사이클팀 제 100회 전국체전 사이클 부문에서 금메달 3개, 은메달 2개 획득
11월	베스트셀로 첼로 XC 시리즈 2020년 신제품 모델 7종 출시
12월	실내 사이클 대회, '첼로x즈위프트 인도어 사이클 챌린지' 개최

■ 2020년

03월	유모차형 접이식 세발자전거 '케디' 모델 출시
05월	전기자전거 '불렛 FX' 모델 출시
06월	전기자전거 '팬텀 Q' 모델 출시
07월	전기자전거 '팬텀 FE' 모델 출시
08월	첼로, 트레일용 전기자전거 '불렛 XC' 모델 2종 출시
09월	10kg대 경량 카본 하이엔드 MTB '크로노' 모델 3종 출시
10월	킥보드형 전동 스쿠터 '팬텀 이지' 모델 출시

■ 2021년

03월	안전기능 강화 전기자전거 '팬텀 Q SF' 모델 출시
05월	입문용 로드 사이클 '2021년형 XRS 시리즈' 모델 3종 출시
07월	다기능 유아용 세발자전거 '샘트라이크 100' 모델 출시
09월	첼로, 산악용 전기자전거 '불렛 XC 60' 모델 출시
10월	카본 산악자전거 'XC PRO' 2021년형 모델 6종 출시

社是

一. 信用 있는 會社

二. 努力 하는 會社

三. 꿈을 가진 會社

社訓

一. 信用 있는 사람이 되자

二. 努力 하는 사람이 되자

三. 꿈을 가진 사람이 되자

BICYCLE
자전거

초판 1쇄 발행일 | 2022년 5월 20일

지은이 | 이상호
편 집 | 이상필, 정태관
디자인 | 조희정
발 행 | (주)엔북

주 소 | 우)07631 서울시 강서구 마곡중앙로 56 마곡사이언스타워2 809호
전 화 | 02-334-6721~2
팩 스 | 02-6910-0410
이메일 | goodbook@nbook.seoul.kr

신고 제 300-2003-161
ISBN 978-89-89683-68-1 03000

값 23,000원